PRÁTICA DO RECURSO DE AGRAVO

O GEN | Grupo Editorial Nacional – maior plataforma editorial brasileira no segmento científico, técnico e profissional – publica conteúdos nas áreas de concursos, ciências jurídicas, humanas, exatas, da saúde e sociais aplicadas, além de prover serviços direcionados à educação continuada.

As editoras que integram o GEN, das mais respeitadas no mercado editorial, construíram catálogos inigualáveis, com obras decisivas para a formação acadêmica e o aperfeiçoamento de várias gerações de profissionais e estudantes, tendo se tornado sinônimo de qualidade e seriedade.

A missão do GEN e dos núcleos de conteúdo que o compõem é prover a melhor informação científica e distribuí-la de maneira flexível e conveniente, a preços justos, gerando benefícios e servindo a autores, docentes, livreiros, funcionários, colaboradores e acionistas.

Nosso comportamento ético incondicional e nossa responsabilidade social e ambiental são reforçados pela natureza educacional de nossa atividade e dão sustentabilidade ao crescimento contínuo e à rentabilidade do grupo.

Gediel Claudino de Araujo Júnior

PRÁTICA DO RECURSO DE AGRAVO

DOUTRINA • MODELOS • JURISPRUDÊNCIA

11ª edição revista, atualizada e ampliada

■ O autor deste livro e a editora empenharam seus melhores esforços para assegurar que as informações e os procedimentos apresentados no texto estejam em acordo com os padrões aceitos à época da publicação, e todos os dados foram atualizados pelo autor até a data de fechamento do livro. Entretanto, tendo em conta a evolução das ciências, as atualizações legislativas, as mudanças regulamentares governamentais e o constante fluxo de novas informações sobre os temas que constam do livro, recomendamos enfaticamente que os leitores consultem sempre outras fontes fidedignas, de modo a se certificarem de que as informações contidas no texto estão corretas e de que não houve alterações nas recomendações ou na legislação regulamentadora.

■ Fechamento desta edição: *01.02.2022*

■ O Autor e a editora se empenharam para citar adequadamente e dar o devido crédito a todos os detentores de direitos autorais de qualquer material utilizado neste livro, dispondo-se a possíveis acertos posteriores caso, inadvertida e involuntariamente, a identificação de algum deles tenha sido omitida.

■ **Atendimento ao cliente:** (11) 5080-0751 | faleconosco@grupogen.com.br

■ Direitos exclusivos para a língua portuguesa
Copyright © 2022 *by*
Editora Atlas Ltda.
Uma editora integrante do GEN | Grupo Editorial Nacional
Al. Arapoema, 659, sala 05, Tamboré
Barueri – SP – 06460-080
www.grupogen.com.br

■ Reservados todos os direitos. É proibida a duplicação ou reprodução deste volume, no todo ou em parte, em quaisquer formas ou por quaisquer meios (eletrônico, mecânico, gravação, fotocópia, distribuição pela Internet ou outros), sem permissão, por escrito, da Editora Forense Ltda.

■ Capa: Aurélio Corrêa

■ **CIP – BRASIL. CATALOGAÇÃO NA FONTE.**
SINDICATO NACIONAL DOS EDITORES DE LIVROS, RJ.

A687p
11. ed.

Araujo Júnior, Gediel Claudino de

Prática no recurso de agravo: doutrina – modelos – jurisprudência / Gediel Claudino de Araújo Júnior. – 11. ed. – Barueri [SP] : Atlas, 2022.

Inclui bibliografia
ISBN 978-65-5977-223-0

1. Processo civil – Brasil. 2. Recursos (Direito) – Brasil. 3. Agravo (Direito processual) – Brasil. I. Título.

22-75727   CDU: 347.955(81)

Meri Gleice Rodrigues de Souza – Bibliotecária – CRB-7/6439

*Dedicado à memória de
Ruth da Silva Araújo.*

Sobre o Autor

Defensor Público do Estado de São Paulo e professor de Direito Civil, Processo Civil e Prática Processual Civil. Além desta obra, é autor dos livros Prática no Direito de Família; Prática no Estatuto da Criança e do Adolescente; Prática de locação; Prática no processo civil; Prática de recursos no processo civil; Prática de contestação no processo civil e Código de Processo Civil anotado, todos publicados pelo Grupo Gen | Atlas.

Acompanhe o autor pela Internet:

Facebook: /professorgediel

genJuridico.com.br/gedielclaudinodearaujojunior

Prefácio

Quando o profissional do Direito se vê na contingência de interpor o "recurso de agravo", seja o interno ou o de instrumento, precisa, com escopo de corretamente realizar seu objetivo, socorrer-se de várias obras jurídicas e, ainda, pesquisar a lei e a jurisprudência que envolve a questão.

Com o desiderato de facilitar essa árdua tarefa, procuramos reunir nesta obra as informações básicas que o advogado precisa para elaborar seu trabalho. No primeiro capítulo, apresentamos o texto da lei com anotações doutrinárias e com jurisprudência atualizada; depois apresentamos, de forma resumida, os conceitos fundamentais que envolvem o tema dos "recursos", em especial o "recurso de agravo de instrumento" e o "agravo interno". Por fim, compartilhamos vários "modelos" do recurso de agravo, muitos acompanhados do acórdão que os decidiram.

Espero que este trabalho se mostre útil aos colegas e amigos que militam na área jurídica.

O Autor.

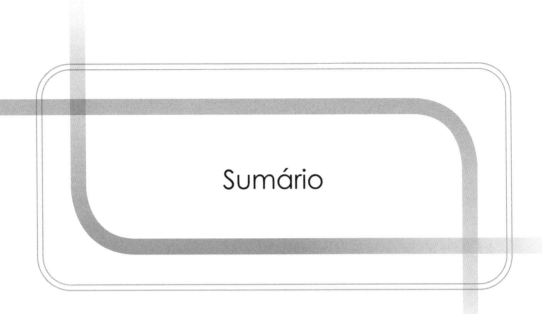

Sumário

Capítulo 1 – CPC Anotado.. 1

Capítulo 2 – Agravo de Instrumento 29

    2.1   Histórico 29

    2.2   Cabimento 32

            2.2.1   Introdução (conceito, cabimento e "não cabimento") 32

            2.2.2   Hipóteses de cabimento..................................... 33

    2.3   Interposição 37

    2.4   Legitimidade.. 38

    2.5   Prazo para interposição 38

    2.6   Efeitos do agravo de instrumento.................................. 39

    2.7   Preparo 39

    2.8   Procedimento 40

Capítulo 3 – Agravo Interno 41

    3.1   Cabimento 41

    3.2   Interposição e procedimento 42

3.3	Legitimidade	42
3.4	Prazo para interposição	43
3.5	Efeitos do agravo interno	43
3.6	Preparo	43

Capítulo 4 – Guia Rápido de Prática Jurídica 45

4.1	Introdução	45
4.2	Relacionamento com o cliente	45
4.3	Requisitos legais da petição inicial	47
4.4	Aspectos práticos da redação da petição inicial	47
4.5	Da resposta do demandado	51
4.6	Dos documentos a serem juntados à petição inicial e à contestação	52
4.7	Das despesas	53
4.8	Conhecendo o procedimento	54
4.9	Cuidados ao recorrer	54

Capítulo 5 – Procuração *Ad Judicia* (Mandato Judicial) 57

5.1	Contrato de mandato	57
5.2	Mandato judicial	58
5.3	Substabelecimento	59
5.4	Responsabilidade civil dos advogados	59
5.5	Base legal	59

Capítulo 6 – Mandado de Segurança Individual 61

6.1	Cabimento	61
6.2	Base legal	62
6.3	Competência	62
6.4	Interposição	63
6.5	Prazo	63
6.6	Liminar	63

6.7	Procedimento	64
6.8	Documentos	64
6.9	Valor da causa	65
6.10	Despesas	65
6.11	Observações gerais	65

Capítulo 7 – Modelos 67

7.1 Agravo contra decisão que declinou da competência 67

7.2 Agravo contra decisão que decretou, em cumprimento de obrigação de prestar alimentos, a prisão civil do executado 73

7.3 Agravo contra decisão que decretou, em cumprimento de obrigação de prestar alimentos, a prisão civil do executado (por quebra de acordo nos mesmos autos) 77

    7.3.1 Agravo de instrumento 77

    7.3.2 Decisão do tribunal 81

7.4 Agravo contra decisão que deferiu tutela provisória em ação de reintegração de área de servidão movida pela companhia de transmissão de energia elétrica paulista (CTEEP) 83

7.5 Agravo contra decisão que determinou, em ação de inventário, a juntada de memorial descritivo de imóvel objeto da ação 89

    7.5.1 Agravo de instrumento 89

    7.5.2 Decisão do tribunal 93

7.6 Agravo contra decisão que determinou, em ação de inventário, a suspensão do processo 94

    7.6.1 Agravo de instrumento 94

    7.6.2 Decisão do tribunal 98

7.7 Agravo contra decisão que determinou, em ação de inventário, o recolhimento do imposto *causa mortis* (os herdeiros receberam apenas a posse do bem inventariado) 99

    7.7.1 Agravo de instrumento 99

    7.7.2 Decisão do tribunal 104

7.8 Agravo contra decisão que determinou, em ação de obrigação de fazer, a inclusão do estado de são paulo no polo passivo (chamamento ao processo) 106

7.9 Agravo contra decisão que determinou, em cumprimento de sentença, o bloqueio de conta salário do executado 110

    7.9.1 Agravo de instrumento.. 110

    7.9.2 Decisão do tribunal... 115

7.10 Agravo contra decisão que indeferiu pedido de extinção, pelo pagamento, de cumprimento de obrigação de prestar alimentos (execução de alimentos).. 117

    7.10.1 Agravo de instrumento.. 117

    7.10.2 Decisão do tribunal... 120

7.11 Agravo contra decisão que indeferiu pedido de justiça gratuita feito pela autora.. 122

7.12 Agravo contra decisão que indeferiu pedido de liminar em mandado de segurança (medicamentos).. 126

7.13 Agravo contra decisão que indeferiu pedido de tutela provisória em ação declaratória de inexistência de débito movida em face de concessionária de serviço público (evitar corte do fornecimento)... 131

    7.13.1 Agravo de instrumento.. 131

    7.13.2 Decisão do tribunal... 136

7.14 Agravo contra decisão que indeferiu pedido de tutela provisória em ação declaratória de nulidade de cláusula de contrato de plano de saúde (reajuste por idade – mudança de faixa etária)......... 138

7.15 Agravo contra decisão que indeferiu pedido de tutela provisória em ação de despejo 142

7.16 Agravo contra decisão que indeferiu pedido de tutela provisória em ação de divórcio litigioso (alimentos provisórios a favor dos filhos).. 145

    7.16.1 Agravo de instrumento.. 145

    7.16.2 Decisão do tribunal... 150

7.17 Agravo contra decisão que indeferiu pedido de tutela provisória em ação de exoneração de alimentos movida pelo pai em face dos filhos em razão de impossibilidade para o trabalho (doença) 152

7.18 Agravo contra decisão que indeferiu pedido de tutela provisória em ação de investigação de paternidade cumulada com alimentos (alimentos provisórios) 156

    7.18.1 Agravo de instrumento 156

    7.18.2 Decisão do tribunal 161

7.19 Agravo contra decisão que indeferiu pedido de tutela provisória em ação de obrigação de fazer (obtenção de aparelho auditivo) ... 163

    7.19.1 Agravo de instrumento 163

    7.19.2 Decisão do tribunal 168

7.20 Agravo contra decisão que indeferiu pedido de tutela provisória em ação de obrigação de fazer (obtenção de insumos terapêuticos) 169

7.21 Agravo contra decisão que indeferiu pedido de tutela provisória em ação de obrigação de fazer (obtenção de medicamentos) 174

7.22 Agravo contra decisão que indeferiu pedido de tutela provisória em ação revisional de alimentos (diminuição do valor mensal da pensão) 180

7.23 Agravo contra decisão que indeferiu pedido de tutela provisória em medida cautelar de separação de corpos 186

    7.23.1 Agravo de instrumento 186

    7.23.2 Decisão do tribunal 192

7.24 Agravo contra decisão que indeferiu pedido, em ação de inventário, de expedição de ofícios (obtenção de extrato de contas bancárias) 193

    7.24.1 Agravo de instrumento 193

    7.24.2 Decisão do tribunal 197

7.25 Agravo contra decisão que indeferiu pedido, em cumprimento de sentença, de desconsideração de pessoa jurídica (relação de consumo) 199

7.26 Agravo contra decisão que indeferiu pedido, em cumprimento de sentença, de elaboração de cálculo atualizado do débito pelo contador (agravante beneficiário da justiça gratuita) 204

    7.26.1 Agravo de instrumento.. 204

    7.26.2 Decisão do juiz (reconsideração)....................................... 208

7.27 Agravo contra decisão que indeferiu pedido, em cumprimento de sentença, de expedição de carta de sentença 209

    7.27.1 Agravo de instrumento.. 209

    7.27.2 Decisão do tribunal... 213

7.28 Agravo contra decisão que indeferiu pedido, em cumprimento de sentença, de expedição de ofício ao novo empregador do alimentante 215

    7.28.1 Agravo de instrumento.. 215

    7.28.2 Decisão do juiz (reconsideração)....................................... 219

7.29 Agravo contra decisão que indeferiu pedido, em cumprimento de sentença, de penhora de saldo das contas do FGTS e PIS do executado (dívida de alimentos).. 220

    7.29.1 Agravo de instrumento.. 220

    7.29.2 Decisão do tribunal (houve retratação do juiz)................ 225

7.30 Agravo interno contra decisão do relator que deferiu liminarmente, em agravo de instrumento, o aumento do horário de visitas do genitor ao seu filho em idade de amamentação 227

7.31 Agravo interno contra decisão do relator que indeferiu liminarmente agravo de instrumento (falta de legitimidade)................. 230

7.32 Agravo interno contra decisão do relator que indeferiu liminarmente agravo de instrumento (falta de preparo).......................... 233

7.33 Contrarrazões de agravo de instrumento contra decisão que decretou a prisão civil do executado em cumprimento de obrigação de prestar alimentos 237

7.34 Contrarrazões de agravo de instrumento contra decisão que, em tutela provisória, determinou o imediato fornecimento de insumo terapêutico (fraldas geriátricas) 240

7.35 Contrarrazões de agravo de instrumento contra decisão que, em tutela provisória, determinou o imediato fornecimento de medicamento pelo ente público..................... 247

7.36 Contrarrazões de agravo de instrumento contra decisão que, em tutela provisória, regulamentou o direito de visitas do genitor ao seu filho..................... 253

7.37 Contrato de prestação de serviços advocatícios..................... 256

7.38 Mandado de segurança contra ato judicial (juiz declinou da sua competência em ação de guarda)..................... 258

7.39 Petição renunciando, a pedido, a procuração judicial..................... 262

7.40 Petição requerendo a juntada de cópia de agravo de instrumento interposto junto ao tribunal..................... 263

7.41 Procuração judicial (pessoa física)..................... 264

7.42 Procuração judicial (pessoa jurídica)..................... 265

7.43 Substabelecimento de procuração judicial ("sem reservas")..................... 266

Bibliografia..................... 267

Capítulo 1
CPC Anotado[1]

TÍTULO II
DOS RECURSOS

CAPÍTULO I
DISPOSIÇÕES GERAIS

Art. 994. São cabíveis os seguintes recursos:

I – *apelação*;

II – *agravo de instrumento*;

III – *agravo interno*;

IV – *embargos de declaração*;

V – *recurso ordinário*;

VI – *recurso especial*;

VII – *recurso extraordinário*;

VIII – *agravo em recurso especial ou extraordinário*;

IX – *embargos de divergência*.

---

[1] O objetivo desta seção é facilitar o manuseio do recurso de agravo, ou seja, tanto quanto possível os comentários e jurisprudências mencionados se limitam a informar aspectos gerais sobre os recursos que direta ou indiretamente também são aplicados ao agravo. Para uma visão mais geral sobre os "recursos no CPC", recomendo que o leitor consulte os meus livros *Código de Processo Civil anotado* e *Prática de recursos no processo civil*, também publicados pela Editora Atlas.

1. REFERÊNCIAS

Arts. 496, I, § 1º, e 1.029, CPC.

2. RECURSO

O direito, a faculdade, que a parte vencida, no todo ou em parte, tem de provocar o reexame da decisão judicial, com escopo de sua reforma ou modificação por órgão hierarquicamente superior.

3. PRINCÍPIO DA UNICIDADE

Também conhecido como princípio da singularidade ou princípio da unirrecorribilidade, representa a proibição da interposição simultânea de mais de um recurso contra a mesma decisão; exceção a essa regra é a possibilidade da interposição simultânea do recurso extraordinário e especial, que, no entanto, devem ser interpostos em petições distintas; admitidos ambos os recursos, primeiro será processado o recurso especial.

4. JURISPRUDÊNCIA

Súmula 267 do STF: "Não cabe mandado de segurança contra ato judicial passível de recurso ou correição".

No sistema recursal brasileiro, vigora o cânone da unirrecorribilidade recursal, segundo o qual não é admissível o manejo de mais de um recurso, pela mesma parte, contra a mesma decisão (STJ, AgInt no AREsp 1205873/PA, Ministro Marco Buzzi, T4 – Quarta Turma, *DJe* 01/10/2020).

Nos termos do art. 1.030, § 2º, do CPC/2015, é cabível o agravo interno contra a decisão que nega seguimento ao recurso especial interposto contra acórdão que esteja em conformidade com entendimento do STJ ou do STF exarado sob o regime de julgamento de recursos repetitivos. Havendo previsão legal expressa, a interposição de agravo em recurso especial nesse caso configura erro grosseiro, o que torna inviável a aplicação do princípio da fungibilidade recursal (STJ, AgInt no AREsp 1572334/PR, Ministro Gurgel de Faria, T1 – Primeira Turma, *DJe* 16/09/2020).

Em face do princípio da fungibilidade, admite-se o recebimento de pedido de reconsideração como agravo interno (STJ, RCD no AREsp 958012/MG, Ministra Maria Isabel Gallotti, T4 – Quarta Turma, *DJe* 30/06/2020).

É pacífico nesse Superior Tribunal de Justiça que, contra a decisão que não admite os recursos de natureza extraordinária, é cabível o agravo previsto no art. 1.042 do Código de Processo Civil, e não agravo interno, sendo inaplicável o princípio da fungibilidade (STJ, AgRg no HC 582042/SP, Ministro Jorge Mussi, T5 – Quinta Turma, *DJe* 17/06/2020).

Contra a decisão que resolve a impugnação ao cumprimento de sentença, sem colocar fim ao procedimento, é cabível o manejo do agravo de instrumento, de modo que a interposição de apelação configura erro grosseiro e impede a aplicação do princípio da fungibilidade (STJ, AgInt no AREsp 1596751/MA, Ministro Napoleão Nunes Maia Filho, T1 – Primeira Turma, *DJe* 04/06/2020).

Revela-se defesa a interposição simultânea de dois agravos contra o mesmo ato judicial, ante o princípio da unirrecorribilidade e a ocorrência da preclusão consumativa, o que reclama o não conhecimento da segunda insurgência (STJ, AgInt no AREsp 1.077.120/SP, Ministro Luis Felipe Salomão, T4 – Quarta Turma, *DJe* 01/12/2017).

Apresentadas duas petições sucessivas de aclaratórios contra a mesma decisão, resta o segundo deles prejudicado, não podendo sequer ser conhecido, por força dos princípios da preclusão consumativa e da unirrecorribilidade (STJ, EDcl no AgInt no AREsp 989.378/AM, Ministro Sérgio Kukina, T1 – Primeira Turma, *DJe* 29/11/2017).

> **Art. 995.** *Os recursos não impedem a eficácia da decisão, salvo disposição legal ou decisão judicial em sentido diverso.*
>
> *Parágrafo único. A eficácia da decisão recorrida poderá ser suspensa por decisão do relator, se da imediata produção de seus efeitos houver risco de dano grave, de difícil ou impossível reparação, e ficar demonstrada a probabilidade de provimento do recurso.*

1. REFERÊNCIAS

Arts. 496, I, § 1º, 502, 1.002, 1.012, 1015, 1.019, I, e 1.021, CPC.

2. EFEITOS

Além de a interposição do recurso obstar o trânsito em julgado da decisão impugnada (art. 502, CPC), fato que impede a formação da coisa julgada, o CPC atribui tradicionalmente aos recursos mais dois efeitos, quais sejam: devolutivo e suspensivo.

O "efeito devolutivo" consiste na transferência para o juízo *ad quem* do conhecimento de toda a matéria impugnada e, por óbvio, no limite da impugnação (art. 1.002, CPC). Registre-se que os embargos de declaração representam exceção à regra geral, visto que devolvem o conhecimento da matéria para o próprio juízo prolator da decisão impugnada (art. 1.023, CPC). Também o agravo de instrumento permite ao próprio prolator da decisão impugnada um juízo de retratação, que, se positivo, impede o conhecimento da matéria pelo órgão *ad quem* (art. 1.018, § 1º, CPC).

Já o "efeito suspensivo", por sua vez, impede toda a eficácia da decisão impugnada, quando esta for positiva, mantendo a situação decidida no mesmo estado em que se encontra.

Regra geral, os recursos possuem apenas o efeito devolutivo, salvo o recurso de apelação (art. 1.012, CPC), mas o interessado pode requerer ao relator que suspenda a eficácia da decisão impugnada, argumentando que a imediata produção de seus efeitos traz risco de dano grave ou de difícil ou impossível reparação, assim como demonstrando a probabilidade de provimento do recurso, normalmente citando procedentes do próprio tribunal ou de tribunal superior.

No caso de que a decisão impugnada tenha sido negativa (negou-se o pedido), o interessado pode requerer, em preliminar no seu recurso, a concessão da "antecipação da tutela recursal", sob os mesmos argumentos, ou seja, risco de dano grave ou de difícil ou impossível reparação, demonstrando a probabilidade de provimento do recurso.

3. JURISPRUDÊNCIA

O CPC, em seu art. 1.021, passou a prever a possibilidade da interposição de recurso de agravo interno contra qualquer decisão proferida pelo relator, inclusive, de decisão monocrática que concede ou nega efeito suspensivo ou suspensivo ativo ao agravo de instrumento (TJMG, Agravo Interno Cv 1.0000.21.022058-8/002, Relator Des. Marco Aurelio Ferenzini, 14ª Câmara Cível, *DJ* 28/10/2021).

Não sendo recebido o agravo de instrumento em seu efeito suspensivo, a decisão objurgada permanece produzindo seus efeitos (TJMG, Apelação Cível 1.0000.19.141732-8/002, Relator Des. Amauri Pinto Ferreira, 17ª Câmara Cível, *DJ* 20/10/2021).

O agravo de instrumento tem efeito devolutivo restrito à matéria abordada pela decisão agravada (TJMG, Agravo de Instrumento Cv 1.0105.14.031611-5/001, Relatora Des. Cláudia Maia, 14ª Câmara Cível, *DJ* 24/05/2018).

O efeito devolutivo do agravo de instrumento (art. 1.015 do CPC/2015) está limitado à questão resolvida pela decisão interlocutória de que se recorre, de modo que a não apreciação pela Corte de origem de questões estranhas ao conteúdo da decisão agravada, ainda que eventualmente tenham sido suscitadas na peça recursal, não constitui negativa de prestação jurisdicional (STJ, AgInt nos EDcl no AREsp 1.069.851/DF, Rel. Ministro Ricardo Villas Bôas Cueva, T3 – Terceira Turma, *DJe* 30/10/2017).

Os Tribunais Superiores, em recentes decisões, firmaram o entendimento de que, após esgotadas as vias recursais ordinárias, apenas casuísticos efeitos suspensivos concedidos aos recursos excepcionais impedirão a execução provisória. (STJ, AgRg nos EAREsp 673.454/DF, Rel. Min. Nefi Cordeiro, 3ª Seção, *DJe* 14/09/2017).

> **Art. 996.** *O recurso pode ser interposto pela parte vencida, pelo terceiro prejudicado e pelo Ministério Público, como parte ou como fiscal da ordem jurídica.*
>
> *Parágrafo único. Cumpre ao terceiro demonstrar a possibilidade de a decisão sobre a relação jurídica submetida à apreciação judicial atingir direito de que se afirme titular ou que possa discutir em juízo como substituto processual.*

1. REFERÊNCIAS

Arts. 119 a 132, 138, § 1º, 176 a 181, CPC; art. 5º, Lei nº 9.469/1997.

2. VENCIDO

É a parte, autor ou réu, que teve desatendido pelo juiz, total ou parcialmente, seu pedido; em outras palavras, aquele que sofreu a sucumbência, seja total ou parcial. Também pode ser considerado vencido o litisconsorte, o assistente, o denunciado à lide, o chamado ao processo e o opositor.

3. TERCEIRO PREJUDICADO

É a pessoa estranha ao processo que é atingida, ainda que por via reflexa, pela sentença, por exemplo: adquirente de direito material litigioso, fiador, avalista etc.

4. SUCUMBÊNCIA

O pressuposto básico de qualquer recurso é a sucumbência, que nada mais é do que a desconformidade entre o que foi pedido e o que foi concedido pelo Estado-juiz.

5. JURISPRUDÊNCIA

Súmula 99 do STJ: O Ministério Público tem legitimidade para recorrer no processo em que oficiou como fiscal da lei, ainda que não haja recurso da parte.

Súmula 202 do STJ: A impetração de segurança por terceiro, contra ato judicial, não se condiciona à interposição de recurso.

Súmula 226 do STJ: O Ministério Público tem legitimidade para recorrer na ação de acidente do trabalho, ainda que o segurado esteja assistido por advogado.

Demonstrado que o impetrante teve ciência imediata do teor do ato judicial, o recurso cabível seria o agravo de instrumento, ao qual pode ser atribuído efeito suspensivo, resultando a legitimidade do terceiro prejudicado da regra estabelecida no art. 499 do CPC de 1973, correspondente ao art. 966 do CPC/2015 (STJ, AgInt na Pet 12650/RN, Ministra Maria Isabel Gallotti, T4 – Quarta Turma, DJe 04/03/2021).

A orientação jurisprudencial do STJ é no sentido de que a pessoa jurídica detém legitimidade para recorrer contra a decisão que desconsidera a sua personalidade jurídica, a fim de defender direito próprio, relativo à sua autonomia ou à correição de sua administração (STJ, AgInt no REsp 1830750/CE, Ministro Marco Aurélio Bellizze, T3 – Terceira Turma, *DJe* 17/08/2020).

Nos termos do art. 138, § 1º, do CPC/2015, a intervenção do *amicus curiae* não autoriza a interposição de recursos, ressalvada a oposição de embargos de declaração, já que é terceiro admitido no processo para que forneça subsídios instrutórios (probatórios ou jurídicos) à melhor solução da controvérsia, não assumindo a condição de parte (STJ, RCD no REsp 1.568.244/RJ, Ministro Ricardo Villas Bôas Cueva, S2 – Segunda Seção, *DJe* 28/08/2017).

Em que pese a jurisprudência desta Corte reconhecer a legitimidade recursal dos advogados para recorrerem em nome próprio do capítulo da decisão relativo aos honorários advocatícios, não cabe agravo regimental contra decisão de órgão colegiado. (STJ, AgRg no REsp 1.247.842/PR, Relator Ministro Mauro Campbell Marques, T2, *DJ* 10.04.2012)

> **Art. 997.** *Cada parte interporá o recurso independentemente, no prazo e com observância das exigências legais.*
>
> *§ 1º Sendo vencidos autor e réu, ao recurso interposto por qualquer deles poderá aderir o outro.*
>
> *§ 2º O recurso adesivo fica subordinado ao recurso independente, sendo-lhe aplicáveis as mesmas regras deste quanto aos requisitos de admissibilidade e julgamento no tribunal, salvo disposição legal diversa, observado, ainda, o seguinte:*
>
> *I – será dirigido ao órgão perante o qual o recurso independente fora interposto, no prazo de que a parte dispõe para responder;*
>
> *II – será admissível na apelação, no recurso extraordinário e no recurso especial;*
>
> *III – não será conhecido, se houver desistência do recurso principal ou se for ele considerado inadmissível.*

1. REFERÊNCIAS

Art. 994, CPC.

2. NATUREZA

O conhecido "recurso adesivo" não é na verdade recurso (art. 994), mas forma, maneira, de interposição dos recursos de apelação, extraordinário e especial.

3. CABIMENTO

Quando a decisão causar prejuízo a ambas as partes, sucumbência recíproca, qualquer delas poderá recorrer no prazo comum. Nessas circunstâncias, pode acontecer que uma das partes se conforme com a decisão e deixe de interpor o recurso cabível no prazo legal, que, como se disse, é comum. Posteriormente, surpreendida com o recurso da outra parte, que impede o trânsito em julgado e tem o condão de fazer subirem os autos para superior instância, admite-se que faça a sua adesão ao recurso da parte contrária, isto é, que no prazo para apresentar suas contrarrazões ofereça também, em peça separada, recurso quanto à parte que sucumbiu, aproveitando-se da iniciativa da outra parte.

4. JURISPRUDÊNCIA

Conforme dispõe o art. 997, § 2º, II, do Código de Processo Civil – CPC/2015, somente será admissível recurso adesivo na apelação, no recurso extraordinário e no recurso especial. Assim, diante da ausência de previsão legal, revela-se incabível o agravo regimental adesivo (STJ, AgRg no AREsp 1692899/MS, Ministro Joel Ilan Paciornik, T5 – Quinta Turma, *DJe* 09/09/2020).

> **Art. 998.** *O recorrente poderá, a qualquer tempo, sem a anuência do recorrido ou dos litisconsortes, desistir do recurso.*
>
> *Parágrafo único. A desistência do recurso não impede a análise de questão cuja repercussão geral já tenha sido reconhecida e daquela objeto de julgamento de recursos extraordinários ou especiais repetitivos.*

1. REFERÊNCIAS

Arts. 90, 105, 117, 122, 200 e 485, VIII e § 5º, CPC.

2. DESISTÊNCIA DO RECURSO

É ato unilateral, independe da concordância do recorrido ou de terceiros, e impede o juízo de mérito, encerrando o procedimento recursal. Não se deve confundir a desistência, que parte da premissa de que o recurso foi interposto, com a renúncia ao direito de recorrer, que é manifestação formal do vencido no sentido de que não vai recorrer.

3. JURISPRUDÊNCIA

O art. 998 do CPC/2015 autoriza a parte recorrente a desistir do recurso a qualquer tempo, independentemente da anuência da outra parte. Considerando que há procuração nos autos com poderes para desistir, homologo a desistência do recurso interposto (STJ, AgInt no MS 24461/DF, Ministro Francisco Falcão, S1 – Primeira Seção, *DJe* 21/09/2020).

Formulada a desistência do recurso, o ato de disposição produz efeitos de imediato, independentemente de aquiescência da parte adversa e, de regra, também independentemente de homologação judicial. A decisão que reconhece a desistência ao recurso produz efeito *ex tunc* limitado à data do requerimento de desistência, e não à data de interposição do recurso que é objeto da desistência (STJ, REsp 1819613/RJ, Ministra Nancy Andrighi, T3 – Terceira Turma, *DJe* 18/09/2020).

[...] a partir do momento em que os tribunais afetam questão controvertida sob o rito das demandas ou recursos repetitivos, passa ela a ser de ordem pública e de resolução obrigatória, de forma que as partes não podem dispor sobre a tese em debate. Uma vez submetida a controvérsia ao rito dos repetitivos, caso sobrevenha desistência do recurso ou da ação respectiva, resguarda-se a aplicação, pelo tribunal que afetou a tese, do direito à questão, pois sua resolução transcende o interesse particular manifestado no caso concreto (STJ, REsp 1648336/RS, Ministro Herman Benjamin, S1 – Primeira Seção, *DJe* 04/08/2020).

Nos termos da jurisprudência do STJ, a desistência do recurso provoca o trânsito em julgado da decisão por ele impugnada (STJ, AgInt no REsp 1375645/SP, Ministro Antonio Carlos Ferreira, T4 – Quarta Turma, *DJe* 20/09/2019).

Agravo interno proposto por assistente simples após a homologação da desistência recursal requerida pela parte recorrente. Dessa forma, figurando a parte agravante apenas como assistente simples, uma vez homologada a desistência, cessa a intervenção do assistente no processo. Aliás, esse é o teor dos arts. 53 do CPC/1973 e 122 do CPC/2015 (STJ, AgInt na DESIS no REsp 1.504.644/SP, Ministro Napoleão Nunes Maia Filho, T1 – Primeira Turma, *DJe* 26/06/2017).

A lei faculta ao recorrente desistir do recurso, independentemente da anuência da parte contrária. Isso ocorrendo, fica sem objeto o recurso adesivo. Dicção dos arts. 997 e 998 do CPC/2015 (STJ, AgInt na DESIS no REsp 1.494.486/DF, Ministro Og Fernandes, T2 – Segunda Turma, *DJe* 02/03/2017).

O Superior Tribunal de Justiça considera inválido o pedido de desistência do recurso se o subscritor do pedido não possui poderes para tanto, seja em relação ao direito sobre o qual se funda a demanda, seja em relação ao próprio recurso. (STJ, AgRg nos EDcl no REsp 1.230.482/CE, Relator Ministro Sebastião Reis Júnior, T6, *DJ* 29.05.2012).

Saliente-se, outrossim, que a desistência do recurso não implica reconhecer a ausência de atividade jurisdicional. Isso porque, embora seja um ato que independe da concordância da parte contrária, está submetido ao controle pelo Judiciário, sendo necessária sua homologação para que produza a totalidade de seus efeitos. (STJ, REsp 1.216.685/SP, Relator Ministro Castro Meira, T2, *DJ* 12.04.2011).

> **Art. 999.** *A renúncia ao direito de recorrer independe da aceitação da outra parte.*

1. REFERÊNCIAS

Arts. 90, 105, 117, 225 e 487, III, "c", CPC.

2. RENÚNCIA

Deve ser expressa e só pode ocorrer antes da interposição do recurso, independe da aceitação da outra parte.

3. JURISPRUDÊNCIA

A desistência do recurso ou a renúncia ao prazo recursal constitui ato unilateral de vontade do recorrente que independe da aquiescência da parte contrária e produz efeitos imediatos, ensejando o trânsito em julgado (STJ, REsp 1344716/RS, Ministro Gurgel de Faria, T1 – Primeira Turma, *DJe* 12/05/2020).

> **Art. 1.000.** *A parte que aceitar expressa ou tacitamente a decisão não poderá recorrer.*
> *Parágrafo único. Considera-se aceitação tácita a prática, sem nenhuma reserva, de ato incompatível com a vontade de recorrer.*

1. CARACTERÍSTICA

A "aquiescência" envolve a prática de ato que seja incompatível com a vontade de recorrer, como, por exemplo: nas ações de cobrança, o pagamento da dívida; nas ações de reintegração de posse ou de despejo, a entrega das chaves. Embora leve à renúncia (art. 999, CPC), a aquiescência não se confunde com ela.

Para evitar os efeitos que a prática de atos incompatíveis com a vontade de recorrer ("concordância tácita"), o interessado deve ressalvar expressamente que "se reserva o direito de recorrer oportunamente", apontando as razões pelais quais praticou ato.

2. PRECLUSÃO LÓGICA

Quando a parte perde o direito de praticar o ato em razão da prática de outro ato que seja com ele incompatível (concordância tácita), salvo quando, como lhe faculta o parágrafo único, fizer ressalva expressa, explicitando as suas razões.

3. JURISPRUDÊNCIA

Nos termos do art. 503, parágrafo único, do CPC/1973, a aceitação tácita deve ser inequívoca com a prática de atos manifestamente incompatíveis com a impugnação da decisão. Entendimento que permanece atual porque reproduzido em sua essência no art. 1.000, parágrafo único, do CPC/2015 (STJ, REsp 1655655/SP, Ministro Ricardo Villas Bôas Cueva, T3 – Terceira Turma, *DJe* 01/07/2019).

Ao cumprir o contido em sentença suspensa diante do recebimento da apelação no duplo efeito, a parte renuncia ao direito de recorrer. (STJ, AgRg no Ag 1.160.527/RJ, Relator Ministro João Otávio de Noronha, T4, *DJ* 14.04.2011)

Art. 1.001. *Dos despachos não cabe recurso.*

1. REFERÊNCIAS

Arts. 2º e 203, § 3º, CPC.

2. DELIMITAÇÃO

Os despachos englobam todos os atos do juiz que, embora não tenham caráter decisório (como acontece na decisão interlocutória, sentença e acórdão), têm como propósito dar andamento ao processo (*princípio do impulso oficial*).

3. JURISPRUDÊNCIA

No CPC/2015, seguindo a mesma linha do CPC/1973, os pronunciamentos jurisdicionais são classificados em sentenças, decisões interlocutórias e despachos, permanecendo como critério de distinção entre as decisões interlocutórias e os despachos a ausência de conteúdo decisório nos últimos, os quais têm como desiderato o mero impulso da marcha processual. Por visarem unicamente ao impulsionamento da marcha processual, não gerando danos ou prejuízos às partes, os despachos são irrecorríveis (art. 1.001 do CPC/15) (STJ, REsp 1725612/RS, Ministra Nancy Andrighi, T3 – Terceira Turma, DJe 04/06/2020).

O ato judicial que determina a intimação da parte recorrente para regularizar o preparo, nos termos do art. 1.007, §§ 2º e 4º, do Código Fux, tem natureza jurídica de despacho de mero impulso oficial, e não de decisão, não sendo assim recorrível, a teor do que dispõe o art. 1.001 do mesmo diploma processual, segundo o qual dos despachos não cabe recurso (STJ, AgInt no REsp 1805772/PA, Ministro Napoleão Nunes Maia Filho, T1 – Primeira Turma, DJe 19/11/2019).

Não há previsão no ordenamento jurídico de recurso contra despachos. É, portanto, cabível a impetração de mandado de segurança. Hipótese em que deve ser afastado o entendimento da Súmula nº 267 do STF. (STJ, RMS 44.254/SP, rel. Min. Moura Ribeiro, 3ª Turma, DJe 10/09/2015).

> **Art. 1.002.** *A decisão pode ser impugnada no todo ou em parte.*

1. REFERÊNCIAS

Arts. 141, 203, 485, 487, 489 e 492, CPC.

2. SUCUMBÊNCIA PARCIAL

A sucumbência pode ser total ou parcial, conforme o juiz conceda total ou parcialmente o pedido do autor, por exemplo: o autor pede indenização por danos morais e materiais, sendo ambos os pedidos julgados improcedentes (*o autor sofre sucumbência total*); ao contrário, sendo ambos os pedidos julgados procedentes (*o réu sofre sucumbência total*); se na mesma situação o juiz julga procedente apenas, por exemplo, o pedido de indenização pelos danos materiais, negando o pedido de danos morais (*autor e réu sofrem sucumbência parcial*). Observe-se, no entanto, que mesmo nos casos em que a sucumbência é total, o interessado pode impugnar apenas parte da decisão, ocorrendo preclusão consumativa quanto ao que não foi impugnado, ou seja, não se pode depois completar o recurso.

3. JURISPRUDÊNCIA

Súmula 306 do STJ: Os honorários advocatícios devem ser compensados quando houver sucumbência recíproca, assegurado o direito autônomo do advogado à execução do saldo sem excluir a legitimidade da própria parte.

A sucumbência de cada parte é medida em relação a seu pedido. O reconhecimento da sucumbência parcial não implica que cada parte teve rejeitada exatamente 50% (cinquenta por cento) de sua pretensão inicial, anulando-se os honorários a que fariam jus. Se a sucumbência de uma das partes correspondeu, por exemplo, a apenas 10% (dez por cento) de seu pedido inicial, logicamente, a da parte adversa corresponderia a 90% (noventa por cento) e a compensação entre os honorários finalizaria com um saldo de 80% (oitenta por cento) em favor de uma das partes, o que justificaria a fixação de honorários advocatícios em seu favor. (STJ, EDcl na Pet 6.642/RS, Rel. Min. Reynaldo Soares da Fonseca, 3ª Seção, *DJe* 02/05/2017)

A condenação em honorários deve ser proporcional ao que cada parte teve como perda na causa, ou seja, a diferença entre o que foi pedido e o que recebeu. (STJ, AgRg nos EDcl no REsp 1.517.542/RS, Rel. Min. Humberto Martins, 2ª Turma, *DJe* 26/05/2015)

Art. 1.003. *O prazo para interposição de recurso conta-se da data em que os advogados, a sociedade de advogados, a Advocacia Pública, a Defensoria Pública ou o Ministério Público são intimados da decisão.*

§ 1º Os sujeitos previstos no caput *considerar-se-ão intimados em audiência quando nesta for proferida a decisão.*

§ 2º Aplica-se o disposto no art. 231, incisos I a VI, ao prazo de interposição de recurso pelo réu contra decisão proferida anteriormente à citação.

§ 3º No prazo para interposição de recurso, a petição será protocolada em cartório ou conforme as normas de organização judiciária, ressalvado o disposto em regra especial.

§ 4º Para aferição da tempestividade do recurso remetido pelo correio, será considerada como data de interposição a data de postagem.

§ 5º Excetuados os embargos de declaração, o prazo para interpor os recursos e para responder-lhes é de 15 (quinze) dias.

§ 6º O recorrente comprovará a ocorrência de feriado local no ato de interposição do recurso.

---

1. REFERÊNCIAS

Arts. 180, 183, 186, 219, 224, 231, 1.004 e 1.023, CPC.

2. PRAZOS

Aqueles legitimados a recorrer devem fazê-lo dentro do prazo legal, visto que não se conhece de recurso interposto fora do prazo, isto é, intempestivo. O prazo, que é fatal e peremptório, para recorrer é de 15 (quinze) dias, salvo no caso dos "embargos de declaração", cujo prazo para recorrer é de 5 (cinco) dias. Tratando-se de prazo fixado em dias, contam-se apenas os dias úteis. No prazo para interposição, a petição deverá ser protocolada em cartório ou conforme outras normas de organização judiciária, observando-se que se considera interposto o recurso remetido pelo correio na data da postagem.

3. JURISPRUDÊNCIA

Súmula 216 do STJ: A tempestividade de recurso interposto no Superior Tribunal de Justiça é aferida pelo registro no protocolo da Secretaria e não pela data da entrega na agência do correio.

Enunciado 22 do Fórum Permanente de Processualistas Civis: O Tribunal não poderá julgar extemporâneo ou intempestivo recurso, na instância ordinária ou na extraordinária, interposto antes da abertura do prazo.

O recurso manifestamente intempestivo, porquanto interposto fora do prazo de 15 (quinze) dias corridos, nos termos do art. 33 da Lei nº 8.038/90, do art. 1.003, § 5º, do CPC, bem como do art. 798 do Código de Processo Penal. Nos termos do § 6º do art. 1.003 do mesmo Código, "o recorrente comprovará a ocorrência de feriado local no ato de interposição do recurso", o que impossibilita a regularização posterior (STJ, AgRg no RMS 63902/RJ, Ministro Felix Fischer, T5 – Quinta Turma, *DJe* 15/10/2020).

A partir da vigência do CPC/2015, a comprovação da ocorrência de feriado local, para fins de aferição da tempestividade do recurso, deve ser realizada no momento de sua interposição, não se admitindo a comprovação posterior, como pretende a parte agravante (STJ, AgInt no AREsp 1.121.468/MG, Ministra Assusete Magalhães, T2 – Segunda Turma, *DJe* 01/12/2017).

A jurisprudência desta Corte é no sentido de que o erro na publicação ou disponibilização da decisão recorrida deve ser comprovado, pelo recorrente, por meio de documento idôneo, no momento da interposição do recurso especial, o que não se verificou no presente caso, razão pela qual deveria mesmo ser reconhecida a intempestividade do referido recurso (STJ, AgInt no AREsp 958.832/MS, Relator Ministro Sérgio Kukina, *DJe* 07.12.2016).

> **Art. 1.004.** *Se, durante o prazo para a interposição do recurso, sobrevier o falecimento da parte ou de seu advogado ou ocorrer motivo de força maior que suspenda o curso do processo, será tal prazo restituído em proveito da parte, do herdeiro ou do sucessor, contra quem começará a correr novamente depois da intimação.*

1. REFERÊNCIAS

Art. 393, parágrafo único, CC; arts. 221, 313 e 314, CPC.

2. INTERRUPÇÃO DO PRAZO

No caso de falecimento do advogado, interrompe-se o prazo para a interposição de eventual recurso, devendo o juiz a intimação do mandante para que regularize sua representação processual no prazo de 15 (quinze) dias (art. 313, § 3º, CPC), restituindo integralmente o prazo para a interposição do recurso.

Já eventual impedimento do advogado, como, por exemplo, uma doença ou um acidente, deve ser comunicado com urgência ao juízo, sendo que só terá o efeito previsto neste artigo se for de tal monta que o impossibilite não somente da prática do ato, mas também de outorgar, por exemplo, um substabelecimento a outro colega.

3. JURISPRUDÊNCIA

Não comprovada a justa causa ou motivo de força maior, nos termos do art. 223 e art. 1.004 do CPC/2015, não é possível a restituição do prazo para a prática dos atos processuais pertinentes (TJMG, Agravo Interno Cv 1.0694.17.003070-4/002, Relator Des. Sérgio André da Fonseca Xavier, 18ª Câmara Cível, *DJ* 09/07/2019).

O Superior Tribunal de Justiça firmou entendimento de que somente se admite a alegação de justa causa ou força maior para fins de dilação do prazo recursal, quando demonstrado que a doença que acometeu o advogado o impossibilita totalmente de exercer a profissão ou de substabelecer o mandato (STJ, AgInt na PET no AREsp 857.760/SP, Rel. Min. Herman Benjamin, 2ª Turma, *DJe* 30/06/2017).

O pedido de devolução do prazo recursal deve vir acompanhado da necessária comprovação das circunstâncias que impediram o advogado de atuar no feito (STJ, AgInt no AREsp 831.004/DF, Rel. Min. Napoleão Nunes Maia Filho, 1ª Turma, *DJe* 07/04/2017).

Descabimento de restituição de prazo recursal quando não demonstrado qualquer impedimento para exercício do direito recursal (STJ, AgRg no REsp 1.261.867/RJ, Rel. Rel. Min. Paulo de Tarso Sanseverino, *DJ* 26.06.2012).

O pedido de reconsideração, como é cediço, não tem o condão de interromper ou suspender os prazos recursais e, portanto, é erro grosseiro apresentá-lo para alcançar tal desiderato (STJ, AgRg no Ag 1.147.332/BA, Rel. Min. Laurita Vaz, *DJ* 12.06.2012).

> **Art. 1.005.** *O recurso interposto por um dos litisconsortes a todos aproveita, salvo se distintos ou opostos os seus interesses.*
> *Parágrafo único. Havendo solidariedade passiva, o recurso interposto por um devedor aproveitará aos outros quando as defesas opostas ao credor lhes forem comuns.*

1. REFERÊNCIAS

Arts. 274, 275 a 285, CC; arts. 113 a 118, CPC.

2. LITISCONSÓRCIO

Ocorre o litisconsórcio nos casos em que a norma processual permite, ou determina, que duas ou mais pessoas ocupem conjuntamente o polo ativo ou o passivo de um processo.

3. JURISPRUDÊNCIA

Conforme disposto nos arts. 117 e 118 do CPC, os litisconsortes serão considerados litigantes distintos e deverão promover o andamento do processo ainda que individualmente, não havendo irregularidade na interposição de recurso por apenas um deles (TJMG, Agravo de Instrumento Cv 1.0000.21.054482-1/001, Relator Des. Claret de Moraes, 10ª Câmara Cível, *DJ* 19/10/2021).

Nos termos do art. 1.005 do CPC, ainda que não haja litisconsórcio unitário, o recurso interposto pelo devedor solidário aproveita aos demais quando as defesas opostas ao credor lhes forem comuns, ensejando o denominado efeito expansivo subjetivo (TJMG, Agravo de Instrumento Cv 1.0000.21.054057-1/002, Relatora Des. Áurea Brasil, 5ª Câmara Cível, *DJ* 22/07/2021).

> **Art. 1.006.** *Certificado o trânsito em julgado, com menção expressa da data de sua ocorrência, o escrivão ou o chefe de secretaria, independentemente de despacho, providenciará a baixa dos autos ao juízo de origem, no prazo de 5 (cinco) dias.*

1. REFERÊNCIAS

Arts. 219 e 502 a 508, CPC.

2. COISA JULGADA

Coisa julgada, ou *res judicata*, é a eficácia que torna imutável e indiscutível a sentença, seja porque a parte vencida já usou de todos os recursos previstos em lei, seja porque já ocorreu a preclusão quanto à possibilidade de se recorrer da sentença.

3. PRAZO PARA BAIXA DOS AUTOS

Esse prazo é de natureza imprópria, ou seja, não está sujeito a preclusão, sendo que sua inobservância não gera sanção processual, mas apenas disciplinar ou administrativa.

> **Art. 1.007.** *No ato de interposição do recurso, o recorrente comprovará, quando exigido pela legislação pertinente, o respectivo preparo, inclusive porte de remessa e de retorno, sob pena de deserção.*
>
> *§ 1º São dispensados de preparo, inclusive porte de remessa e de retorno, os recursos interpostos pelo Ministério Público, pela União, pelo Distrito Federal, pelos Estados, pelos Municípios, e respectivas autarquias, e pelos que gozam de isenção legal.*
>
> *§ 2º A insuficiência no valor do preparo, inclusive porte de remessa e de retorno, implicará deserção se o recorrente, intimado na pessoa de seu advogado, não vier a supri-lo no prazo de 5 (cinco) dias.*

§ 3º É dispensado o recolhimento do porte de remessa e de retorno no processo em autos eletrônicos.

§ 4º O recorrente que não comprovar, no ato de interposição do recurso, o recolhimento do preparo, inclusive porte de remessa e de retorno, será intimado, na pessoa de seu advogado, para realizar o recolhimento em dobro, sob pena de deserção.

§ 5º É vedada a complementação se houver insuficiência parcial do preparo, inclusive porte de remessa e de retorno, no recolhimento realizado na forma do § 4º.

§ 6º Provando o recorrente justo impedimento, o relator relevará a pena de deserção, por decisão irrecorrível, fixando-lhe prazo de 5 (cinco) dias para efetuar o preparo.

§ 7º O equívoco no preenchimento da guia de custas não implicará a aplicação da pena de deserção, cabendo ao relator, na hipótese de dúvida quanto ao recolhimento, intimar o recorrente para sanar o vício no prazo de 5 (cinco) dias.

1. REFERÊNCIAS

Arts. 98 a 102, 219, 231, 269 a 275 e 1.023, CPC.

2. PREPARO

É o recolhimento das custas e despesas processuais, inclusive porte de remessa e retorno dos autos. Cabe ao recorrente, quando da interposição do recurso e desde que exigível, segundo legislação estadual ou federal (Justiça Estadual ou Federal), comprovar o preparo, isto é, o pagamento das custas e despesas processuais, sob pena de o recurso ser declarado deserto. A pena de deserção pode ser relevada, caso o recorrente prove que a mora no preparo se deu por justa causa. Da decisão que releva a pena de deserção não cabe recurso, segundo entendimento jurisprudencial.

3. ISENÇÃO

Os beneficiários da justiça gratuita, nos termos dos arts. 98 a 102, CPC, estão dispensados do preparo.

4. JURISPRUDÊNCIA

Súmula 187 do STJ: "É deserto o recurso interposto para o Superior Tribunal de Justiça, quando o recorrente não recolhe, na origem, a importância das despesas de remessa e retorno dos autos".

Enunciado 98 do Fórum Permanente de Processualistas Civis: O disposto nestes dispositivos aplica-se aos Juizados Especiais.

Delineado pelas instâncias de origem que a guia de recolhimento de custas da apelação apresentada, a despeito da ausência do número do processo, permite a identificação da parte e do processo, estando demonstradas a tempestividade e a correção dos valores que foram depositados na conta do Tribunal e com mesma finalidade contábil, não se aplica a pena de deserção (Corte Especial, REsp 1498623/RJ, Rel. Ministro Napoleão Nunes Maia Filho, *DJe* 13/03/2015) (STJ, EDcl no AgInt no AREsp 1031232/SP, Ministra Maria Isabel Gallotti, T4 – Quarta Turma, *DJe* 01/10/2020).

Consoante entendimento desta Corte, o comprovante de agendamento bancário não é documento apto a demonstrar o efetivo recolhimento do preparo, incidindo na hipótese a Súmula 187 do STJ (STJ, AgInt no RMS 62545/MG, Ministro Gurgel de Faria, T1 – Primeira Turma, *DJe* 23/09/2020).

A adequada comprovação do recolhimento do preparo, mediante a juntada de cópias legíveis, é requisito extrínseco de admissibilidade do recurso especial, cuja ausência enseja a deserção (STJ, AgInt no AREsp 1673277/PE, Ministra Nancy Andrighi, T3 – Terceira Turma, *DJe* 17/09/2020).

A jurisprudência desta Corte é pacífica no sentido de que o benefício da gratuidade judiciária não tem efeito retroativo, de modo que a sua concessão posterior à interposição do recurso não tem o condão de isentar a parte do recolhimento do respectivo preparo (STJ, AgInt nos EDcl no AREsp 1.490.706/SP, Rel. Ministra Nancy Andrighi, T3 – Terceira Turma, *DJe* 05/12/2019).

É isento de preparo o recurso interposto por curador especial nomeado em favor do réu revel citado por edital (art. 72, II, do CPC/2015), por se tratar de *munus* público (TJMG, Apelação Cível 1.0024.12.246116-3/001, Rel. Desembargadora Lílian Maciel, 20ª Câmara Cível, j. 27/11/2019, publicação da súmula em 03/12/2019).

O ato judicial que determina a intimação da parte recorrente para regularizar o preparo, nos termos do art. 1.007, §§ 2º e 4º, do Código Fux, tem natureza jurídica de despacho de mero impulso oficial, e não de decisão, não sendo assim recorrível, a teor do que dispõe o art. 1.001 do mesmo diploma processual, segundo o qual dos despachos não cabe recurso (STJ, AgInt no REsp 1805772/PA, Ministro Napoleão Nunes Maia Filho, T1 – Primeira Turma, *DJe* 19/11/2019).

Esta Corte Superior tem entendimento consolidado de que a insuficiência no valor do preparo só implicará deserção se o recorrente, intimado, não vier a supri-lo no prazo de cinco dias, situação configurada nos presentes autos. Assim, não há como se afastar a pena de deserção (STJ, AgInt no AREsp 890.559/RJ, T3 – Terceira Turma, *DJe* 05/12/2017).

Deve-se julgar deserto o recurso se o recorrente, apesar de intimado para recolher em dobro o preparo, na forma do art. 1.007, § 4º, do CPC/2015, não cumpre tal determinação (STJ, AgInt no AREsp 1.144.749/DF, Ministro Antonio Carlos Ferreira, T4 – Quarta Turma, *DJe* 04/12/2017).

> **Art. 1.008.** *O julgamento proferido pelo tribunal substituirá a decisão impugnada no que tiver sido objeto de recurso.*

1. REFERÊNCIAS

Arts. 994 e 1.002, CPC.

2. OBJETIVO

O objetivo dos recursos é obter a substituição da decisão judicial desfavorável por outra que, segundo o recorrente, satisfaça a seus interesses.

3. JURISPRUDÊNCIA

Não se mostra imprescindível a revogação expressa da decisão que atribuiu efeito suspensivo ao agravo, tendo em vista que tal medida decorre logicamente da negativa de provimento do recurso, sobretudo em atenção ao efeito substitutivo do julgamento colegiado do recurso (art. 1.008 do CPC/2015) (TJMG, Embargos de Declaração Cv 1.0000.21.097403-6/004, Relatora Des. Jaqueline Calábria Albuquerque, 10ª Câmara Cível, *DJ* 28/09/2021).

O julgamento proferido pelo tribunal substituirá a decisão impugnada no que tiver sido objeto de recurso – art. 1.008 do CPC – razão pela qual, uma vez reformada a sentença, a decisão que analisou a medida de urgência confirmada em primeiro grau não produz mais efeito, passando a vigorar o resultado proferido na apelação (TJMG, Embargos de Declaração Cv 1.0024.14.013784-5/004, Relator Des. Fernando Lins, 18ª Câmara Cível, *DJ* 26/05/2020).

Por força do efeito substitutivo dos recursos (art. 1.008, CPC), a eficácia do acórdão de agravo de instrumento que revoga a decisão concessiva de liminar na instância originária se dá com a publicação da decisão pelo meio oficial, independentemente de sua juntada ao feito originário (TJMG, Mandado de Segurança 1.0000.19.026308-7/000, Relator Des. Corrêa Junior, 6ª Câmara Cível, *DJ* 06/08/2019).

CAPÍTULO III
DO AGRAVO DE INSTRUMENTO

Art. 1.015. *Cabe agravo de instrumento contra as decisões interlocutórias que versarem sobre:*

I – tutelas provisórias;

II – mérito do processo;

III – rejeição da alegação de convenção de arbitragem;

IV – incidente de desconsideração da personalidade jurídica;

V – rejeição do pedido de gratuidade da justiça ou acolhimento do pedido de sua revogação;

VI – exibição ou posse de documento ou coisa;

VII – exclusão de litisconsorte;

> *VIII – rejeição do pedido de limitação do litisconsórcio;*
> *IX – admissão ou inadmissão de intervenção de terceiros;*
> *X – concessão, modificação ou revogação do efeito suspensivo aos embargos à execução;*
> *XI – redistribuição do ônus da prova nos termos do art. 373, § 1º;*
> *XII – (VETADO);*
> *XIII – outros casos expressamente referidos em lei.*
> *Parágrafo único. Também caberá agravo de instrumento contra decisões interlocutórias proferidas na fase de liquidação de sentença ou de cumprimento de sentença, no processo de execução e no processo de inventário.*

1. REFERÊNCIAS

Arts. 101, 354, parágrafo único, 356, § 5º, 373, § 1º, 425, IV, 932, V, 1.009, § 1º, 1.019, I, e 1.037, § 13, CPC.

2. DELIMITAÇÃO

É o recurso cabível contra decisões interlocutórias, mas não todas. Com efeito, como muitas leis antes, o CPC vigente também promoveu alterações no antigo recurso de agravo, começando por acabar com o "agravo retido", depois passando a indicar expressamente as situações em que cabe a interposição do agravo de instrumento. As questões apreciadas por decisões judiciais, na fase de conhecimento, que não sejam impugnáveis por meio do agravo de instrumento, podem ser reiteradas quando do recurso de apelação (art. 1.009, § 1º, CPC).

3. OUTRAS HIPÓTESES

Além das hipóteses mencionadas no art. 1.015, o Código de Processo Civil indica que cabe agravo de instrumento nas seguintes hipóteses: (I) contra a chamada "interlocutória de mérito", sentença que extingue parcialmente o feito sem apreciação do pedido do autor (art. 354, parágrafo único, CPC); (II) contra sentença de mérito "parcial" (art. 356, § 5º, CPC); (III) contra decisão que indefere pedido de distinção de processo sobrestado em incidente de recursos repetitivos, quando o processo estiver em primeiro grau (art. 1.037, § 13, CPC).

4. TAXATIVIDADE MITIGADA

A jurisprudência do STJ decidiu pela mitigação do rol apresentado neste artigo, desde que o interessado consiga demonstrar a urgência da medida e a inutilidade da discussão da questão quando de eventual recurso de apelação.

5. MANDADO DE SEGURANÇA

Mais uma vez o legislador do CPC/2015 mexeu com o recurso de agravo; antes tornara o agravo retido padrão, agora acabou com ele. Considerando que as hipóteses de cabimento previstas neste artigo são extremamente limitadas (taxativas), o interessado que se sentir afrontado diante de decisão judicial que entenda ser teratológica, poderá, como em outros tempos, fazer uso do mandado de segurança. Lembro, no entanto, que a jurisprudência se mostra restrita sobre o tema,[2] sendo necessário que o impetrante se preocupe em demonstrar o caráter abusivo e teratológico do ato judicial a ser impugnado pelo *mandamus*.

6. JURISPRUDÊNCIA

Enunciado 29 do Fórum Permanente de Processualistas Civis: É agravável o pronunciamento judicial que postergar a análise do pedido de tutela provisória ou condicionar sua apreciação ao pagamento de custas ou a qualquer outra exigência.

Enunciado 154 do Fórum Permanente de Processualistas Civis: É cabível agravo de instrumento contra ato decisório que indefere parcialmente a petição inicial ou a reconvenção.

A Corte Especial deste Tribunal Superior, no julgamento do REsp nº 1.704.520/MT (Tema nº 988/STJ), submetido à sistemática dos recursos repetitivos, firmou a tese segundo a qual "o rol do art. 1.015 do CPC é de taxatividade mitigada, por isso admite a interposição de agravo de instrumento quando verificada a urgência decorrente da inutilidade do julgamento da questão no recurso de apelação" (STJ, AgInt no REsp 1914032/RS, Ministro Mauro Campbell Marques, T2 – Segunda Turma, *DJe* 18/10/2021). "É cabível o agravo de instrumento para impugnar decisão que define a competência" (STJ, EREsp 1730436/SP, Ministra Laurita Vaz, CE – Corte Especial, *DJe* 03/09/2021).

Considerando que o Superior Tribunal de Justiça manifestou-se, no REsp 1.704.520/MT, sob a sistemática dos recursos repetitivos (CPC, art. 1.036), pela taxatividade mitigada do art. 1.015 do Código de Processo Civil nos casos em que o julgamento diferido do recurso de apelação, à vista da urgência no exame da questão, mostre-se desarrazoado, deve ser conhecido o presente agravo de instrumento que versa sobre alteração de ofício do valor da causa, tendo em vista que implica majoração do valor das custas iniciais do processo a serem recolhidas pela parte agravante (TJMG, Agravo de Instrumento-Cv 1.0000.19.146468-4/001, Rel. Desembargador José Eustáquio Lucas Pereira, 5ª Câmara Cível, j. 20/08/2020, publicação da súmula em 20/08/2020).

Segundo o STJ, apesar de não prevista expressamente no rol do art. 1.015 do CPC/15, a decisão interlocutória relacionada à definição de competência continua desafiando recurso de agravo de instrumento (REsp 1.679.909/RS) (TJMG, Agravo de Instrumento Cv 1.0000.19.077657-5/002, Rel. Desembargador Pedro Bernardes, 9ª Câmara Cível, j. 18/08/2020, publicação da súmula em 24/08/2020).

O rol do art. 1.015 do CPC é de taxatividade mitigada, por isso admite a interposição de agravo de instrumento quando verificada a urgência decorrente da inutilidade do

---

[2] A utilização do mandado de segurança para impugnar decisão judicial só tem pertinência em caráter excepcionalíssimo, quando se tratar de ato manifestamente ilegal ou teratológico, devendo a parte demonstrar, ainda, a presença dos requisitos genéricos do *fumus boni iuris* e do *periculum in mora* (STJ, AgInt no MS 23.896/AM, Rel. Ministro Og Fernandes, Corte Especial, *DJe* 14/06/2018).

julgamento da questão no recurso de apelação (STJ, REsp 1.696.396/MT, Rel. Ministra Nancy Andrighi, Corte Especial, *DJe* 19/12/2018).

O agravo de instrumento previsto no art. 1.015 do CPC/2015 é cabível contra decisões interlocutórias proferidas em primeiro grau, não sendo possível a interposição de referido recurso perante o STJ. As hipóteses de agravo a esta Corte Superior são apenas aquelas previstas nos arts. 1.027, § 1º, e 1.042 do Código de Processo Civil. O caso concreto não se enquadra em nenhuma das hipóteses legais. (STJ, AgInt no Ag 1.433.615/MS, Rel. Min. Antonio Carlos Ferreira, 4ª Turma, *DJe* 17/11/2016).

> **Art. 1.016.** *O agravo de instrumento será dirigido diretamente ao tribunal competente, por meio de petição com os seguintes requisitos:*
>
> *I – os nomes das partes;*
>
> *II – a exposição do fato e do direito;*
>
> *III – as razões do pedido de reforma ou de invalidação da decisão e o próprio pedido;*
>
> *IV – o nome e o endereço completo dos advogados constantes do processo.*

1. REFERÊNCIAS

Arts. 425, IV, e 932, CPC.

2. REQUISITOS DA PETIÇÃO

Entendendo o relator que o recorrente não atendeu algum dos requisitos apontados, deve, antes de considerar inadmissível o recurso, conceder prazo de 5 (cinco) dias para que ele sane o vício (art. 932, parágrafo único).

3. ENDEREÇAMENTO E CONTEÚDO DO AGRAVO DE INSTRUMENTO

A petição de interposição do recurso de agravo de instrumento deve ser endereçada ao presidente do tribunal competente ("Excelentíssimo Senhor Doutor Presidente do Egrégio Tribunal de Justiça do Estado de São Paulo"), indicando os nomes das partes, o nome e o endereço completo dos advogados constantes do processo, a relação dos documentos juntados (declarados verdadeiros pelo próprio advogado – art. 425, IV, CPC). Nas razões do recurso, o interessado deve expor os fatos e o direito, assim como as razões pelas quais deseja a reforma ou invalidação da decisão agravada; na conclusão, deve requerer a procedência do recurso com escopo de anular ou rever a decisão recorrida. Para acesso a modelos editáveis desse recurso, veja nosso *Prática do recurso de agravo*, da Editora Atlas.

4. JURISPRUDÊNCIA

Acerca do princípio recursal da dialeticidade, ensina Arruda Alvim que "importa ao órgão *ad quem* saber exatamente os motivos pelos quais as razões da decisão recorrida não são adequadas", sendo, por isso, ônus da parte recorrente alinhar "as razões de fato e de direito pelas quais entende que a decisão está errada" (*Manual de direito processual civil*. 18. ed. São Paulo: Thomson Reuters, 2019. p. 1208) (STJ, AgInt no MS 26194/DF, Ministro Sérgio Kukina, S1 – Primeira Seção, *DJe* 16/09/2020).

Não há que falar em ofensa ao princípio da dialeticidade, se a parte recorrente, em sua peça recursal, atacou suficientemente os fundamentos da sentença (TJMG, Apelação Cível 1.0024.12.071545-3/001, Rel. Desembargadora Aparecida Grossi, 17ª Câmara Cível, j. 21/08/2020, publicação da súmula em 25/08/2020).

Pelo princípio da dialeticidade, impõe-se à parte recorrente o ônus de motivar seu recurso, expondo as razões hábeis a ensejar a reforma da decisão, sendo inconsistente o recurso que não ataca concretamente os fundamentos utilizados no acórdão recorrido (STJ, AgInt no RMS 58.200/BA, Rel. Ministro Gurgel de Faria, T1 – Primeira Turma, *DJe* 28/11/2018).

Evidenciado que as alegações deduzidas nas razões do Agravo de Instrumento se encontram divorciadas da decisão hostilizada, o não conhecimento do recurso é a medida que se impõe. (TJMG, Agravo Interno 1.0384.16.005876-2/002, Relator Des. Wilson Benevides, *DJ* 13.12.2016).

> **Art. 1.017.** *A petição de agravo de instrumento será instruída:*
>
> *I – obrigatoriamente, com cópias da petição inicial, da contestação, da petição que ensejou a decisão agravada, da própria decisão agravada, da certidão da respectiva intimação ou outro documento oficial que comprove a tempestividade e das procurações outorgadas aos advogados do agravante e do agravado;*
>
> *II – com declaração de inexistência de qualquer dos documentos referidos no inciso I, feita pelo advogado do agravante, sob pena de sua responsabilidade pessoal;*
>
> *III – facultativamente, com outras peças que o agravante reputar úteis.*
>
> *§ 1º Acompanhará a petição o comprovante do pagamento das respectivas custas e do porte de retorno, quando devidos, conforme tabela publicada pelos tribunais.*
>
> *§ 2º No prazo do recurso, o agravo será interposto por:*
>
> *I – protocolo realizado diretamente no tribunal competente para julgá-lo;*
>
> *II – protocolo realizado na própria comarca, seção ou subseção judiciárias;*
>
> *III – postagem, sob registro, com aviso de recebimento;*
>
> *IV – transmissão de dados tipo fac-símile, nos termos da lei;*
>
> *V – outra forma prevista em lei.*
>
> *§ 3º Na falta da cópia de qualquer peça ou no caso de algum outro vício que comprometa a admissibilidade do agravo de instrumento, deve o relator aplicar o disposto no art. 932, parágrafo único.*
>
> *§ 4º Se o recurso for interposto por sistema de transmissão de dados tipo fac-símile ou similar, as peças devem ser juntadas no momento de protocolo da petição original.*

> § 5º Sendo eletrônicos os autos do processo, dispensam-se as peças referidas nos incisos I e II do caput, facultando-se ao agravante anexar outros documentos que entender úteis para a compreensão da controvérsia.

1. REFERÊNCIAS

Arts. 425, IV, e 932, CPC.

2. INTERPOSIÇÃO

O protocolo do recurso pode ser feito de uma das seguintes formas: (I) protocolo realizado diretamente no tribunal competente para julgá-lo; (II) protocolo realizado na própria comarca, seção ou subseção judiciárias; (III) postagem, sob registro, com aviso de recebimento; (IV) transmissão de dados tipo fac-símile, nos termos da lei (as peças devem ser juntadas no momento de protocolo da petição original). A Lei nº 9.800/99, no seu art. 1º, autoriza *"às partes a utilização de sistema de transmissão de dados e imagens tipo fac-símile ou outro similar, para a prática de atos processuais que dependam de petição escrita"*. Utilizando-se dessa faculdade, o agravante deve providenciar a entrega dos originais em juízo em até 5 (cinco) dias, conforme art. 2º da referida Lei. O desatendimento dessa norma pode causar o indeferimento do recurso por falta de documento essencial.

3. PEÇAS OBRIGATÓRIAS

Na falta da cópia de qualquer peça ou no caso de algum outro vício que comprometa a admissibilidade do agravo de instrumento, deve o relator, antes de considerar inadmissível o recurso, conceder ao recorrente o prazo de 5 (cinco) dias para que seja sanado vício ou complementada a documentação exigível.

4. JURISPRUDÊNCIA

Súmula 223 do STJ: A certidão de intimação do acórdão recorrido constitui peça obrigatória do instrumento de agravo.

É firme a orientação desta Corte de que a concessão de assistência judiciária gratuita não exime o agravante da responsabilidade pelo traslado das peças indispensáveis à formação do Agravo de Instrumento (STJ, EDcl no AREsp 325.484/RJ, Rel. Min. Napoleão Nunes Maia Filho, 1ª Turma, *DJe* 24/08/2017).

A disposição constante do art. 1.017, § 5º, do CPC/2015, que dispensa a juntada das peças obrigatórias à formação do agravo de instrumento em se tratando de processo eletrônico, exige, para sua aplicação, que os autos tramitem por meio digital tanto no primeiro quanto no segundo grau de jurisdição (STJ, REsp 1.643.956/PR, Rel. Min. Ricardo Villas Bôas Cueva, 3ª Turma, *DJe* 22/05/2017).

O Superior Tribunal de Justiça firmou entendimento de que é dever da parte, constatada a ilegibilidade do carimbo de protocolo, providenciar certidão da Secretaria de

Protocolo do Tribunal de origem a fim de possibilitar a aferição da tempestividade recursal (STJ, AgInt no AREsp 336.950/PB, Rel. Min. Gurgel de Faria, 1ª Turma, *DJe* 09.12.2016).

É dever do agravante zelar pela correta formação do instrumento, trasladando todas as peças obrigatórias e essenciais ao deslinde da controvérsia quando da interposição do recurso, sob pena de preclusão consumativa (STJ, AgRg no Ag 1.316.341/SC, Rel. Min. Raul Araújo, 4ª Turma, *DJ* 19.06.2012).

Não é possível o conhecimento de agravo de instrumento na hipótese em que não está instruído com a certidão de intimação da decisão agravada, tendo em vista tratar-se de peça obrigatória para a aferição da tempestividade do recurso, sendo que o termo de vista dos autos para o procurador da agravante não supre a falta da referida peça, não atendendo ao disposto no art. 525, I, do CPC (STJ, AgRg no AREsp 92.439/CE, Rel. Min. Cesar Asfor Rocha, 2ª Turma, *DJ* 15.05.2012).

> **Art. 1.018.** *O agravante poderá requerer a juntada, aos autos do processo, de cópia da petição do agravo de instrumento, do comprovante de sua interposição e da relação dos documentos que instruíram o recurso.*
> *§ 1º Se o juiz comunicar que reformou inteiramente a decisão, o relator considerará prejudicado o agravo de instrumento.*
> *§ 2º Não sendo eletrônicos os autos, o agravante tomará a providência prevista no* caput, *no prazo de 3 (três) dias a contar da interposição do agravo de instrumento.*
> *§ 3º O descumprimento da exigência de que trata o § 2º, desde que arguido e provado pelo agravado, importa inadmissibilidade do agravo de instrumento.*

1. REFERÊNCIAS

Art. 219, CPC.

2. JUÍZO DE RETRATAÇÃO

O claro objetivo dessa norma é possibilitar ao magistrado de primeiro grau eventual exercício do juízo de retratação.

3. CONTAGEM DO PRAZO PARA JUNTADA DE CÓPIA DO AGRAVO

O prazo referido no § 2º desta norma é de natureza "processual", devendo a sua contagem considerar, nos termos do art. 219, apenas os dias úteis.

4. JURISPRUDÊNCIA

Dispõe o art. 1.018, § 2º, do CPC que, não sendo eletrônicos os autos, o agravante tomará a providência prevista no *caput* do referido artigo, fazendo-o no prazo de 3 (três) dias, a contar da interposição do agravo de instrumento. Tal requerimento aplica-se, tão somente, aos processos físicos, uma vez que essa exigência se fundamenta em dois pilares, quais sejam: ensejar um eventual juízo de retratação do magistrado primevo e, de outro lado, possibilitar a parte agravada o conhecimento do recurso interposto (TJMG, Agravo de Instrumento-Cv 1.0000.19.034702-1/001, Rel. Desembargador Fausto Bawden de Castro Silva (JD Convocado), 9ª Câmara Cível, j. 04/11/0020, publicação da súmula em 06/11/2020).

Conquanto necessária, não é suficiente, para fins do art. 1.018, § 2º, do CPC, a juntada aos autos de origem da petição do encaminhamento do agravo com o comprovante de sua interposição e a indicação dos documentos que instruíram o recurso. Deixando a agravante de juntar suas razões recursais em primeira instância, frustra-se a finalidade da norma, que é a de propiciar ao órgão jurisdicional de primeiro grau o juízo de retratação, de modo que, alegada e provada a falta pelo agravado, o agravo não deve ser conhecido, por falta de pressuposto específico de admissibilidade (TJMG, Agravo de Instrumento Cv 1.0470.17.002787-9/001, Rel. Desembargador Fernando Lins, 18ª Câmara Cível, j. 24/04/2018, publicação da súmula em 26/04/2018).

Descumprimento do disposto no art. 1.018, § 2º, do CPC/2015. Alegação em sede de resposta ao recurso. Omissão provada. Penalidade do § 3º do mesmo dispositivo que deve ser aplicada. Recurso não conhecido. (TJSP, AI nº 2091715-36.2016.8.26.0000, Rel. Edson Luiz de Queiroz, j 06/09/2016)

Agravo de Instrumento processual – não cumprimento do art. 1.018, § 2º e 3º do CPC – requisito extrínseco de admissibilidade recursal – Recurso não conhecido (TJSP, AI nº 2035609-20.2017.8.26.0000, Rel. João Francisco Moreira Viegas, j. 28.06.2017).

> **Art. 1.019.** *Recebido o agravo de instrumento no tribunal e distribuído imediatamente, se não for o caso de aplicação do art. 932, incisos III e IV, o relator, no prazo de 5 (cinco) dias:*
>
> *I – poderá atribuir efeito suspensivo ao recurso ou deferir, em antecipação de tutela, total ou parcialmente, a pretensão recursal, comunicando ao juiz sua decisão;*
>
> *II – ordenará a intimação do agravado pessoalmente, por carta com aviso de recebimento, quando não tiver procurador constituído, ou pelo Diário da Justiça ou por carta com aviso de recebimento dirigida ao seu advogado, para que responda no prazo de 15 (quinze) dias, facultando-lhe juntar a documentação que entender necessária ao julgamento do recurso;*
>
> *III – determinará a intimação do Ministério Público, preferencialmente por meio eletrônico, quando for o caso de sua intervenção, para que se manifeste no prazo de 15 (quinze) dias.*

1. REFERÊNCIA

Os incisos do citado art. 932 informam que cabe ao relator: (III) não conhecer de recurso inadmissível, prejudicado ou que não tenha impugnado especificamente os fundamentos da decisão recorrida; (IV) – negar provimento a recurso que for contrário a:

a) súmula do Supremo Tribunal Federal, do Superior Tribunal de Justiça ou do próprio tribunal; b) acórdão proferido pelo Supremo Tribunal Federal ou pelo Superior Tribunal de Justiça em julgamento de recursos repetitivos; c) entendimento firmado em incidente de resolução de demandas repetitivas ou de assunção de competência.

2. JURISPRUDÊNCIA

É firme a jurisprudência do STJ no sentido de que a ausência de intimação do Ministério Público não enseja, por si só, a decretação de nulidade do julgado, salvo a ocorrência de efetivo prejuízo demonstrado nos autos (STJ, REsp 1314615/SP, Ministro Luis Felipe Salomão, T4 – Quarta Turma, *DJe* 12/06/2017).

> **Art. 1.020.** *O relator solicitará dia para julgamento em prazo não superior a 1 (um) mês da intimação do agravado.*

1. REFERÊNCIA

Art. 218, CPC; art. 132, § 3º, CC.

2. PRAZO PARA JULGAMENTO

Esse prazo é de natureza imprópria, ou seja, não está sujeito a preclusão, sendo que sua inobservância não gera sanção processual, mas apenas disciplinar ou administrativa.

CAPÍTULO IV
DO AGRAVO INTERNO

> **Art. 1.021.** *Contra decisão proferida pelo relator caberá agravo interno para o respectivo órgão colegiado, observadas, quanto ao processamento, as regras do regimento interno do tribunal.*
> *§ 1º Na petição de agravo interno, o recorrente impugnará especificadamente os fundamentos da decisão agravada.*
> *§ 2º O agravo será dirigido ao relator, que intimará o agravado para manifestar-se sobre o recurso no prazo de 15 (quinze) dias, ao final do qual, não havendo retratação, o relator levá-lo-á a julgamento pelo órgão colegiado, com inclusão em pauta.*
> *§ 3º É vedado ao relator limitar-se à reprodução dos fundamentos da decisão agravada para julgar improcedente o agravo interno.*
> *§ 4º Quando o agravo interno for declarado manifestamente inadmissível ou improcedente em votação unânime, o órgão colegiado, em decisão fundamentada, condenará o agravante a pagar ao agravado multa fixada entre um e cinco por cento do valor atualizado da causa.*

> § 5º A interposição de qualquer outro recurso está condicionada ao depósito prévio do valor da multa prevista no § 4º, à exceção da Fazenda Pública e do beneficiário de gratuidade da justiça, que farão o pagamento ao final.

1. REFERÊNCIAS
Arts. 219 e 932, CPC.

2. DELIMITAÇÃO
Agravo interno é o recurso cabível contra decisões singulares proferidas pelo relator, de qualquer natureza. Esse recurso veio substituir os conhecidos "agravos regimentais", de constitucionalidade questionável.

3. INTERPOSIÇÃO
O recurso deve ser dirigido ao próprio relator, que determinará a intimação do agravado para se manifestar sobre o recurso no prazo de 15 (quinze) dias. Findado o prazo, com ou sem manifestação do recorrido, faculta-se ao relator retratar-se; não havendo retratação, o relator deve incluir o recurso na pauta, para julgamento.

4. VOTO DO RELATOR
No julgamento do recurso de agravo interno é vedado ao relator simplesmente reproduzir os fundamentos da decisão agravada; ou seja, o julgador deve rebater, responder especificamente aos argumentos lançados em seu recurso pelo agravante.

5. EXAURIMENTO DA INSTÂNCIA
O interessado que tenha eventual interesse em apresentar oportunamente recurso especial deve, primeiramente, interpor o agravo interno, com escopo de esgotar a instância.

6. ESTRUTURA DA PETIÇÃO DO RECURSO
A petição do recurso de agravo interno é composta de duas partes. A primeira parte é a "petição de interposição", endereçada ao próprio relator; nela o recorrente informa que não se conformou com a decisão, razão pela qual interpõe o presente recurso de agravo interno, requerendo, por fim, seja o recurso recebido e regularmente processado. A segunda parte são as "razões do recurso", que normalmente têm a seguinte estrutura: identificação das partes e do processo, resumo dos fatos, mérito, pedido (provimento do recurso).

7. JURISPRUDÊNCIA
Conforme compreensão firmada por esse Superior Tribunal de Justiça, a aplicação da multa prevista no art. 1.021, § 4º, do CPC/2015 não decorre da simples rejeição do agravo

interno, mas pressupõe a demonstração, pela Corte de origem, de que o agravo interno é manifestamente inadmissível (STJ, AgInt no AREsp 1243614/RJ, Ministro Marco Buzzi, T4 – Quarta Turma, *DJe* 01/10/2020).

É inviável o agravo previsto no art. 1.021 do CPC/2015 que deixa de atacar especificamente os fundamentos da decisão agravada (Súmula 182/STJ) (STJ, AgInt no AREsp 1288998/RS, Ministro Antonio Carlos Ferreira, *DJe* 24/09/2020).

Acerca do princípio recursal da dialeticidade, ensina Arruda Alvim que "importa ao órgão *ad quem* saber exatamente os motivos pelos quais as razões da decisão recorrida não são adequadas", sendo, por isso, ônus da parte recorrente alinhar "as razões de fato e de direito pelas quais entende que a decisão está errada" (*Manual de direito processual civil*. 18. ed. São Paulo: Thomson Reuters, 2019. p. 1208) (STJ, AgInt no MS 26194/DF, Ministro Sérgio Kukina, S1 – Primeira Seção, *DJe* 16/09/2020).

O mero não conhecimento ou improcedência de recurso interno não enseja a automática condenação na multa do art. 1.021, § 4º, do NCPC, devendo ser analisado caso a caso (STJ, AgInt no AREsp 1453396/SC, Ministro Marco Aurélio Bellizze, T3 – Terceira Turma, *DJe* 25/06/2019).

Nos termos do art. 1.021, § 1º, do CPC/2015, deve a agravante impugnar especificamente os fundamentos da decisão monocrática, sob pena de não conhecimento do reclamo (STJ, AgInt na Pet 11.749/PE, Ministro Marco Buzzi, T4 – Quarta Turma, *DJe* 04/12/2017).

É firme o entendimento dessa Corte no sentido de não aplicar a multa por litigância de má-fé, quando a parte utiliza recurso previsto no ordenamento jurídico, sem abusar do direito de recorrer. Além disso, o mero desprovimento do agravo interno em votação unânime não basta para configurar a hipótese de manifesta inadmissibilidade ou improcedência do recurso capaz de justificar a aplicação da multa do art. 1.021, § 4º, do CPC/2015 (STJ, EDcl no AgInt no AREsp 647.276/SP, Ministro Luis Felipe Salomão, T4 – Quarta Turma, *DJe* 20/10/2017).

Não havendo o exaurimento da instância ordinária, impede-se o conhecimento do recurso especial, por aplicação analógica da Súmula 281 do Supremo Tribunal Federal (STJ, AgInt no AREsp 276.001/RJ, Rel. Ministro Gurgel de Faria, *DJe* 09/12/2016).

Nos termos do art. 1.021 do CPC/15, cabível o recurso de agravo interno contra qualquer decisão do relator, não excluindo a decisão monocrática que determinou o sobrestamento do feito, por determinação dos tribunais superiores. (TJMG, AgInt 1.0621.14.003256-9/002, Relator Des. Alexandre Santiago, *DJ* 07.12.2016).

Capítulo 2
Agravo de Instrumento

2.1 HISTÓRICO

O recurso de agravo tem sido sistematicamente apontado como um dos vilões do sobrecarregado sistema judicial brasileiro, entretanto, a nosso ver, não merece a má fama que lhe atribuem. Para confirmar essa afirmação, temos apenas que relembrar um pouco da sua história.

Antes da Lei nº 9.139, de 30.11.95, o recurso de agravo tinha pouca ou quase nenhuma importância no sistema recursal brasileiro. Seu objetivo se limitava quase exclusivamente a evitar a ocorrência da preclusão da decisão judicial impugnada, visto que seu processamento, que ocorria junto ao próprio juízo recorrido, era extremamente demorado e burocrático. Além desse fato, há que se mencionar que os juízes que tinham as suas decisões impugnadas se mostravam, na grande maioria das vezes, bastante reticentes na formação do instrumento, tanto que era muito comum o processo acabar, ser sentenciado, antes que o instrumento fosse remetido para o tribunal competente. Registro que vivi pessoalmente essa realidade, e mais de uma vez me vi refém de juízes mal-intencionados que usavam o sistema em seu favor.

Naquele tempo, antes da Lei nº 9.139/95, a única saída para a parte que se sentia prejudicada com a decisão judicial era, após agravar apenas para cumprir a formalidade de esgotar a instância, impetrar mandado de segurança, a fim de garantir o direito daquele que se achava prejudicado. Não raro, o tribunal, considerando o *periculum in mora* e o *fumus boni iuris*, concedia a liminar, cujo efeito colateral era a paralisação dos processos no primeiro grau, tornando a prestação jurisdicional ainda mais lenta.

Esse absurdo procedimento acabava por obrigar os tribunais a trabalharem em dobro; primeiro conhecendo e julgando os mandados de segurança, depois ainda tendo que finalmente conhecer do próprio recurso de agravo de instrumento.

Tentando resolver o problema do trabalho em dobro do judiciário, o legislador trouxe a lume a já referida Lei nº 9.139/95, que modernizou o ineficiente recurso de agravo; por ela, o próprio recorrente deveria formar o instrumento e protocolá-lo diretamente no tribunal, em procedimento muito parecido com o do próprio mandado de segurança. Dessa forma, o serviço do Poder Judiciário seria, imaginou o legislador, cortado pela metade; era, ao menos, o que se esperava.

Todavia nem tudo ocorreu como se esperava. Com efeito, a modernidade do recurso, a falta de punição para quem o usasse indevidamente, a impropriedade de muitas decisões judiciais e a falta de exigência de pagamento de preparo (não cobrado na maioria dos Estados naquela época) fizeram que sua ocorrência se multiplicasse de tal forma que eles passaram a representar sério problema para os tribunais, que se viram sobrecarregados com seu número cada vez maior.

Novamente o legislador tentou resolver o problema editando a Lei nº 10.352/01, que, além de simplificar o procedimento do recurso no tribunal, passou a permitir que o relator negasse seguimento liminar ao recurso de agravo ou, ainda, que convertesse o agravo de instrumento em agravo retido.

As alterações introduzidas pela Lei nº 10.352/01 também não surtiram os efeitos desejados, mantendo o recurso de agravo, na sua forma de instrumento, sob fortes críticas, mormente por parte de membros do Poder Judiciário.

Mais uma vez, o legislador tentou enquadrar o recurso de agravo por meio da edição da Lei nº 11.187/05. Diante das frustradas tentativas anteriores, o legislador, dessa vez, resolveu radicalizar estabelecendo que o recurso de agravo passava a ser, de regra, "retido" (o que na prática apenas impedia ocorresse a preclusão da decisão recorrida – lembrando a situação existente antes da primeira reforma); mais, que, da decisão do relator que eventualmente convertesse o agravo de instrumento em agravo retido, "não caberia recurso".

Não satisfeito com as alterações, o legislador voltou à carga com a Lei nº 13.105/15 (o novo Código de Processo Civil); nessa reforma, acabou-se com o agravo retido e enumeraram-se taxativamente as hipóteses de cabimento do agravo de instrumento (art. 1.015); com o fim do agravo retido, as decisões não impugnáveis por agravo de instrumento passaram a não estar mais sujeitas à preclusão, podendo ser rediscutidas em preliminar em eventual apelação.

Logo no início da vigência do novo Código Processual, os julgadores se mostraram extremamente rigorosos quanto à admissibilidade do recurso de agravo de instrumento, indeferindo de forma contundente todos aqueles que não estivessem expressamente arrimados num dos incisos do art. 1.015 do CPC; contudo, esse rigor logo se mostrou injusto e insustentável, levando o Superior Tribunal de Justiça a estabelecer que a lista do mencionado artigo era de "taxatividade mitigada",[1] desde que o interessado consiga demonstrar a urgência da medida e a inutilidade da discussão da questão quando de eventual recurso de apelação.

De qualquer forma, penso, *data venia*, que mais uma vez errou o legislador, que insiste em atacar os sintomas, mas se esquece da doença. Já se estabeleceu multa, já se passou a cobrar pesado preparo, já se possibilitou a conversão do agravo de instrumento em agravo retido, já se estabeleceu como regra o agravo retido e agora se acaba com ele. O número de agravos, contudo, continua a aumentar, e não cessará mesmo após essas novas disposições, por uma simples razão: *os juízes continuam errando muito em primeiro grau*. Com efeito, enquanto os juízes de primeiro grau não encontrarem "mais tempo" para cuidar adequadamente do processo, que na grande maioria dos casos, como é consabido, é despachado unicamente pelos escreventes (*quem já não viu o juiz na sala de audiência assinando pilhas de processos? – quando estes eram físicos, claro; hoje, temos juízes respondendo processos administrativos porque delegam a assinatura de seus atos para escreventes*), os advogados continuarão se vendo obrigados, com multa ou sem multa, com preparo ou sem preparo, a "agravar".

Se o recurso de agravo de instrumento for "tirado" ou "limitado", como agora ocorre com o atual CPC, os advogados, como acontecia no passado, antes da Lei nº 9.139/95, ver-se-ão obrigados a procurar outros meios, quem sabe até voltando a usar o mandado de segurança. Se isso efetivamente ocorrer estaremos, após mais de duas décadas de reformas, voltando ao ponto de partida.

Nem mesmo o fim da preclusão em primeiro grau acabará com os recursos se a "qualidade" da prestação jurisdicional em primeiro grau não melhorar. Para entender a dimensão do problema, basta que se faça um estudo sobre os assuntos que fundamentam os recursos de agravo de instrumento (vejam-se alguns exemplos neste livro em capítulo próprio). De fato, considerando-se os muitos erros que ocorrem em primeiro grau, é inconcebível que se espere que os advogados simplesmente deixem de recorrer.

Calar o advogado é antes de tudo calar o cidadão; é prestigiar uma Justiça reconhecidamente lenta e de pouca qualidade, criticada dentro e fora do País. Se o que deseja o legislador é diminuir a quantidade de recursos interpostos pelos advogados deve, "em primeiro lugar", tomar medidas que forneçam as condições necessárias para melhorar a qualidade da decisão judicial (por exemplo: que tal o juiz voltar a despachar pessoalmente os processos em vez de simplesmente assinar o que um estagiário ou escrevente fizer?). Ou seja, que tal se, para variar, tratarmos da "doença", e não "dos sintomas", como tem sido feito até agora?

---

[1] A Corte Especial deste Tribunal Superior, no julgamento do REsp nº 1.704.520/MT (Tema nº 988/STJ), submetido à sistemática dos recursos repetitivos, firmou a tese segundo a qual "o rol do art. 1.015 do CPC é de taxatividade mitigada, por isso admite a interposição de agravo de instrumento quando verificada a urgência decorrente da inutilidade do julgamento da questão no recurso de apelação" (STJ, AgInt no REsp 1914032/RS, Ministro Mauro Campbell Marques, T2 - Segunda Turma, *DJe* 18/10/2021).

2.2 CABIMENTO

2.2.1 Introdução (conceito, cabimento e "não cabimento")

O agravo de instrumento é o recurso cabível contra "algumas" decisões interlocutórias, que são, como se sabe, todo pronunciamento judicial de natureza decisória que não se enquadre no conceito de sentença (art. 203, § 1º: "sentença é o pronunciamento por meio do qual o juiz, com fundamento nos arts. 485 e 487, põe fim à fase cognitiva do procedimento comum, bem como extingue a execução"). Registre-se, ainda, que o recurso de agravo é cabível em qualquer tipo de processo e procedimento (processo de conhecimento, processo de execução, procedimento comum, procedimentos especiais, procedimentos de jurisdição voluntária).

Como muitas leis antes, o atual CPC também promoveu alterações profundas no antigo recurso de agravo, começando por acabar com o "agravo retido", depois passando a indicar expressamente as situações em que é cabível o recurso de "agravo de instrumento" (*numerus clausus*).

Segundo o novo regime, as questões apreciadas por decisões judiciais na fase de conhecimento, que não sejam impugnáveis por meio do agravo de instrumento, podem ser reiteradas, em preliminar, quando de eventual recurso de apelação, ou nas contrarrazões (art. 1.009, § 1º, CPC); ou seja, o CPC acabou com a preclusão das referidas decisões, razão pela qual permite que sejam reiteradas posteriormente. Não são, portanto, mais agraváveis, entre outras: (I) as decisões de primeiro grau que determinam a emenda da petição inicial; (II) que declinam da competência do juízo; (III) que determinam a juntada de documento; (IV) que dão por regular a representação da parte; (V) que decidem sobre o valor da causa; (VI) que indeferem o pedido de produção de certa prova.

Desse rol das decisões das quais não mais cabe recurso de agravo de instrumento, destaco a que determina a emenda da petição e a que declina da competência, isso porque, contra esse tipo de decisão, já recorri tantas e tantas vezes. Primeiro, determinada a emenda da exordial, a parte interessada pode, ou deve, atender o imposto pelo juiz; no caso de não concordar com a ordem, deve peticionar nos autos explicando as razões pelas quais entende que nada há que se emendar; conclusos os autos, o juiz pode reconsiderar a sua decisão ou extinguir o feito sem julgamento do mérito (arts. 321 e 485, I, CPC); caberá, então, ao interessado apelar (art. 1.009, CPC). Já no caso de o juiz declinar da competência (relativa ou absoluta), a parte pode tentar rapidamente requerer a reconsideração da decisão, apontando as razões pelas quais o juiz está errado ou enganado; mas, infelizmente, o juiz não é obrigado sequer a responder ou apreciar o seu pedido. Nesse caso, é chamar o cliente e explicar a situação, aguardando, quem sabe, que o juízo para o qual foi declinada a competência suscite o conflito desta (art. 66, parágrafo único, CPC).

Após decisão do Superior Tribunal de Justiça,[2] tem-se observado uma flexibilização principalmente quanto a essas duas espécies de decisão, que determinam a emenda da

---

[2] A Corte Especial desse Tribunal Superior, no julgamento do REsp nº 1.704.520/MT (Tema nº 988/STJ), submetido à sistemática dos recursos repetitivos, firmou a tese segundo a qual "o rol do art. 1.015 do CPC

petição inicial e/ou que declina da competência, embora na prática ainda se possam observar muitos agravos de instrumento não serem conhecidos, razão pela qual o advogado deve ser cauteloso quando agravar de decisão que não conste do rol taxativo do art. 1.015 do CPC, fazendo, em item próprio, defesa contundente do seu cabimento, demonstrando a urgência da medida diante da possível inutilidade do julgamento da questão quando de eventual recurso de apelação.

De qualquer forma, se diante dessas ou de outras decisões o interessado se sentir afrontado, se ele entender que a decisão é teratológica, absurda, pode fazer uso do chamado "remédio heroico", o mandado de segurança (ver capítulo e modelo neste livro). Lembro, no entanto, que a jurisprudência é restrita sobre o tema; o Ministro Paulo de Tarso Sanseverino, do Superior Tribunal de Justiça, em recente julgamento (AgInt nos EDcl no RMS 49.026/SP, *DJe* 06.12.2016), declarou ser "*incabível o mandado de segurança quando não evidenciado o caráter abusivo ou teratológico do ato judicial impugnado*", razão pela qual não se deve abusar do uso desse instrumento.

2.2.2 Hipóteses de cabimento

Segundo o art. 1.015 do CPC, somente cabe "agravo de instrumento" contra as decisões interlocutórias que versarem sobre:

I – tutelas provisórias:

O tema da tutela provisória é tratado no Livro V do CPC. Sob esse Título, o legislador reuniu as tutelas de urgência e de evidência (arts. 294 a 311, CPC).

O objetivo da tutela provisória é proteger os interesses do sujeito do direito contra efeitos negativos causados pelo decurso do tempo, possibilitando a regulamentação provisória do conflito. Engloba primeiramente a "tutela de urgência", que pode ter natureza conservativa e/ou satisfativa; depois, a "tutela de evidência" que visa a concessão da tutela satisfativa imediata àquele que, à evidência, é o titular de direito material incontestes, evitando-se os males que advenham da indevida resistência do obrigado.

A tutela provisória de urgência pode ser concedida quando houver elementos que evidenciem a probabilidade do direito, *fumus bonis iuris*, e o perigo de dano ou resultado útil do processo, *periculum in mora*. Exemplo comum é o atendimento, ou não, de pedido de guarda e/ou alimentos provisórios em ação de regulamentação de guarda ou de divórcio. Por sua vez, a tutela provisória de evidência dispensa a presença dos elementos do *periculum in mora* e do *fumus bonis iuris*, caracterizando-se, conforme norma do art. 311 do CPC, pelo alto grau de probabilidade de provimento do pedido principal (direito material).

Procurando afastar o entendimento de que a concessão ou não da tutela provisória seria apenas um "poder discricionário" do juiz, o CPC vigente estabelece que a decisão que

---

é de taxatividade mitigada, por isso admite a interposição de agravo de instrumento quando verificada a urgência decorrente da inutilidade do julgamento da questão no recurso de apelação" (STJ, AgInt no REsp 1914032/RS, Ministro Mauro Campbell Marques, T2 – Segunda Turma, *DJe* 18/10/2021).

concede, nega, modifica ou revoga a tutela provisória seja fundamentada de forma clara e precisa. Nesse sentido, o *caput* do art. 298: "*na decisão que conceder, negar, modificar ou revogar a tutela provisória, o juiz motivará seu convencimento de modo claro e preciso*".

A decisão judicial concedendo ou negando a tutela provisória pode ser impugnada pelo agravo de instrumento.

II – mérito do processo:

Segundo o art. 356 do CPC, o juiz pode julgar parcialmente o mérito quando um ou mais pedidos formulados ou parcela deles mostrarem-se incontroversos ou estiverem em condições de imediato julgamento, nos termos do art. 355. É o que a doutrina chama de "decisão interlocutória de mérito", impugnável por agravo de instrumento, visto que não põe fim ao processo.

III – rejeição da alegação de convenção de arbitragem:

Cabe ao réu alegar, em preliminar na contestação, a existência de convenção de arbitragem (negócio jurídico firmado entre as partes que afasta a jurisdição estatal). Eventual inércia quanto ao tema, implica a aceitação da jurisdição estatal e renúncia ao juízo arbitral (art. 337, X, § 6º, CPC).

Se o juiz acata a alegação de convenção de arbitragem e sentencia o feito, que nesse caso é extinto sem julgamento de mérito (art. 485, VII, CPC), o recurso cabível contra essa decisão é a apelação; se o juiz, contudo, rejeitar a alegação, essa decisão poderá ser impugnada por meio de agravo de instrumento.

IV – incidente de desconsideração da personalidade jurídica:

Os pressupostos do pedido de desconsideração da personalidade jurídica podem variar e se encontram previstos no direito material (exemplo: desvio de finalidade; confusão patrimonial).

Já o incidente, segundo o art. 134 do CPC, é "cabível em todas as fases do processo de conhecimento, no cumprimento de sentença e na execução fundada em título executivo extrajudicial".

Qualquer que seja a decisão do juiz quanto ao tema, acatando ou rejeitando o pedido, o prejudicado pode recorrer usando o recurso de agravo de instrumento.

V – rejeição do pedido de gratuidade da justiça ou acolhimento do pedido de sua revogação:

Segundo o art. 98 do CPC, "a pessoa natural ou jurídica, brasileira ou estrangeira, com insuficiência de recursos para pagar as custas, as despesas processuais e os honorários advocatícios tem direito à gratuidade da justiça, na forma da lei".

O interessado pode requerer o benefício em qualquer fase do processo, por simples petição. Deferido o pedido, a parte contrária poderá oferecer impugnação na contestação, na réplica, nas contrarrazões de recurso ou, nos casos de pedido superveniente ou formulado por terceiro, por meio de petição simples, a ser apresentada no prazo de 15 (quinze) dias, nos autos do próprio processo, sem suspensão de seu curso.

Informa o art. 101 do CPC que "contra a decisão que indeferir a gratuidade ou a que acolher pedido de sua revogação caberá agravo de instrumento, exceto quando a questão for resolvida na sentença, contra a qual caberá apelação".

O recorrente só estará obrigado a efetivar o recolhimento das custas, no caso de indeferimento, após decisão do relator sobre a questão, preliminarmente ao julgamento do recurso.

VI – exibição ou posse de documento ou coisa:

A parte pode requerer que o juiz determine que o outro participante do processo exiba documento ou coisa que se encontre em seu poder (art. 396, CPC).

Contra a decisão que determina, ou nega, a exibição de documento ou coisa cabe agravo de instrumento.

VII – exclusão de litisconsorte:

Ocorre o litisconsórcio nos casos em que a norma processual permite, ou determina, que duas ou mais pessoas ocupem conjuntamente o polo ativo ou passivo de um processo. Ao possibilitar sua ocorrência, o legislador procura agilizar e facilitar o exercício da jurisdição (*princípio da economia processual*), bem como evitar decisões contraditórias que envolvam os mesmos fatos.

A decisão que afasta o interessado, excluindo o litisconsorte, é considerada de natureza interlocutória, embora ela ponha fim à relação processual (art. 485, VI, CPC), impugnável, portanto, por agravo de instrumento.

VIII – rejeição do pedido de limitação do litisconsórcio:

Como observado no item anterior, um dos objetivos da formação de litisconsorte é agilizar e facilitar o exercício da jurisdição, contudo, a existência de um número excessivo de partes pode ter o efeito contrário, tornando, por exemplo, o processo complexo e lento.

Com escopo de possibilitar ao tribunal o controle dessa questão é que o legislador permitiu a interposição de agravo de instrumento contra a decisão que indefere o pedido de limitação do número de litisconsórcios.

IX – admissão ou inadmissão de intervenção de terceiros:

A princípio, a sentença proferida num processo só deve atingir, favorecer ou prejudicar as partes (autor e réu). Todavia, há situações em que a decisão tomada num processo tem reflexo em outra relação jurídica de direito material, estendendo indiretamente os efeitos da sentença a terceira pessoa estranha à relação jurídica processual originária. Assim, este "terceiro juridicamente interessado" pode, com escopo de defender interesse próprio, intervir *voluntariamente* no processo, ou mediante *provocação* de uma das partes.

Constituem intervenção de terceiros (arts. 119 a 138, CPC): (I) a assistência; (II) a denunciação da lide; (III) o chamamento ao processo; (IV) o incidente de desconsideração da personalidade jurídica; (V) do *amicus curiae*.

A decisão que admite ou não a intervenção de terceiros, provocada ou voluntária, é agravável.

X – concessão, modificação ou revogação do efeito suspensivo aos embargos à execução:

Os embargos à execução são o meio colocado à disposição do devedor para resistir à execução fundada em título extrajudicial. Segundo a melhor doutrina, têm natureza jurídica de "ação de cognição incidental", podendo ser opostos no prazo de 15 (quinze) dias, contados na forma do art. 231 do CPC.

Segundo o art. 919 do CPC, "*os embargos à execução não terão efeito suspensivo*". Todavia, o juiz pode, atendendo requerimento do embargante, atribuir efeito suspensivo aos embargos quando verificar a presença dos requisitos para a concessão da tutela provisória e desde que a execução já esteja garantida por penhora, depósito ou caução suficientes.

A parte prejudicada pela decisão que conceder, modificar ou revogar o efeito suspensivo pode interpor agravo de instrumento.

XI – redistribuição do ônus da prova nos termos do art. 373, § 1º:

Segundo o *caput* do referido art. 373 do CPC, "*o ônus da prova incumbe: I – ao autor, quanto ao fato constitutivo de seu direito; II – ao réu, quanto à existência de fato impeditivo, modificativo ou extintivo do direito do autor*". A lei processual permite, no entanto, que "diante de peculiaridades da causa relacionadas à impossibilidade ou à excessiva dificuldade de cumprir o encargo nos termos do *caput* ou à maior facilidade de obtenção da prova do fato contrário, poderá o juiz atribuir o ônus da prova de modo diverso, desde que o faça por decisão fundamentada, caso em que deverá dar à parte a oportunidade de se desincumbir do ônus que lhe foi atribuído".

Considerando que a possibilidade aberta pela norma interfere de forma direta e imediata na fase probatória do processo, sendo, portanto, inviável que se aguardasse pelo recurso de apelação, foi deferido ao prejudicado o direito de agravar por instrumento.

XII – outros casos expressamente referidos em lei:

Além das hipóteses mencionadas no art. 1.015, o Código de Processo Civil indica que cabe agravo de instrumento nas seguintes hipóteses: (I) contra a chamada "interlocutória de mérito", sentença que extingue parcialmente o feito sem apreciação do pedido do autor (art. 354, p. único, CPC); (II) contra sentença de mérito "parcial" (art. 356, § 5º, CPC); (III) contra decisão que indefere pedido de distinção de processo sobrestado em incidente de recursos repetitivos, quando o processo estiver em primeiro grau (art. 1.037, § 13, CPC).

Segundo o parágrafo único do referido artigo, "*também caberá agravo de instrumento contra decisões interlocutórias proferidas na fase de liquidação de sentença ou de cumprimento de sentença, no processo de execução e no processo de inventário*".

2.3 INTERPOSIÇÃO

O agravo de instrumento deve ser endereçado diretamente ao tribunal competente, sendo que a petição de interposição deve atender aos seguintes requisitos (art. 1.016, CPC): (I) os nomes das partes; (II) a exposição do fato e do direito; (III) as razões do pedido de reforma ou de invalidação da decisão e o próprio pedido; (IV) o nome e o endereço completo dos advogados constantes do processo.

A petição de agravo deve, ademais, ser instruída (art. 1.017, CPC):[3] (I) obrigatoriamente, com cópias da petição inicial, da contestação, da petição que ensejou a decisão agravada, da própria decisão agravada, da certidão da respectiva intimação, ou outro documento oficial que comprove a tempestividade, e das procurações outorgadas aos advogados do agravante e do agravado; (II) com declaração de inexistência de qualquer dos documentos referidos no inciso I, feita pelo advogado do agravante, sob pena de sua responsabilidade pessoal; (III) facultativamente, com outras peças que o agravante reputar úteis.[4]

Na falta da cópia de qualquer peça, ou no caso de algum outro vício que comprometa a admissibilidade do agravo de instrumento, deve o relator, antes de considerar inadmissível o recurso, conceder ao recorrente o prazo de 5 (cinco) dias para que seja sanado vício ou complementada a documentação exigível.

O protocolo do recurso pode ser feito de uma das seguintes formas: (I) protocolo realizado diretamente no tribunal competente para julgá-lo; (II) protocolo realizado na própria comarca, seção ou subseção judiciárias; (III) postagem, sob registro, com aviso de recebimento; (IV) transmissão de dados tipo fac-símile, nos termos da lei (as peças devem ser juntadas no momento de protocolo da petição original). A Lei nº 9.800/99, no seu art. 1º, autoriza "*às partes a utilização de sistema de transmissão de dados e imagens tipo fac-símile ou outro similar, para a prática de atos processuais que dependam de petição escrita*". Utilizando-se dessa faculdade, o agravante deve providenciar a entrega dos originais em juízo em até 5 (cinco) dias, conforme o art. 2º da referida lei. O desatendimento desta norma pode causar o indeferimento do recurso por falta de documento essencial.

Merece destaque o inciso II do § 2º do referido art. 1.017, CPC, segundo o qual o recorrente pode protocolar o agravo de instrumento na sua própria comarca, seção ou subseção judiciárias, isso porque antes do novo CPC, a Lei nº 13.105/15, o STJ considerava "erro grosseiro" o protocolo do recurso de agravo no juízo de primeiro grau. Embora estejamos na era dos processos eletrônicos, que permitem ao advogado protocolar o recurso

---

[3] É firme a orientação dessa Corte de que a concessão de assistência judiciária gratuita não exime o agravante da responsabilidade pelo traslado das peças indispensáveis à formação do Agravo de Instrumento (STJ, EDcl no AREsp 325.484/RJ, Rel. Min. Napoleão Nunes Maia Filho, 1ª Turma, *DJe* 24/08/2017).

[4] Súmula 223 do STJ: A certidão de intimação do acórdão recorrido constitui peça obrigatória do instrumento de agravo.

do seu escritório ou até da sua casa, entendo, considerando que restam muitos locais onde o processo ainda é físico, que a alteração foi salutar, visto que inegavelmente vai facilitar o exercício do direito de recorrer naquelas comarcas distantes da capital.

Interposto o agravo, o agravante, no prazo de 3 (três) dias, poderá requerer a juntada, aos autos do processo principal, de cópia da petição do agravo de instrumento e do comprovante de sua interposição, assim como a relação dos documentos que instruíram o recurso (art. 1.018, CPC). Tal medida tem como objetivo possibilitar ao magistrado, autor da decisão impugnada, o exercício do juízo de retratação, assim como possibilitar o conhecimento dos termos do recurso por parte do agravado. No caso dos processos físicos, o desatendimento dessa norma importa inadmissibilidade do agravo pelo tribunal, desde que a falta seja levantada e provada pelo próprio agravado.

2.4 LEGITIMIDADE

No capítulo que trata das disposições gerais sobre os recursos, o CPC, no seu art. 996, declara que "*o recurso pode ser interposto pela parte vencida, pelo terceiro prejudicado e pelo Ministério Público*". Note-se que a norma processual não faz qualquer ressalva quanto ao recurso de agravo, contudo, parte da doutrina e da jurisprudência entende que a legitimidade para interpor o recurso de agravo é mais restrita, limitando-se à parte vencida e ao Ministério Público. Argumenta-se que o terceiro não tem legitimidade para interpor agravo, vez que não faz parte da relação jurídica processual.

Entretanto, a maior parte da doutrina reconhece a legitimidade do terceiro prejudicado, assim entendida a pessoa que tem interesse jurídico em impugnar a decisão interlocutória, incluindo-se aí os terceiros intervenientes (*v. g.*, assistente, chamado, opoente, denunciado).

2.5 PRAZO PARA INTERPOSIÇÃO

O prazo para interposição do recurso de agravo de instrumento, assim como para apresentar contrarrazões, é de 15 (quinze) dias (art. 1.003, § 5º, CPC).

Na contagem de prazo, deve-se observar apenas os dias úteis, cabendo ao recorrente comprovar a ocorrência de feriado local no ato de interposição do recurso; conta-se o prazo para interposição da data em que os advogados, a sociedade de advogados, a Advocacia Pública, a Defensoria Pública ou o Ministério Público são intimados da decisão (arts. 219 e 1.003, CPC). Litisconsortes com diferentes procuradores, de escritórios de advocacia distintos, terão os prazos contados em dobro, salvo nos casos de processo eletrônico (art. 229, CPC). Gozam, ademais, de prazo em dobro o Ministério Público, a Advocacia Pública e a Defensoria Pública (arts. 180, 183 e 186, CPC).

Suspende-se o prazo para interposição do recurso, se "sobrevier o falecimento da parte ou de seu advogado ou ocorrer motivo de força maior, que suspenda o curso do processo" (art. 1.004, CPC), devendo tal prazo ser restituído integralmente. Há, ademais, interrupção do prazo pela interposição de embargos de declaração (art. 1.026, CPC). Nesse caso, o prazo integral só voltará a correr depois da intimação da decisão sobre os embargos.

2.6 EFEITOS DO AGRAVO DE INSTRUMENTO

Regra geral, o recurso de agravo de instrumento só tem o efeito devolutivo (art. 995, CPC), que é, por assim dizer, da própria natureza dos recursos em geral e consiste na transferência para o juízo *ad quem* da matéria impugnada; ou seja, submete a decisão recorrida a um juízo hierarquicamente superior para reexame, não obstando o andamento regular do feito principal.

Embora o recurso de agravo de instrumento seja, a princípio, desprovido do efeito suspensivo, que impediria a eficácia da decisão, o recorrente pode requerer que o relator, ao recebê-lo, atribua-lhe efeito suspensivo ou defira, em antecipação de tutela (provisória), total ou parcialmente, a pretensão recursal (art. 1.019, I, CPC).[5] O CPC não indica expressamente quais são os requisitos para a concessão, ou não, do efeito suspensivo e/ou da antecipação da tutela ao recurso de agravo de instrumento; o novo sistema delega ao relator a obrigação de verificar a existência de algum risco no caso concreto, balizando-se pelos critérios tradicionais do *fumus boni iuris* (fumaça do bom direito) e do *periculum in mora* (perigo da demora).

2.7 PREPARO

Preparo é o recolhimento das custas e despesas processuais, inclusive porte de remessa e retorno dos autos.

Salvo as exceções previstas no art. 1.007, § 1º, do Código de Processo Civil, o agravo de instrumento se encontra sujeito ao recolhimento de custas e despesas (preparo), sob pena de deserção. Tratando-se de justiça estadual, cabe ao recorrente verificar se existe lei estadual estabelecendo ou não a cobrança. No Estado de São Paulo, por exemplo, a matéria é disciplinada pela Lei Estadual nº 11.608, de 29 de dezembro de 2003, que no seu art. 4º, parágrafo 5º, informa que a interposição do agravo de instrumento está sujeita ao recolhimento de custas no importe de 10 (dez) Ufesp, mais a taxa judiciária do porte de retorno.

Quando exigível, a prova do preparo deve ser feita no momento da interposição do recurso;[6] ou seja, ao protocolar a petição o recorrente já deve ter recolhido as custas, inclusive porte de retorno (art. 1.017, § 1º, CPC).

No caso de insuficiência no valor do preparo, inclusive porte de remessa e de retorno, o recorrente será intimado, na pessoa de seu advogado, para complementá-lo no prazo de 5 (cinco) dias; se o caso for de não recolhimento do preparo, a parte será intimada, na pessoa de seu advogado, para realizar o recolhimento em dobro.

---

[5] O CPC em seu art. 1.021 passou a prever a possibilidade da interposição de recurso de agravo interno contra qualquer decisão proferida pelo relator, inclusive, de decisão monocrática que concede ou nega efeito suspensivo ou suspensivo ativo ao agravo de instrumento (TJMG, Agravo Interno Cv 1.0000.21.022058-8/002, Relator Des. Marco Aurelio Ferenzini, 14ª Câmara Cível, *DJ* 28/10/2021).

[6] Consoante entendimento dessa Corte, o comprovante de agendamento bancário não é documento apto a demonstrar o efetivo recolhimento do preparo, incidindo na hipótese a Súmula 187 do STJ (STJ, AgInt no RMS 62545/MG, Ministro Gurgel de Faria, T1 – Primeira Turma, *DJe* 23/09/2020).

Ocorrendo erro no preenchimento da guia de custas, ou dúvida quanto ao recolhimento, o relator deverá intimar o recorrente para sanar o vício no prazo de 5 (cinco) dias.

Não havendo recolhimento do preparo, sua complementação, quando for o caso ou não sendo sanado eventual erro ou dúvida no preenchimento da guia, o recurso será declarado deserto (art. 1.007, CPC), ou seja, descabido, abandonado, provocando a coisa julgada da decisão recorrida.

A pena de deserção pode ser relevada, caso o recorrente prove que deixou de proceder com o preparo por justa causa. Informa o CPC, art. 223, § 1º: *"considera-se justa causa o evento alheio à vontade da parte e que a impediu de praticar o ato por si ou por mandatário"*. Note-se que não é bastante alegar ocorrência de circunstância excepcional, a norma demanda que o interessado "prove" sua ocorrência. Da decisão que releva a pena de deserção não cabe recurso, segundo entendimento jurisprudencial.

Estão dispensados de preparo os recursos interpostos pelo Ministério Público, pela União, pelos Estados e Municípios e respectivas autarquias, e pelos que gozam de isenção legal (art. 1.007, § 1º, CPC), como, por exemplo, os beneficiários da justiça gratuita (art. 98, § 1º, CPC).

2.8 PROCEDIMENTO

Formalizada a interposição do recurso, os autos serão imediatamente distribuídos e conclusos ao relator para, no prazo de cinco dias, em não sendo o caso de aplicação do art. 932, incisos III a IV, do CPC: (I) poderá atribuir efeito suspensivo ao recurso ou deferir, em antecipação de tutela, total ou parcialmente, a pretensão recursal, comunicando ao juiz sua decisão; (II) ordenará a intimação do agravado pessoalmente, por carta com aviso de recebimento, quando não tiver procurador constituído, ou pelo Diário da Justiça ou por carta com aviso de recebimento dirigida ao seu advogado, para que responda no prazo de 15 (quinze) dias, facultando-lhe juntar a documentação que entender necessária ao julgamento do recurso; (III) determinará a intimação do Ministério Público, preferencialmente por meio eletrônico, quando for o caso de sua intervenção, para que se manifeste no prazo de 15 (quinze) dias.

Os incisos do citado art. 932 informam que cabe ao relator: III – não conhecer de recurso inadmissível, prejudicado ou que não tenha impugnado especificamente os fundamentos da decisão recorrida; IV – negar provimento a recurso que for contrário a: *a)* súmula do Supremo Tribunal Federal, do Superior Tribunal de Justiça ou do próprio tribunal; *b)* acórdão proferido pelo Supremo Tribunal Federal ou pelo Superior Tribunal de Justiça em julgamento de recursos repetitivos; *c)* entendimento firmado em incidente de resolução de demandas repetitivas ou de assunção de competência.

Conhecido o recurso e não tendo sido o caso de julgamento antecipado, o relator, apresentadas ou não contrarrazões, solicitará dia para o julgamento em prazo não superior a um mês da intimação do agravado (art. 1.020, CPC).

Capítulo 3
Agravo Interno

3.1 CABIMENTO

Segundo o *caput* do art. 1.021 do CPC, agravo interno é o recurso cabível contra decisões singulares proferidas pelo relator, de qualquer natureza. Este recurso veio substituir os conhecidos "agravos regimentais", de constitucionalidade questionável.

O agravo interno é disciplinado pelas disposições do art. 1.021 do código, assim como pelas normas do regimento interno do tribunal, fato que demanda que o interessado consulte as referidas normas antes da sua interposição, com escopo de garantir que o seu recurso atenda disciplina específica sobre o tema.

Em consonância com a Súmula 182 do STJ ("é inviável o agravo do art. 545 do CPC que deixa de atacar especificamente os fundamentos da decisão agravada"), cabe ao recorrente impugnar especificamente os fundamentos da decisão agravada, sob pena de não conhecimento do agravo. Lembrando-se que "quando o agravo interno for declarado manifestamente inadmissível ou improcedente em votação unânime, o órgão colegiado, em decisão fundamentada, condenará o agravante a pagar ao agravado multa fixada entre um e cinco por cento do valor atualizado da causa" (§ 4º, art. 1.021, CPC).[1]

Registre-se, outrossim, que o interessado que tenha eventual interesse em interpor oportunamente recurso especial deve, precisa primeiramente interpor o agravo interno,

---

[1] Conforme compreensão firmada por esse Superior Tribunal de Justiça, a aplicação da multa prevista no art. 1.021, § 4º, do CPC/2015 não decorre da simples rejeição do agravo interno, mas pressupõe a demonstração, pela Corte de origem, de que o agravo interno é manifestamente inadmissível (STJ, AgInt no AREsp 1243614/RJ, Ministro Marco Buzzi, T4 – Quarta Turma, *DJe* 01/10/2020).

com escopo de esgotar a instância. Nesse sentido a jurisprudência do Superior Tribunal de Justiça: "Não havendo o exaurimento da instância ordinária, impede-se o conhecimento do recurso especial, por aplicação analógica da Súmula 281 do Supremo Tribunal Federal". (STJ, AgInt no AREsp 276.001/RJ, Relator Ministro Gurgel de Faria, *DJe* 09.12.2016)

3.2 INTERPOSIÇÃO E PROCEDIMENTO

O agravo interno deve ser dirigido ao próprio relator da decisão agravada.

O protocolo do recurso pode ser feito de uma das seguintes formas: (I) protocolo realizado diretamente no tribunal competente para julgá-lo; (II) protocolo realizado na própria comarca, seção ou subseção judiciárias; (III) postagem, sob registro, com aviso de recebimento; (IV) transmissão de dados tipo fac-símile, nos termos da lei (as peças devem ser juntadas no momento de protocolo da petição original). A Lei nº 9.800/99, no seu art. 1º, autoriza "*às partes a utilização de sistema de transmissão de dados e imagens tipo fac-símile ou outro similar, para a prática de atos processuais que dependam de petição escrita*". Utilizando-se desta faculdade, o agravante deve providenciar a entrega dos originais em juízo em até 5 (cinco) dias, conforme art. 2º da referida lei. O desatendimento desta norma pode causar o indeferimento do recurso por falta de documento essencial.

Interposto o agravo, o relator determinará a intimação do agravado para se manifestar sobre o recurso no prazo de 15 (quinze) dias. Findado o prazo, com ou sem manifestação do recorrido, faculta-se ao relator retratar-se; não havendo retratação, o relator deve incluir o recurso na pauta, para julgamento.

No julgamento do recurso de agravo interno é vedado ao relator simplesmente reproduzir os fundamentos da decisão agravada; ou seja, o julgador deve rebater, responder especificamente aos argumentos lançados em seu recurso pelo agravante.

No caso de o agravo interno vir a ser declarado "manifestamente inadmissível ou improcedente em votação unânime", o órgão colegiado pode condenar o agravado a pagar multa fixada entre um e cinco por cento do valor atualizado da causa; sendo que a interposição de qualquer outro recurso está condicionada ao depósito prévio do valor da multa.

3.3 LEGITIMIDADE

No capítulo que trata das disposições gerais sobre os recursos, o CPC, no seu art. 996, declara que "*o recurso pode ser interposto pela parte vencida, pelo terceiro prejudicado e pelo Ministério Público*". Note-se que a norma processual não faz qualquer ressalva quanto ao recurso de agravo, contudo, parte da doutrina e da jurisprudência entende que a legitimidade para interpor o recurso de agravo é mais restrita, limitando-se à parte vencida e ao Ministério Público. Argumenta-se que o terceiro não tem legitimidade para interpor agravo, vez que não faz parte da relação jurídica processual.

Entretanto a maior parte da doutrina reconhece a legitimidade do terceiro prejudicado, assim entendida a pessoa que tem interesse jurídico em impugnar a decisão interlocutória, incluindo-se aí os terceiros intervenientes (*v. g.*, assistente, chamado, opoente, denunciado).

3.4 PRAZO PARA INTERPOSIÇÃO

O prazo para interposição do recurso de agravo interno, assim como para apresentar contrarrazões, é de 15 (quinze) dias (art. 1.003, § 5º, CPC).

Na contagem de prazo, deve-se observar apenas os dias úteis, cabendo ao recorrente comprovar a ocorrência de feriado local no ato de interposição do recurso; conta-se o prazo para interposição da data em que os advogados, a sociedade de advogados, a Advocacia Pública, a Defensoria Pública ou o Ministério Público são intimados da decisão (arts. 219 e 1.003, CPC). Litisconsortes com diferentes procuradores, de escritórios de advocacia distintos, terão os prazos contados em dobro, salvo nos casos de processo eletrônico (art. 229, CPC). Gozam, ademais, de prazo em dobro o Ministério Público, a Advocacia Pública e a Defensoria Pública (arts. 180, 183 e 186, CPC).

Suspende-se o prazo para interposição do recurso, se "sobrevier o falecimento da parte ou de seu advogado ou ocorrer motivo de força maior, que suspenda o curso do processo" (art. 1.004, CPC), devendo tal prazo ser restituído integralmente. Há, ademais, interrupção do prazo pela interposição de embargos de declaração (art. 1.026, CPC). Nesse caso, o prazo integral só voltará a correr depois da intimação da decisão sobre os embargos.

3.5 EFEITOS DO AGRAVO INTERNO

O recurso de agravo interno só tem o efeito devolutivo (art. 995, CPC), que é, por assim dizer, da própria natureza dos recursos em geral e consiste na transferência para o juízo *ad quem* da matéria impugnada; nesse caso, transfere o conhecimento da decisão agravada para o órgão colegiado.

3.6 PREPARO

Como se sabe, preparo é o recolhimento das custas e despesas processuais, inclusive porte de remessa e retorno dos autos, quando for o caso.

Sob a égide do CPC de 1973, a orientação predominante era no sentido da inexigibilidade de preparo para agravo interno, visto que ele não constituía recurso autônomo, sendo endereçado ao próprio relator, com trâmite nos próprios autos. Com o CPC/15, a situação deve mudar, visto que agora o "agravo interno" é recurso autônomo, envolve diligência, como, por exemplo, a intimação do agravado para se manifestar; para tanto, todavia, caberá aos tribunais disciplinarem a questão nos seus regimentos internos.

Quando exigível, a prova do preparo deve ser feita no momento da interposição do recurso; ou seja, ao protocolar a petição, o recorrente já deve ter recolhido as custas (art. 1.017, § 1º, CPC).

No caso de insuficiência no valor do preparo, o recorrente será intimado, na pessoa de seu advogado, para complementá-lo no prazo de 5 (cinco) dias; se o caso for de não recolhimento do preparo, a parte será intimada, na pessoa de seu advogado, para realizar o recolhimento em dobro.

Ocorrendo erro no preenchimento da guia de custas, ou dúvida quanto ao recolhimento, o relator deverá intimar o recorrente para sanar o vício no prazo de 5 (cinco) dias.

Não havendo recolhimento do preparo, sua complementação, quando for o caso ou não sendo sanado eventual erro ou dúvida no preenchimento da guia, o recurso será declarado deserto (art. 1.007, CPC), ou seja, descabido, abandonado, provocando a coisa julgada da decisão recorrida.

A pena de deserção pode ser relevada, caso o recorrente prove que deixou de proceder com o preparo por justa causa. Informa o CPC, art. 223, § 1º: "*considera-se justa causa o evento alheio à vontade da parte e que a impediu de praticar o ato por si ou por mandatário*". Note-se que não é bastante alegar ocorrência de circunstância excepcional, a norma demanda que o interessado "prove" sua ocorrência. Da decisão que releva a pena de deserção não cabe recurso, segundo entendimento jurisprudencial.

Estão dispensados de preparo os recursos interpostos pelo Ministério Público, pela União, pelos Estados e Municípios e respectivas autarquias, e pelos que gozam de isenção legal (art. 1.007, § 1º, CPC), como, por exemplo, os beneficiários da justiça gratuita (art. 98, § 1º, CPC).

Capítulo 4
Guia Rápido de Prática Jurídica

4.1 INTRODUÇÃO

Não obstante esteja o processo civil sujeito ao princípio da oralidade, na prática forense, a atuação do advogado dá-se quase que exclusivamente por meio da "petição escrita". Com efeito, é por meio dela que o profissional do direito se dirige ao Poder Judiciário para informar, pedir, explicar, argumentar e, quando necessário, recorrer.

Diante de tal realidade, fica muito fácil perceber a importância que a "petição escrita" tem para o sucesso da demanda submetida a juízo. Uma petição mal apresentada, atécnica, cheia de erros de grafia e exageros dificulta, ou mesmo inviabiliza, a pretensão defendida pelo advogado; de outro lado, uma petição escorreita, técnica, bem apresentada, facilita, ou pelo menos não atrapalha, a obtenção do direito pretendido.

Conhecer e dominar as técnicas que envolvem a redação da petição jurídica é obrigação de todo profissional do direito, afinal, "o maior erro que o jurista pode cometer é não conhecer a técnica, a terminologia da sua profissão".[1]

4.2 RELACIONAMENTO COM O CLIENTE

Cada profissional tem o seu próprio modo de "lidar" com o cliente, contudo a experiência mostra que alguns cuidados podem evitar problemas no futuro, seja para o cliente, seja para o próprio advogado.

---

[1] MONTEIRO, Washington de Barros. *Curso de direito civil.* 24. ed. São Paulo: Saraiva, 1985. p. 137.

Entre outras atitudes que o caso estiver a exigir, recomendo que o colega:

- escute com atenção os fatos informados pelo cliente, fazendo anotações por escrito (estas anotações devem ser juntadas na pasta do cliente);
- no caso de o cliente ter sido citado ou intimado, indague inicialmente a data em que tal fato ocorreu, depois leia "com atenção" o mandado e a contrafé (cuidado com o prazo para apresentação da defesa);
- após ouvir o cliente, diga, caso se sinta em condições (não tenha qualquer pudor em pedir um prazo para estudar os aspectos jurídicos do tema, marcando uma nova consulta), de forma "clara" a sua opinião como jurista sobre o problema, apontando, segundo a lei, as alternativas e/ou as possibilidades que se apresentam (neste particular, nunca tome decisões pelo cliente);
- nunca faça "promessas" e/ou "prognósticos"; também evite estabelecer prazos; sentindo-se forçado a tanto, sempre "deixe" uma boa margem de segurança; por exemplo, se você pensa que o processo vai demorar 6 (seis) meses, indique que serão 9 (nove) meses, assim você sempre ficará bem com o cliente;
- após o cliente decidir o que quer fazer sobre o assunto (o que pode acontecer no primeiro ou num segundo encontro), fale abertamente sobre os seus honorários e os custos e despesas do processo, redigindo, no caso de haver um acerto, o respectivo contrato (veja-se modelo no Capítulo "Procuração *Ad Judicia*");
- reduza a termo os fatos informados, observando em destaque as opções e as orientações do cliente (o documento final deve ser assinado por ele; é burocrático, mas muito mais seguro); em seguida, o advogado deve entregar, mediante recibo, lista dos documentos de que irá necessitar; nesse particular, evite ficar com documentos originais, salvo naqueles casos absolutamente necessários;
- recebidas as cópias dos documentos requeridos, firmados a procuração e o contrato de honorários, o advogado deve preparar a petição que o caso estiver a exigir, observando as regras técnicas e legais;
- preste periodicamente ao cliente contas do seu trabalho e do andamento do processo (pessoalmente, por telefone, por carta ou por e-mail); evite ser cobrado, isso acaba manchando a sua reputação;
- antes de qualquer audiência, reúna-se com o cliente e lhe explique detalhadamente o que vai acontecer e "como" vai acontecer, discutindo com ele qual a melhor postura a ser adotada, bem como as vantagens e os limites de um possível acordo; neste aspecto, evite a todo custo o "improviso", o preço pode ser muito caro para o seu cliente e para a sua boa fama;
- qualquer que seja o resultado da demanda, entregue cópia da sentença para o cliente, discutindo com ele os próximos passos, quais sejam: apresentação de eventuais recursos (informe sobre os custos e a possibilidade de "aumento" do valor da sucumbência); execução do julgado, quando aplicável.

Como alerta geral, peço vênia para reproduzir o art. 31 da Lei nº 8.906/1994-EA, que declara que: *"o advogado deve proceder de forma que o torne merecedor de respeito e que contribua para o prestígio da classe e da advocacia"*. Recomendo, ainda, a leitura atenta do novo Código de Ética da OAB, mormente o Capítulo III (arts. 9º a 26), do Título I, que trata das relações com o cliente.

4.3 REQUISITOS LEGAIS DA PETIÇÃO INICIAL

Segundo o *princípio dispositivo ou da inércia*, cabe à pessoa interessada provocar, por meio do ajuizamento de uma ação, o Poder Judiciário (*nemo judex sine actore*). Em outras palavras, aquele que pensa ter sido violado em seus direitos deve procurar o Estado-juiz, que até então permanece inerte (art. 2º, CPC). A provocação do Poder Judiciário ou, em outras palavras, o exercício do direito de exigir a tutela jurisdicional do Estado se dá por meio de um ato processual escrito denominado "petição inicial". É ela que dá início ao processo, embora a relação jurídica processual só se complete com a citação válida do réu (art. 240, CPC).

Dessarte, pode-se afirmar que a *petição inicial* é o ato processual escrito por meio do qual a pessoa exerce seu direito de ação, provocando a atividade jurisdicional do Estado.

A fim de traçar os exatos parâmetros da lide, possibilitando ao juiz saber sobre o que terá que julgar (art. 141, CPC), o Código de Processo Civil, art. 319, exige que a petição inicial indique: I – o juízo a que é dirigida; II – os nomes, prenomes, o estado civil, a existência de união estável, a profissão, o número de inscrição no Cadastro de Pessoas Físicas ou no Cadastro Nacional da Pessoa Jurídica, o endereço eletrônico, o domicílio e a residência do autor e do réu; III – o fato e os fundamentos jurídicos do pedido; IV – o pedido com as suas especificações; V – o valor da causa; VI – as provas com que o autor pretende demonstrar a verdade dos fatos alegados; VII – a opção do autor pela realização ou não de audiência de conciliação ou de mediação.

Além dos requisitos enumerados anteriormente, a petição inicial deve ser instruída com os documentos indispensáveis à propositura da ação (art. 320, CPC), assim como o instrumento de procuração, em que constem os endereços físico e eletrônico do advogado (arts. 287, 320 e 434, CPC). Quando postular em causa própria, o advogado deve ainda declarar na petição inicial os endereços, físico e eletrônico, onde poderá ser intimado (art. 106, I, CPC).

Não são apenas esses os requisitos da petição inicial; há várias ações que têm requisitos próprios (*v. g.*, possessórias, locação, adoção, demarcação, divisão, pauliana, execução etc.), aos quais também se deve estar atento.

A correta compreensão e domínio dos requisitos legais da petição inicial, além do cuidado com sua forma e apresentação, são imprescindíveis para a obtenção do direito pretendido.

4.4 ASPECTOS PRÁTICOS DA REDAÇÃO DA PETIÇÃO INICIAL

Do papel e dos caracteres gráficos:

Os cuidados com a petição inicial devem começar pela escolha do papel que será usado. Inexperientes, é comum que advogados iniciantes se deixem seduzir por papéis coloridos e com alta gramatura (grossos). Comum, ainda, a inserção de desenhos, brasões e declarações religiosas ou políticas. Tais fatos afrontam a boa técnica, desqualificando o trabalho do advogado e colocando em risco o direito do cliente.

A aparência da petição inicial deve transmitir ao juiz, ao Ministério Público e à parte adversa a ideia de "seriedade" e de "competência"; só assim o advogado proponente terá a chance de obter a total atenção dos envolvidos.

Nenhum aspecto da petição deve chamar mais a atenção do que o seu conteúdo, que deve ser apresentado de forma sóbria e escorreita.

Das margens, do tipo e do tamanho das letras:

Nestes novos tempos dominados pela tecnologia, é raro encontrar um advogado que ainda faça uso da velha máquina de escrever. Contudo, observando os trabalhos jurídicos que circulam pelos fóruns, percebe-se claramente que muitos advogados ainda não dominam aspectos básicos da redação por meio dos computadores pessoais. Na verdade, parece que o uso dessa nova ferramenta de trabalho provocou uma baixa na qualidade dos trabalhos jurídicos, talvez em razão de os computadores oferecerem, ao contrário das máquinas de escrever, uma gama tão grande de opções. Com efeito, os programas de redação oferecem, entre outras coisas, dezenas de estilos, de formatações, de tipos de letras, fato que parece ainda desnortear o usuário comum.

Não obstante essas evidentes dificuldades, o profissional do direito deve zelar para que suas petições sejam elaboradas com estrita observância das técnicas de redação profissional, mormente no que tange ao uso de margens, espaçamento entre linhas e ao tipo e tamanho das letras. Nesse particular, recomendo que o advogado mantenha margem de 3 (três) centímetros do lado esquerdo e 2 (dois) na parte superior, na parte inferior e no lado direito da petição; quanto ao tipo e tamanho de letra, recomendo que se evitem aventuras, preferindo-se os tipos mais tradicionais ("Times New Roman", "Arial" ou "Book Antiqua"), no tamanho 12 (doze) ou 14 (catorze), com espaçamento entre linhas de 18 (dezoito) ou 20 (vinte).

Endereçar ao "juiz" ou ao "juízo":

Diante da atual redação do inciso I do art. 319 do CPC, algumas pessoas têm argumentado que agora o correto é endereçar a petição inicial ao "juízo", e não mais ao "juiz", como se faz tradicionalmente. Como se sabe, a palavra "juízo" indica a vara, ou seja, a unidade de competência da jurisdição; não acho que seja certo endereçar a petição à vara ou juízo; parece-me que o correto é endereçar a petição ao titular da função, ou seja, ao "juiz", como se faz; é como mandar uma carta para o Presidente ou Diretor de uma empresa; você não endereça a correspondência para o "cargo", mas para a pessoa que exerce o cargo naquele momento; afinal, "juízo" não tem personalidade, não decide, não pensa, é apenas um lugar, uma unidade da jurisdição, como referido.

Não se busca justiça no "cargo" (juízo), mas no seu titular (pessoa física – juiz), por isso entendo que o endereçamento deve continuar a ser feito ao "juiz". Ao falar em "juízo", o Código está indicando que você deve endereçar ao lugar competente, nada mais.

Dos marcadores:

O advogado deve evitar abusar do uso de "marcadores" (negrito, sublinhado, letras maiúsculas, itálico, aspas etc.).

Alguns colegas ficam tão envolvidos com a questão tratada na petição que acabam exagerando no uso dos marcadores; em todos ou em quase todos os parágrafos da petição há uma frase sublinhada, em letras maiúsculas ou destacada em negrito ou em aspas; isso, quando não se usam todos os marcadores num mesmo parágrafo; já vi muitas petições redigidas dessa forma, com frases escritas em letras maiúsculas, negritadas e sublinhadas.

Lamento dizer, mas a petição fica "suja" e "escura", praticamente impossível de ler, e o objetivo das marcações invariavelmente não é atingido, qual seja: chamar a atenção do magistrado para certo fato ou argumento.

Recomendo ao colega que use com bastante cuidado e parcimônia os MARCADORES.

Das abreviaturas:

O uso indevido de abreviaturas tem se alastrado, sendo comum encontrar em quase todas as petições iniciais ao menos o já famoso "V. Exa.". Em tempos de computadores pessoais, como justificar os endereçamentos feitos da seguinte forma: "Exmo. Sr. Dr. J. Direito da __ V. Cível d. Comarca"?

Na redação forense, deve-se evitar o uso de abreviaturas, principalmente na petição inicial e na contestação.

Das técnicas de redação:

Os advogados tradicionalmente usam duas técnicas na redação da petição inicial. A primeira simplesmente divide a inicial por tópicos (dos fatos, do direito, da liminar, dos pedidos, das provas, do valor da causa); já a segunda expõe os fatos de maneira articulada, numerando-se de forma sequencial os parágrafos.

Qualquer das duas formas é perfeitamente adequada, embora pessoalmente prefira, como se vê nesta obra, a técnica, que divide a inicial articuladamente em parágrafos, visto que ela se mostra mais adequada aos tempos modernos, que se caracterizam principalmente pelo excesso de processos e absoluta falta de tempo e de paciência por parte dos juízes. No mais, o advogado não precisa nem é obrigado a indicar, ou menos ainda a ensinar, o direito para o magistrado ("narra me factum dabo tibi jus" – narra-me os fatos e eu te darei o direito). Na verdade, todos os juízes que conheço querem que o advogado seja "direto" e "sucinto", ou seja, que lhes dê apenas "os fatos" e faça "o pedido". Se me permite, só faça a sua petição inicial por tópicos, em que você necessariamente terá de escrever sobre o "direito", naqueles casos mais complexos em que o direito é novo ou controverso.

Tendo escolhido qualquer das técnicas, o profissional deve tomar o cuidado de manter-se fiel ao estilo definido.

Do nome da ação:

O nome da ação não se encontra entre os requisitos legais da petição inicial, contudo alguns advogados têm dado cada vez mais atenção a esse aspecto da exordial. De fato, alguns profissionais não só põem o nome da ação em destaque (letras maiúsculas e em negrito), como também dividem em duas partes o parágrafo destinado à qualificação, interrompendo-o de forma absolutamente inadequada apenas para anunciar de maneira especular o nome da ação, que, como já se disse, não é requisito legal da petição inicial (art. 319, CPC).

Tal atitude afronta a boa técnica de redação e deve ser evitada.

Contando os fatos:

Contar os fatos na exordial nada mais é do que informar ao juiz as razões pelas quais o autor precisa da tutela jurisdicional. Entretanto, o profissional do direito não pode se limitar a reproduzir na petição inicial as declarações de seu cliente. Com efeito, quando uma pessoa conversa com seu advogado, costuma lhe passar de forma emocional muitas informações, algumas úteis e necessárias para a ação, outras sem qualquer relevância. Não raras vezes, o cliente também tem a falsa ideia de que o ajuizamento da ação é uma maneira de obter vingança contra a pessoa que a ofendeu. Nesses casos, cabe ao profissional do direito ser o fiel conselheiro e orientador, mostrando ao cliente qual exatamente é o papel da Justiça e quais os fatos que são realmente importantes para a causa.

Ao redigir a petição inicial, o advogado deve ser sucinto, claro e "sempre" respeitoso com a outra parte, não importa quão emocional seja a questão submetida a juízo.

Considerando que para a grande maioria das pessoas escrever é uma atividade difícil, recomendo que o advogado separe um bom tempo para redigir a sua peça, lendo e relendo quantas vezes forem necessárias até que ela se mostre apta a cumprir o seu desiderato. Lembre-se: não só os interesses do cliente estarão em jogo, mas também o seu bom nome.

Da ordem dos pedidos:

É notória a situação caótica em que vive o Poder Judiciário, que há longa data não se mostra capaz de cumprir a sua missão constitucional. Diante dessa realidade, sabemos que o juiz tem muito pouco tempo, e paciência, para ler a petição inicial, mormente quando esta se apresenta confusa e cheia de erros. Não obstante tal fato, alguns colegas insistem em apresentar o "pedido", que é o ponto crucial da petição, escondido no meio dos fatos, normalmente dentro de um longo parágrafo. Comum, ainda, que os pedidos sejam indicados fora de uma ordem lógica, como se o advogado os redigisse conforme fosse se lembrando deles, ou como se simplesmente tivesse preguiça de organizá-los.

Tal fato afronta a boa técnica de redação e deve ser evitado a todo custo. Depois de contar os fatos, o advogado deve organizadamente fazer os pedidos, obedecendo a uma ordem lógica jurídica, conforme a natureza da ação.

Como fazer os pedidos:

Outra questão ligada aos pedidos que atormenta os profissionais do direito é a forma de fazê-lo na prática.

Há uma tradição no sentido de iniciar o pedido de uma das seguintes formas: I – "Ante o exposto, requer-se a procedência da ação para..."; II – "Ante o exposto, requer-se a procedência do pedido para...".

Data venia dos que assim agem, nenhuma das formas está correta.

No primeiro caso, já se pacificou na doutrina o reconhecimento da autonomia do direito de ação (direito de demandar), que é, por assim dizer, sempre procedente, mesmo que a petição inicial seja indeferida ou o pedido julgado improcedente, uma vez que a parte teve garantido o acesso à justiça, ou seja, pediu e obteve, num sentido ou noutro, a tutela jurisdicional. Já no segundo caso, é por uma questão de lógica; com efeito, fazendo o pedido dessa forma, o autor estará solicitando a procedência daquilo que de fato ainda não pediu, uma vez que é na petição inicial que "efetivamente" se realiza o pedido; veja, você diz que "requer a procedência do pedido" para em seguida fazê-lo (???).

Entre muitas maneiras, o pedido pode ser feito da seguinte forma: "Ante o exposto, requer-se seja a ré condenada a pagar indenização pelos danos causados ao autor no valor de..."; "Ante todo o exposto, requer-se seja decretado o divórcio do casal, declarando-se ainda que...". Note, assim você poupa a ação e faz o pedido sem afrontar a lógica e as técnicas de redação. Agora, nas alegações finais, você pode usar a expressão "procedência do pedido", conforme feito na petição inicial.

4.5 DA RESPOSTA DO DEMANDADO

Do mesmo modo como garante a todos o direito de ação (demandar perante o Poder Judiciário), a Constituição Federal também assegura aos demandados o direito à ampla defesa (art. 5º, LV, CF), isto é, o direito de resistir à pretensão do autor, podendo essa resistência tomar várias formas no processo civil, tais como: contestação, impugnações, embargos e justificativas.

Assim como o autor não está obrigado a litigar, o réu, uma vez citado ou intimado, não está obrigado a se defender; considerando, contudo, que a citação ou a intimação o vincula ao processo ou ao procedimento, deve fazê-lo, caso não queira sofrer as consequências por sua omissão (revelia).

Dessarte, regularmente citado ou intimado o réu, o executado ou o embargado pode: permanecer inerte, sofrendo os efeitos da revelia (art. 344, CPC); reconhecer o pedido do autor, provocando o julgamento antecipado da lide (art. 487, III, "a", CPC); defender-se, apresentando eventualmente *exceção* de suspeição ou impedimento (art. 146, CPC), contestação (art. 335, CPC), impugnação (art. 525, CPC), justificativas (art. 528, CPC), embargos (arts. 702 e 910, CPC) ou embargos à execução (art. 914, CPC).

Segundo as disposições do Código de Processo Civil, incumbe ao réu na contestação, além de impugnar o pedido do autor, alegar "em preliminar" (art. 337, CPC): (I) inexistência ou nulidade da citação; (II) incompetência absoluta e relativa; (III) incorreção do valor da causa; (IV) inépcia da petição inicial; (V) perempção; (VI) litispendência; (VII) coisa julgada; (VIII) conexão; (IX) incapacidade da parte, defeito de representação ou falta de autorização; (X) convenção de arbitragem; (XI) ausência de legitimidade ou de interesse processual; (XII) falta de caução ou de outra prestação que a lei exige como preliminar; (XIII) indevida concessão do benefício de gratuidade de justiça.

Além das hipóteses apontadas pelo art. 337 do CPC, o requerido pode, ainda, em preliminar na contestação, provocar a intervenção de terceiros, seja denunciando à lide (art. 125, CPC) ou chamando ao processo (art. 130, CPC). Pode, por fim, deixar a situação passiva de quem apenas se defende para contra-atacar o autor, oferecendo reconvenção (art. 343, CPC).

Como se vê pelas muitas possibilidades envolvidas, a preparação da defesa é inegavelmente uma tarefa complexa.

As dificuldades já começam no próprio trato com o cliente, enquanto o autor normalmente se apresenta de forma positiva, desejando a demanda, a fim de buscar a satisfação do seu direito ou a reparação de seus danos; o réu, mesmo que nada deva, vê-se, a princípio, acuado e assustado, ficando muito mais dependente das orientações do seu advogado. Não fosse o bastante, há que considerar que, enquanto o advogado encarregado de preparar a petição inicial é, de regra, senhor de seu tempo, podendo estudar o problema posto pelo cliente com calma e escolher o melhor momento para ajuizar a ação, o advogado responsável pela defesa tem prazo fixo e, invariavelmente, mais curto do que o desejável.

Por essas e outras razões, a defesa exige muita atenção do advogado, o que demanda que este aja com muito cuidado, rapidez e determinação.

Para saber mais sobre a defesa do demandado, recomendo ao leitor a consulta atenta do meu livro *Prática de contestação no processo civil*, também publicado pela Editora Atlas.

4.6 DOS DOCUMENTOS A SEREM JUNTADOS À PETIÇÃO INICIAL E À CONTESTAÇÃO

Informa o art. 320 do CPC que a petição inicial deve ser "instruída com os documentos indispensáveis à propositura da ação"; já o art. 434 do mesmo diploma legal informa que "incumbe à parte instruir a petição inicial ou a contestação com os documentos destinados a provar suas alegações", ou seja, além da juntada de cópia dos seus documentos pessoais, tais como RG, CPF, certidão de nascimento ou casamento, comprovante de residência, destinados a identificar corretamente o litigante, cabe ao interessado juntar à sua petição inicial ou à sua contestação, conforme o caso, os documentos designados a provar as suas alegações.

Claro que a juntada de documentos não é o único meio de prova no processo civil, na verdade, o Código de Processo Civil declara em seu art. 369 que "as partes têm o direito de empregar todos os meios legais, bem como os moralmente legítimos, ainda que não especificados neste Código, para provar a verdade dos fatos em que se funda o pedido ou a defesa e influir eficazmente na convicção do juiz", mas é inegável que a "prova documental" merece um destaque especial, principalmente em razão da sua evidente força de convencimento.

Há ainda que observar que certos fatos só podem ser provados por documentos, como informa o art. 406 do CPC: "quando a lei exigir instrumento público como da substância do ato, nenhuma outra prova, por mais especial que seja, pode suprir-lhe a falta".

Ao preparar a lista dos documentos que vão instruir a petição inicial ou a contestação, conforme o caso, o advogado deve inicialmente atentar para aqueles documentos indispensáveis ao caso, seja em razão da lógica jurídica (por exemplo: se o interessado pretende discutir a validade ou algum aspecto de um contrato, ou mesmo requerer o seu cumprimento ou rescisão, deve juntar uma cópia dele; nas ações de divórcio, deve-se juntar a certidão de casamento; nas ações de adoção, interdição, guarda, alimentos ou execução destes, deve-se juntar certidão de nascimento; na ação de alimentos gravídicos, deve-se juntar exame de gravidez positivo ou atestado médico indicando a condição de gestante etc.), seja por expressa imposição da lei (por exemplo: nas ações de demarcação e de divisão, devem-se juntar os títulos de propriedade, conforme determinam os arts. 574 e 588 do CPC; na ação de dissolução parcial de sociedade, deve-se juntar o contrato social consolidado, conforme determina o § 1º do art. 599 do CPC; na petição que requer a abertura de inventário, deve-se juntar necessariamente a certidão de óbito, conforme parágrafo único do art. 615 do CPC etc.).

Na dúvida, se algum documento é ou não necessário, minha sugestão é no sentido de que você peça ao cliente que o apresente; veja, é melhor ter o referido documento à sua disposição na pasta do cliente do que ser necessário novamente contatar o cliente para solicitá-lo.

4.7 DAS DESPESAS

Informa o art. 82 do CPC que, "salvo as disposições concernentes à gratuidade da justiça, incumbe às partes prover as despesas dos atos que realizarem ou requererem no processo"; já o art. 98 do mesmo diploma declara que "a pessoa natural ou jurídica, brasileira ou estrangeira, com insuficiência de recursos para pagar as custas, as despesas processuais e os honorários advocatícios tem direito à gratuidade da justiça, na forma da lei".

Em outras palavras, atuar no processo, seja como autor ou mesmo como réu, envolve o pagamento de custas e despesas, salvo se o interessado obtiver os benefícios da justiça gratuita.

O pedido de justiça gratuita pode ser feito na petição inicial, na contestação ou em qualquer outro momento processual por simples petição, devendo o interessado declarar expressamente que não possui condições financeiras de arcar com as custas e despesas do processo; normalmente, o pedido é acompanhado de uma "declaração de pobreza". Entendendo que faltam os pressupostos legais, o juiz pode determinar ao interessado que prove as suas alegações sob pena de indeferimento.

Não sendo o caso de justiça gratuita, o autor deve apresentar com a inicial os comprovantes do recolhimento das custas processuais, que normalmente envolvem a taxa judiciária, o valor devido pela juntada do mandato e as despesas com diligências do Oficial de Justiça e/ou com o correio. Os valores dessas custas variam não só de Estado para

Estado, mas também no caso de a ação ser proposta na Justiça Estadual ou Federal. Já o réu deve ao menos recolher a taxa pela juntada do mandato; no caso de que apresente reconvenção, deve ainda recolher a taxa judiciária.

Procure informações sobre a forma de recolhimento e valores nos *sites* dos próprios tribunais, em sua associação profissional e/ou em sua subseção da OAB.

4.8 CONHECENDO O PROCEDIMENTO

Advogar é principalmente conhecer o trâmite, o procedimento do processo. Qualquer pessoa pode conhecer o direito material, mas só o advogado tem obrigação de conhecer o direito processual.

Saber como o processo vai acontecer, ou seja, o seu procedimento, é essencial.

O "procedimento comum", previsto nos arts. 318 a 512 do CPC, é a base de todos os procedimentos judiciais; na verdade, os "procedimentos especiais" previstos no CPC ou em leis ordinárias são apenas variações do procedimento comum.

É extremamente vergonhoso quando o advogado se manifesta em momento impróprio ou deixa de fazê-lo quando deveria; tais atitudes afetam não só a duração do processo, mas também o seu mérito.

Se você tem dificuldades nessa área, estude, prepare-se. Você precisa estar familiarizado com as principais fases do procedimento, com escopo de poder agir quando necessário. No caso do "procedimento comum", temos: (I) petição inicial, arts. 319 e 320, CPC; (II) citação, arts. 238 a 259, CPC; (III) audiência de conciliação, art. 334, CPC; (IV) contestação, arts. 335 a 342, CPC; (V) providências preliminares, arts. 347 a 353, CPC; (VI) julgamento conforme o estado do processo, arts. 354 a 356, CPC; (VII) saneamento e organização do processo, art. 357, CPC; (VIII) audiência de instrução e julgamento, arts. 358 a 368, CPC; (IX) sentença, arts. 366 e 485 a 495, CPC.

4.9 CUIDADOS AO RECORRER

Fosse porque não havia punição ou pelo fato de que essas punições eram, na prática, pequenas, fosse porque facilitava o contato com o cliente ("perdemos, mas vamos recorrer"), o certo é que a cultura jurídica tornou o recurso contra uma decisão desfavorável quase uma obrigação para o advogado, mesmo que o resultado final acabasse piorando a situação do cliente.

Com efeito, muitos advogados veem no recurso não só uma chance de mudar a decisão judicial impugnada, mas também uma forma de adiar a inevitável constatação de que falharam (erraram; perderam o prazo; não juntaram o documento certo; não impugnaram; faltaram na audiência etc.); o cliente, por sua vez, muitas vezes vê no recurso apenas uma forma de adiar o inevitável cumprimento da sentença (pagar; fazer; entregar; cumprir etc.).

Estes, claro, são os motivos errados para recorrer.

Os juízes "erram muito" e esta é a razão para recorrer (o juiz errou, afrontando os fatos e/ou o direito).

Quando errar num processo, diga logo para o cliente, visto que recorrer pode piorar muito a situação (o bom advogado sempre tem, claro, um seguro profissional contra esse tipo de risco).

A interposição de recurso não exige poderes especiais (procuração *ad judicia*),[2] contudo aconselho o advogado a sempre que possível consultar antecipadamente o cliente (quer ou não recorrer da decisão?), afinal, o processo é dele e pode haver consequências, por exemplo, a majoração da sucumbência (art. 85, § 11, CPC), assim como a condenação ao pagamento de multa no valor entre um e cinco por cento do valor atualizado da causa no caso do "agravo interno" declarado manifestamente inadmissível ou improcedente em votação unânime (art. 1.021, § 4º, CPC).

A conversa com o cliente pode ser uma boa oportunidade para avaliar de forma isenta a decisão a ser impugnada, por exemplo: Como ela afeta o processo? Está fundamentada em documentos e fatos? Foi proferida no momento certo? Ignorou documentos e provas já produzidas nos autos? Está de acordo com a doutrina sobre o tema? Está de acordo com a jurisprudência dos tribunais, principalmente o STJ e STF?

---

[2] Art. 105 do CPC: A procuração geral para o foro, outorgada por instrumento público ou particular assinado pela parte, habilita o advogado a praticar todos os atos do processo, exceto receber citação, confessar, reconhecer a procedência do pedido, transigir, desistir, renunciar ao direito sobre o qual se funda a ação, receber, dar quitação, firmar compromisso e assinar declaração de hipossuficiência econômica, que devem constar de cláusula específica.

Capítulo 5
Procuração *Ad Judicia* (Mandato Judicial)

5.1 CONTRATO DE MANDATO

Segundo o art. 653 do CC, mandato é o contrato pelo qual uma pessoa, denominada *mandante*, outorga poderes a outrem, chamado de *mandatário* ou *procurador*, para que este, em nome do mandante, pratique atos ou administre interesses.

Trata-se de um contrato de natureza consensual e não solene, que se efetiva por meio de uma "procuração" (autorização representativa), que pode ser feita por instrumento particular ou público (art. 654, CC). A procuração por instrumento particular poderá ser feita pelas próprias partes, desde que capazes, podendo ser manuscrita por elas e por terceiro, digitada, impressa, mas deverá ser obrigatoriamente assinada pelo outorgante.

O mandato pode envolver todos os negócios do mandante (mandato geral), ou ser relativo a um ou mais negócios determinados (mandato especial); de qualquer forma, exige o Código Civil poderes especiais e expressos para aqueles atos que excedem à administração ordinária, em especial atos que envolvam o poder de alienar, hipotecar e transigir (arts. 660 e 661, CC).

Os atos do mandatário só vincularão o representado se praticados em seu nome e dentro dos limites do mandato; pode, no entanto, o mandante ratificar expressa ou tacitamente (mediante ato inequívoco) os atos praticados em seu nome sem poderes suficientes (art. 662, CC), e os efeitos da eventual ratificação retroagirão à data do ato (*ex tunc*).

O mandatário deve agir com o necessário zelo e diligência, transferindo as vantagens que auferir ao mandante, prestando-lhe, ao final, contas de sua gestão (arts.

667 a 674, CC). O mandante, por sua vez, é obrigado a satisfazer a todas as obrigações contraídas pelo mandatário, na conformidade do mandato conferido, e adiantar a importância das despesas necessárias à execução dele, quando o mandatário lhe pedir (arts. 675 a 681, CC).

5.2 MANDATO JUDICIAL

A outorga ao advogado de procuração geral para o foro, ou simplesmente "procuração *ad judicia*", tem duas naturezas distintas. Primeiro, indica a existência de contrato de prestação de serviços jurídicos; segundo, torna o advogado representante legal do outorgante para o foro em geral.

A procuração *ad judicia*, ou procuração para o foro ou para o juízo, é o instrumento que habilita, segundo o art. 104 do CPC, o advogado a praticar, em nome da parte, todo e qualquer ato processual (*v. g.*, ajuizar ação, contestar, reconvir, impugnar, justificar, opor embargos, recorrer, opor exceção etc.), salvo receber a citação, confessar, reconhecer a procedência do pedido, transigir, desistir, renunciar ao direito sobre que se funda a ação, receber, dar quitação e firmar compromisso e assinar declaração de hipossuficiência econômica, uma vez que a prática desses atos exige que o advogado tenha poderes especiais, expressos no instrumento de mandato (art. 105, CPC). Excepcionalmente permite a lei processual que o advogado ajuíze ação ou pratique outros atos, reputados urgentes, a fim de evitar a decadência ou a prescrição, sem apresentar o instrumento do mandato (*procuração*), desde que assuma o compromisso de exibi-lo no prazo de 15 (quinze) dias, prazo que pode, por despacho do juiz, ser prorrogado por mais 15 (quinze) dias. Caso o instrumento não seja apresentado no prazo, o ato não ratificado será considerado ineficaz relativamente àquele em cujo nome foi praticado, respondendo o advogado pelas despesas e eventuais perdas e danos (art. 104, § 2º, CPC).

Há, ademais, que se registrar que, sempre que o mandato dos procuradores advier da lei (*v. g.*, Procuradores da União, Estados e Municípios, Defensores Públicos), estes estão dispensados de apresentar procuração.

Sendo o mandato um contrato firmado com base na confiança, pode o mandante revogá-lo a qualquer momento, sem que tenha sequer que declarar os seus motivos para tanto, não importa em que fase esteja o processo, devendo no mesmo ato constituir outro mandatário para que assuma o patrocínio da causa (art. 111, CPC; arts. 686 e 687, CC; art. 17, Código de Ética e Disciplina). De outro lado, o advogado também pode a qualquer tempo renunciar ao mandato, provando que cientificou o cliente a fim de que este nomeie substituto, continuando a representá-lo por mais 10 (dez) dias, contados da notificação, desde que necessário para lhe evitar prejuízo (art. 112, CPC).

No caso de morte ou incapacidade do advogado, o juiz deverá suspender o feito, concedendo o prazo de 15 (quinze) dias para que a parte constitua outro para representá-la no processo. Findo o prazo sem que a parte tenha nomeado novo procurador, o juiz extinguirá o processo sem resolução do mérito, se o obrigado for o autor, ou mandará prosseguir o processo à revelia do réu, se o advogado falecido era deste (art. 313, I, § 3º, CPC).

5.3 SUBSTABELECIMENTO

De regra, o substabelecimento exige, para sua validade, poderes especiais.

Questão relevante quanto ao tema é o da responsabilidade civil pelos atos praticados pelo substabelecido. Três as principais hipóteses: *primeiro*, se o procurador tem poderes para substabelecer, não responde por eventuais danos que venham a ser causados pelo substabelecido, que deverá responder diretamente ao mandante; *segundo*, se o procurador substabelece sem ter poderes para tanto, continuará responsável perante o mandante por eventuais danos advindos da negligência do substabelecido; *terceiro*, se, a despeito de a procuração expressamente vedar o substabelecimento, o mandatário que substabelecer a procuração responderá ao mandante pelos prejuízos causados pelo substabelecido até no caso de esses danos advierem de caso fortuito ou força maior.

5.4 RESPONSABILIDADE CIVIL DOS ADVOGADOS

O exercício da profissão de "advogado" é disciplinado pela Lei nº 8.906/1994, o conhecido Estatuto da Advocacia, que em seu art. 32 declara que "o advogado é responsável pelos atos que, no exercício profissional, praticar com dolo ou culpa"; já o § 4º do art. 14 do Código de Defesa do Consumidor, Lei nº 8.078/1990, informa que "a responsabilidade pessoal dos profissionais liberais será apurada mediante a verificação de culpa".

No mais, a obrigação do advogado é de meio, e não de resultado. Em outras palavras, ao aceitar o mandato, o advogado não se obriga a ganhar a causa, mas tão somente defender os interesses de seu cliente da melhor forma possível, aconselhando e assessorando quando necessário.

Doutrina e jurisprudência têm decidido que o advogado é civilmente responsável: I – pelos erros de direito (desconhecimento de norma jurídica); II – pelas omissões de providências necessárias para ressalvar os direitos do seu constituinte; III – pela perda de prazo; IV – pela desobediência às instruções do constituinte; V – pelos pareceres que der, contrários à lei, à jurisprudência e à doutrina; VI – pela omissão de conselho; VII – pela violação de segredo profissional; VIII – pelo dano causado a terceiro; IX – pelo fato de não representar o constituinte, para evitar-lhe prejuízo, durante os 10 (dez) dias seguintes à notificação de sua renúncia ao mandato judicial; X – pela circunstância de ter feito publicações desnecessárias sobre alegações forenses ou relativas a causas pendentes; XI – por ter servido de testemunha nos casos arrolados no art. 7º, XIX, da Lei nº 8.906/1994; XII – por reter ou extraviar autos que se encontravam em seu poder; XIII – por reter ou extraviar documentos do cliente.

5.5 BASE LEGAL

O contrato de mandato encontra-se disciplinado nos arts. 653 a 692 do Código Civil; já o Código de Processo Civil cuida do tema "dos procuradores" nos arts. 103 a 112. O exercício da profissão de "advogado" é disciplinado pela Lei nº 8.906/1994-EA e as "relações de consumo" pela Lei nº 8.078/1990-CDC.

Capítulo 6
Mandado de Segurança Individual

6.1 CABIMENTO

O mandado de segurança individual, cuja natureza processual é de ação civil de rito sumário especial,[1] é cabível contra ato comissivo ou omissivo de autoridade, seja de que categoria for e sejam quais forem as funções que exerça, que lese, ou ameace de lesão, direito subjetivo individual líquido e certo, não amparado por *habeas corpus* ou *habeas data* (art. 5º, LXIX, CF). Segundo o § 1º, art. 1º, Lei nº 12.016/09-LMS, equiparam-se às autoridades "*os representantes ou órgãos de partidos políticos e os administradores de entidades autárquicas, bem como os dirigentes de pessoas jurídicas ou as pessoas naturais no exercício de atribuições do poder público*".

Direito líquido e certo é, segundo o saudoso Hely Lopes Meirelles, aquele "que se apresenta manifesto na sua existência, delimitado na sua extensão e apto a ser exercitado no momento da impetração. (...) Em última análise, direito líquido e certo é direito comprovado de plano".[2] Destarte, pode-se concluir que no mandado de segurança não cabe a produção de provas; ou o impetrante demonstra de forma inquestionável o seu direito, ou terá sua petição indeferida.[3]

---

[1] MEIRELLES, Hely Lopes. *Mandado de segurança*. 14. ed. São Paulo: Malheiros, 1990. p. 20.

[2] Idem. p. 25-26.

[3] "A expressão direito líquido e certo tem conotação processual, significando direito que pode ser reconhecido sem dilação probatória, pela só leitura da documentação anexada à petição inicial do mandado de segurança. Hipótese em que, à míngua de maiores elementos de convicção, o direito pretendido na

Somente o titular, pessoa física ou jurídica, do direito líquido e certo tem legitimidade para impetrar o *mandamus*;[4] ressalva, no entanto, a lei que "quando o direito ameaçado ou violado couber a várias pessoas, qualquer delas poderá requerer o mandado de segurança" (art. 1º, § 3º, LMS).

De outro lado, segundo o art. 5º da LMS, não se concederá o mandado de segurança quando se tratar: I – de ato do qual caiba recurso administrativo com efeito suspensivo, independentemente de caução;[5] II – da decisão judicial da qual caiba recurso com efeito suspensivo; III – da decisão judicial transitada em julgado.

6.2 BASE LEGAL

O direito de impetrar "mandado de segurança" contra ato comissivo ou omissivo de autoridade encontra respaldo no art. 5º, LXIX, da Constituição Federal, e na Lei nº 12.016, de 7 de agosto de 2009 (Lei do Mandado de Segurança – LMS).

6.3 COMPETÊNCIA

Com escopo de estabelecer-se com exatidão qual é o órgão competente para processar e julgar o mandado de segurança, é necessário, previamente, identificar quem é a autoridade coatora, qual a sua categoria e a que órgão está ligada (federal, estadual ou municipal). Alguns casos já se encontram expressamente previstos na própria Constituição Federal, *v. g.*: (I) é da competência do Supremo Tribunal Federal processar e julgar mandado de segurança contra atos do Presidente da República, das Mesas da Câmara dos Deputados e do Senado Federal, do Tribunal de Contas da União, do Procurador-Geral da República e do próprio Supremo Tribunal Federal (art. 102, I, "d", CF); (II) é da competência do Superior Tribunal de Justiça processar e julgar mandado de segurança contra atos de Ministros de Estado ou do próprio Tribunal (art. 105, I, "b", CF); (III) é da competência dos Tribunais Regionais Federais processar e julgar mandado de segurança contra ato do próprio Tribunal ou de juiz federal (art. 108, I, "c", CF); (IV) é da competência dos Juízes Federais processar e julgar mandado de segurança contra ato de autoridade federal (art. 109, VIII, CF).

Quanto aos mandados de segurança contra atos de autoridades estaduais e municipais, deve-se observar o estabelecido nas Constituições Estaduais, sabendo-se que o foro competente será o da comarca onde tiver sido praticado o ato.

---

impetração não pode ser deferido" (STJ ROMS 6.705/RJ; 96/0005754-0, Relator Ministro Ari Pargendler; T2, *DJ* 04.05.98).

[4] SILVA, José Afonso da. *Curso de direito constitucional positivo*. 11. ed. São Paulo: Malheiros, 1996. p. 424.

[5] Súmula 429 do STF: "A existência de recurso administrativo com efeito suspensivo não impede o uso do mandado de segurança contra omissão da autoridade".

6.4 INTERPOSIÇÃO

A petição inicial do mandado de segurança deve, além de atender às exigências dos arts. 319 e 320 do CPC, ser apresentada em duas vias, assim como os documentos que a acompanham, e indicar não só a autoridade coatora, mas também a pessoa jurídica que esta integra (art. 6º, LMS). A petição deve ser endereçada ao presidente do tribunal ou ao juiz de direito da comarca, conforme a competência para conhecer do remédio heroico.

Em caso de urgência, o mandado de segurança pode ser impetrado por telegrama, radiograma, fax ou outro meio eletrônico de autenticidade comprovada, devendo o impetrante apresentar os originais no prazo de 5 (cinco) dias úteis. Da mesma forma, o juiz pode usar dos citados meios para notificar a autoridade coatora quanto a eventual concessão de liminar (art. 4º, LMS).

6.5 PRAZO

O direito de impetrar mandado de segurança se extingue no prazo de 120 (cento e vinte) dias, contados da data em que o interessado tomar ciência do ato impugnado (art. 23, LMS). Como se percebe, trata-se de prazo decadencial (não se suspende e não se interrompe), e seu esgotamento leva à extinção do direito de impetrar o *mandamus*, não do direito material ameaçado ou violado.

6.6 LIMINAR

Estabelece o art. 7º, III, da LMS que o juiz, ao despachar a inicial, deve decidir sobre a concessão, ou não, da medida liminar, cujos requisitos de admissibilidade[6] são a relevância dos motivos em que se funda o pedido (*fumus boni juris*) e a possibilidade de ocorrência de lesão irreparável (*periculum in mora*). Considerando o poder geral de cautela de que está investido o juiz, este poderá, presentes os requisitos de admissibilidade, conceder a medida liminar até mesmo *ex officio*.[7] Da mesma forma, o juiz poderá decretar a perempção ou caducidade da medida liminar quando o impetrante criar obstáculo ao normal andamento do processo ou deixar de promover, por mais de 3 (três) dias úteis, os atos e as diligências que lhe cumprirem (art. 8º, LMS).

Da decisão do juiz de primeiro grau que concede ou nega a liminar cabe agravo de instrumento (art. 7º, § 1º, LMS).

---

[6] "Satisfeitos os pressupostos essenciais, pela presença dos requisitos exigidos, a liminar é de ser, normalmente, concedida, independente de condições ou novas exigências" (STJ, EREsp 90.225/DF; 96/0072292-7 Relator Ministro Hélio Mosimann, *DJ* 14.12.98).

[7] NERY JÚNIOR, Nelson. *Código de Processo Civil comentado*. 3. ed. São Paulo: Revista dos Tribunais, 1997. p. 1.810.

6.7 PROCEDIMENTO

Como se disse anteriormente, o mandado de segurança é ação de rito sumário especial, sendo que o seu procedimento está previsto na Lei nº 12.016/09-LMS, tendo como principais características:

I – petição inicial (art. 6º, LMS):
a) além dos requisitos dos arts. 319 e 320 do CPC, a petição inicial deve indicar a autoridade coatora e a pessoa jurídica que esta integra e ser apresentada em duas vias, assim como os documentos que a acompanham;
b) formados os autos, estes vão conclusos para o juiz, que poderá: 1) determinar que o autor emende a inicial no prazo de 15 (quinze) dias (art. 321, CPC); 2) indeferir de pronto a inicial (art. 10, LMS); 3) recebê-la, concedendo ou não a liminar, determinando a notificação da autoridade coatora a fim de que, no prazo de 10 (dez) dias, preste as informações que achar necessárias, assim como a intimação do órgão de representação judicial da pessoa jurídica interessada (cópia da inicial sem os documentos).

II – intimação do Ministério Público (art. 12, LMS):

Decorrido o prazo para que a autoridade preste informações, os autos serão enviados ao representante do Ministério Público para que se manifeste.

III – sentença:
a) o juiz deverá proferir a sentença no prazo de 30 (trinta) dias (art. 12, parágrafo único, LMS);
b) a sentença que conceder o mandado fica sujeita ao duplo grau de jurisdição, podendo, entretanto, ser executada provisoriamente (art. 14, §§ 1º e 3º, LMS);
c) da sentença, negando ou concedendo o mandado, cabe apelação (art. 14, LMS);
d) não há sucumbência em mandado de segurança (art. 25, LMS).[8]

6.8 DOCUMENTOS

Além dos documentos pessoais (RG, CPF, certidão de nascimento ou casamento, contrato e/ou estatuto social etc.), o interessado deverá ser orientado a fornecer ao advogado todos os documentos que demonstrem a certeza de seu direito, conforme o caso, tais como: certidões de órgãos públicos; cópia do edital; cópia do comprovante de inscrição; cópia da decisão judicial; cópia da receita médica; cópia do boleto de pagamento etc.

Quando o documento necessário à prova do alegado se achar em repartição ou estabelecimento público, ou em poder de autoridade que recuse fornecê-lo por certidão, a

---

[8] Súmula 512 do STF: "Não cabe condenação em honorários de advogado na ação de mandado de segurança".

parte, esclarecendo tal fato na petição, poderá pedir que o juiz ordene, preliminarmente, por ofício, a exibição desse documento em original ou em cópia autêntica (art. 6º, § 1º, LMS).

6.9 VALOR DA CAUSA

Segundo regra geral do art. 291 do CPC, a toda causa deve ser atribuído um valor, ainda que não tenha conteúdo econômico imediato. Dessa forma, qualquer que seja o direito defendido por meio do *writ*, obriga-se ao autor indicar o valor da causa, que, na falta de uma regra específica (art. 292, CPC), deve expressar, tanto quanto possível, a importância da questão tratada na ação.

6.10 DESPESAS

Não obstante o art. 1º, V, da Lei nº 9.265, de 12 de fevereiro de 1996, que disciplinou o inciso LXXVII, art. 5º, da Constituição Federal, declare expressamente que são gratuitos os atos necessários ao exercício da cidadania, tais como as petições que visem às garantias individuais, vem se formando uma jurisprudência que entende ser necessário o recolhimento das custas e despesas processuais em mandado de segurança. Recomenda-se, portanto, que o advogado verifique previamente qual a postura do tribunal ou juízo onde irá impetrar o seu *writ*.

6.11 OBSERVAÇÕES GERAIS

- Súmula 376 do STJ: Compete a turma recursal processar e julgar o mandado de segurança contra ato de juizado especial;
- a impetração de mandado de segurança contra pronunciamento judicial tem pertinência apenas em hipóteses excepcionalíssimas, quando configurada a manifesta ilegalidade ou a teratologia, bem como esteja devidamente comprovado o direito líquido e certo ofendido ou que está sob ameaça (STJ, RMS 64494/DF, Ministro Marco Aurélio Bellizze, T3 – Terceira Turma, j. 28/09/2021, *DJe* 30/09/2021);
- a jurisprudência do Superior Tribunal de Justiça orienta-se no sentido de que a via mandamental se mostra incabível quando o ato judicial questionado for passível de impugnação por recurso adequado, visto que o *writ* não pode ser utilizado como sucedâneo de recurso próprio (STJ, AgInt no RMS 64250/SP, Ministro Ricardo Villas Bôas Cueva, T3 – Terceira Turma, j. 30/08/2021, *DJe* 03/09/2021).

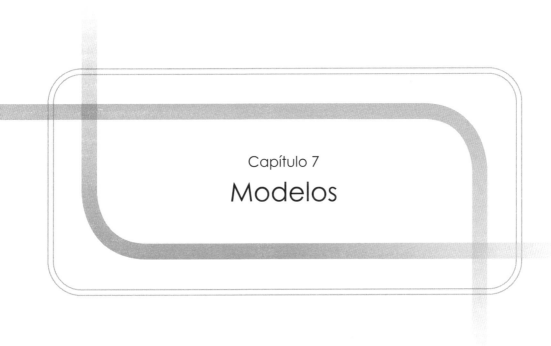

Capítulo 7
Modelos

7.1 AGRAVO CONTRA DECISÃO QUE DECLINOU DA COMPETÊNCIA

Excelentíssimo Senhor Doutor Desembargador Presidente do Tribunal de Justiça do Estado de São Paulo.

C. R. V., brasileiro, casado, ajudante geral, portador do RG 00.000.000-SSP/SP e do CPF 000.000.000-00, residente e domiciliado na Rua Francisco de Oliveira, nº 00, Casa Verde, cidade de Suzano-SP, CEP 00000-000, por seu Advogado, que esta subscreve, mandato incluso, com escritório na Rua João Vicente Amaral, nº 00, Centro, Mogi das Cruzes-SP, CEP 00000-000, *onde recebe intimações* (e-mail: gediel@gsa.com.br), vem à presença de Vossa Excelência, não se conformando, *data venia*, com a r. decisão do **Meritíssimo Juiz da Vara da Fazenda Pública do Foro de Suzano-SP**, expedida nos autos do processo de reparação por perdas e danos que move em face da **Fazenda do Estado de São Paulo**, da mesma **agravar por instrumento**, com pedido liminar, observando-se o rito previsto nos arts. 1.015 a 1.020 do Código de Processo Civil, em conformidade com as inclusas razões.

Para tanto, junta cópia dos seguintes documentos: petição inicial; procuração *ad judicia*; declaração de necessidade; mandado de citação; contestação da Fazenda; réplica do autor; decisão agravada; certidão de intimação. Registre-se que o subscritor da presente declara, sob sua responsabilidade pessoal, que todas as cópias que formam o presente instrumento CONFEREM com os originais (art. 425, IV, CPC).

Deixa de juntar cópia da procuração da agravada, visto que seu Procurador está legalmente dispensado de sua apresentação, informando, no entanto, que a agravada poderá ser intimada na pessoa do **Procurador-Geral do Estado**, com escritório na Rua Pamplona, nº 00, Centro, São Paulo, Capital, CEP 00000-000.

Requer, ademais, a concessão dos benefícios da justiça gratuita, uma vez que se declara pobre no sentido jurídico do termo, conforme declaração juntada nos autos principais e reproduzida neste instrumento.

Requer, por fim, seja o presente recurso recebido e regularmente processado.

Termos em que,
p. deferimento.

Suzano / São Paulo, 00 de janeiro de 0000.

Gediel Claudino de Araujo Júnior
OAB/SP 000.000

RAZÕES DO RECURSO

Processo nº 00000-00.0000.0.00.0000
Ação de reparação por perdas e danos
Vara da Fazenda Pública do Foro de Suzano-SP
Agravante: C. R. V.
Agravada: Fazenda do Estado de São Paulo

Egrégio Tribunal
Colenda Câmara

Dos Fatos:

Em 00 de setembro de 0000, o agravante ajuizou ação de indenização por perdas e danos em face da agravada, alegando, em apertada síntese, que um policial militar o alvejou injustamente, causando-lhe prejuízos de ordem moral e material.

A agravada contestou o feito, alegando, em preliminar, a incompetência absoluta do foro, requerendo a remessa dos autos para uma das Varas especializadas da Fazenda do Estado na Comarca da Capital.

O agravante ofereceu réplica, entretanto o juiz da causa decidiu por sua incompetência, determinando a remessa dos autos para o "Juízo privativo do Estado de São Paulo".

Em síntese, o necessário.

Do Cabimento do presente Agravo de Instrumento:

Como é cediço, a Lei 13.105/2015 trouxe a lume o novo Código de Processo Civil, que procedeu com profundas alterações no conhecido recurso de "agravo", extinguindo, por exemplo, o antigo agravo retido. Um dos aspectos mais importantes alterados pelo legislador do novo CPC foi a indicação de uma lista "taxativa" das hipóteses de cabimento do "agravo de instrumento", ou seja, a norma do art. 1.015 do CPC passou a indicar todos os casos em que o interessado pode agravar, quais sejam: I – tutelas provisórias; II – mérito do processo; III – rejeição da alegação de convenção de arbitragem; IV – incidente de desconsideração da personalidade jurídica; V – rejeição do pedido de gratuidade da justiça ou acolhimento do pedido de sua revogação; VI – exibição ou posse de documento ou coisa; VII – exclusão de litisconsorte; VIII – rejeição do pedido de limitação do litisconsórcio; IX – admissão ou inadmissão de intervenção de terceiros; X – concessão, modificação ou revogação do efeito suspensivo aos embargos à execução; XI – redistribuição do ônus da prova nos termos do art. 373, § 1º; XII – outros casos expressamente referidos em lei (arts. 354, parágrafo único, 356, § 5º, 1.037, § 13, CPC); XIII – também caberá agravo de instrumento contra decisões interlocutórias proferidas na fase de liquidação de sentença ou de cumprimento de sentença, no processo de execução e no processo de inventário.

Como se pode observar nas hipóteses indicadas pelo novo CPC, não consta a decisão interlocutória que declina da competência, como aquela impugnada neste recurso, daí a necessidade do presente item, onde o recorrente defende que, apesar da letra expressa da lei, continua sendo possível agravar de instrumento contra decisão que declina da competência do juízo.

Inicialmente, há que se observar que foi o próprio Superior Tribunal de Justiça, por meio da sua Corte Especial, que estabeleceu, no julgamento do REsp 1.704.520/MT, submetido à sistemática dos recursos repetitivos (tema nº 988/STJ), que a taxatividade da lista constante no art. 1.015 do CPC é de natureza mitigada ("taxatividade mitigada"), admitindo a interposição de agravo de instrumento quando verificada a urgência decorrente da inutilidade do julgamento da questão no recurso de apelação.

Eméritos julgadores, é exatamente o que temos no presente caso. Gravemente ferido por um policial militar, o agravante sofre com grandes limitações e o deslocamento do feito para uma das varas da fazenda da comarca da capital vai dificultar muito o exercício do seu direito de demandar, e a reapreciação da questão quando da apelação, conforme permite o art. 1.009, § 1º, do CPC, ocorrerá após o término da fase de instrução do processo, ou seja, os danos já estarão consolidados, e eventual revisão da decisão impugnada implicaria a nulidade de todos os atos praticados a partir de então, com evidentes prejuízos ao recorrente.

Além dos evidentes prejuízos que a manutenção, mesmo que de forma provisória, da r. decisão impugnada trará ao agravante, há que ressaltar que a dita decisão contraria norma "expressa" do art. 52, parágrafo único, do CPC: *se Estado ou o Distrito Federal for o demandado, a ação poderá ser proposta no foro de domicílio do autor, no de ocorrência do ato ou fato que originou a demanda, no de situação da coisa ou na capital do respectivo ente federado.*

Por fim, há que registrar que o próprio Superior Tribunal de Justiça já decidiu que cabe agravo de instrumento contra decisão que declina da competência: "é cabível o agravo de instrumento para impugnar decisão que define a competência" (STJ, EREsp 1730436/SP, Ministra Laurita Vaz, CE – Corte Especial, *DJe* 03/09/2021).

Caracterizada a urgência que advém da inutilidade da decisão quando de sua apreciação em recurso de apelação, a teratologia da decisão impugnada, que contraria texto expresso da lei, assim como o posicionamento do STJ quanto ao tema, conforme já indicado nessas razões, REQUER-SE o conhecimento do presente recurso, mesmo não estando a sua hipótese expressamente prevista na lista do art. 1.015 do CPC.

Do Pedido Liminar:

Ab initio, consoante permissivo do art. 1.019, I, do CPC, requer-se seja deferido o efeito suspensivo ao presente recurso, mantendo-se a competência do Juízo agravado até final decisão deste Egrégio Tribunal, determinando-se que dê regular prosseguimento ao feito.

Tal pedido se justifica, visto que inegável a presença do *fumus boni juris*, expressado na letra da própria lei (art. 52, parágrafo único, CPC), como já indicado; já o *periculum in mora* advém da circunstância de que a remessa imediata dos autos para uma das Varas da Comarca da Capital trará graves prejuízos para o agravante, seja em razão do seu precário estado de saúde, fruto da ação criminosa do policial, seja em virtude da falta de recursos financeiros que lhe permitam acompanhar o andamento do feito na comarca da capital (o recorrente é beneficiário da justiça gratuita).

Do Mérito:

A decisão do Magistrado *a quo*, que determinou a remessa dos autos para uma das Varas da Fazenda Pública da Capital, embora respeitável, não deve permanecer.

De início, com o escopo de delimitar com clareza a questão objeto deste recurso, pede-se vênia para, novamente, resumi-la: trata-se de ação de reparação por perdas e danos ajuizada pelo agravante em face da Fazenda do Estado, que, na contestação, em preliminar, requereu o deslocamento do feito para uma das Varas da Fazenda Pública da Capital.

A questão, portanto, envolve a arguição de incompetência do juízo *a quo* para julgar, como se disse, a ação de reparação por perdas e danos proposta pelo agravante em face da Fazenda.

Em tese, a pergunta a ser respondida, a fim de verificar o acerto, ou não, da decisão agravada, é: **onde o agravante deveria ajuizar ação contra a Fazenda do Estado?**

Buscando responder a tal questão, o interessado deve consultar o Código de Processo Civil, que, segundo norma constitucional, é quem regula a matéria.

A resposta, a despeito da decisão agravada, é muito simples e encontra-se no parágrafo único do art. 52 do CPC, *in verbis*:

> **Art. 52. É competente o foro de domicílio do réu para as causas em que seja autor Estado ou o Distrito Federal. Parágrafo único. Se Estado ou o Distrito Federal for o demandado, a ação poderá ser proposta no foro de domicílio do autor, no de ocorrência do ato ou fato que originou a demanda, no de situação da coisa ou na capital do respectivo ente federado.**

A mencionada norma é uma exceção à regra geral do art. 46 do CPC.

Não obstante a clareza do dispositivo legal, tem havido discussão sobre o tema, conforme se observa da jurisprudência deste Egrégio Tribunal:

> **Agravo de instrumento – Ação declaratória c/c reparação de danos materiais e morais – Pretensão de reformar a decisão que reconheceu a incompetência do Juízo de Direito da 3ª Vara Cível da Comarca de Matão e determinou a redistribuição dos autos ao Juízo da Fazenda**

Pública da Comarca de Araraquara – Presentes as hipóteses de "urgência" e "inutilidade" indicadas no julgamento do Tema Repetitivo 988 do C. STJ – Cabe ao requerente escolher o foro nas ações em que o Estado ou o Distrito Federal forem demandados, segundo os critérios estabelecidos no art. 52, parágrafo único, do CPC (TJSP, Agravo de Instrumento 2082222-30.2019.8.26.0000, Relatora Maria Laura Tavares 5ª Câmara de Direito Público, Foro de Matão – 3ª Vara Cível, *DJ* 01/08/2019).

Agravo de instrumento. Direito processual civil. Ação de reparação de danos morais – Competência. Foro do domicílio do autor ou do local do fato. Insurgência da Municipalidade de São Paulo contra decisão que reconheceu a competência do foro do domicílio da autora (Bauru/SP) para conhecimento e processamento de ação condenatória à reparação por danos, decorrente de erro médico. Pretensão ao deslocamento da demanda para a Capital Paulista. Ação de reparação de danos que não se caracteriza como "direito pessoal" a justificar o deslocamento de competência, por força do art. 64, § 3º, do CPC. A expressão "delito" contida no inciso V do art. 53 do CPC/2015 (art. 100, parágrafo único, do CPC/1973) possui sentido abrangente, alcançando ilícitos de natureza civil e penal. Entendimento do C. Superior Tribunal de Justiça, desta C. Câmara e Corte. R. decisão agravada mantida por fundamento diverso. Recurso desprovido (TJSP, Agravo de Instrumento 2093734-73.2020.8.26.0000, Relatora Flora Maria Nesi Tossi Silva, 13ª Câmara de Direito Público, Foro de Bauru – 2ª Vara da Fazenda Pública, *DJ* 29/10/2020).

Considerando que o fato descrito pelo agravante, na petição inicial, se deu na cidade e comarca de Suzano-SP, fica fácil concluir pela competência daquele "foro" para conhecer a ação de reparação por perdas e danos, conforme "escolha" do autor e vítima do evento.

Do Pedido:

Ante as razões expostas, mais aquelas que este Egrégio Tribunal saberá lançar sobre o tema, requer o provimento do presente recurso, confirmando-se a competência da Vara da Fazenda Pública do Foro da Comarca de Suzano-SP para conhecer e julgar a ação de reparação por perdas e danos que o agravante move em face da Fazenda Pública do Estado, determinando-se o regular prosseguimento do feito.

Termos em que,
p. deferimento.

Suzano / São Paulo, 00 de janeiro de 0000.

Gediel Claudino de Araujo Júnior
OAB/SP 000.000

7.2 AGRAVO CONTRA DECISÃO QUE DECRETOU, EM CUMPRIMENTO DE OBRIGAÇÃO DE PRESTAR ALIMENTOS, A PRISÃO CIVIL DO EXECUTADO

Excelentíssimo Doutor Desembargador Presidente do Tribunal de Justiça do Estado de São Paulo.

E. P. do N., brasileiro, solteiro, despachante de carga, portador do RG 000.000.000-SSP/SP e do CPF 000.000.000-00, titular do e-mail epn@gsa.com.br, residente e domiciliado na Rua Gandolfo, nº 00, Vila Progresso, cidade de São Paulo-SP, CEP 00000-000, por seu Advogado, que esta subscreve (mandato incluso), com escritório na Rua João Vicente Amaral, nº 00, Centro, Mogi das Cruzes-SP, CEP 00000-000, *onde recebe intimações* (e-mail: gediel@gsa.com.br), vem à presença de Vossa Excelência, não se conformando, *data venia*, com a r. decisão do Meritíssimo Juiz da Terceira Vara da Família e das Sucessões do Foro de Mogi das Cruzes-SP, expedida nos autos do processo que lhe move L. A. do N., da mesma ***agravar por instrumento***, *com pedido liminar*, observando-se o rito previsto nos arts. 1.015 a 1.020 do Código de Processo Civil, em conformidade com as inclusas razões.

Para tanto, junta cópia dos seguintes documentos: petição inicial; procuração outorgada pelo agravante; cópia do acordo de alimentos; pedido de emenda da petição inicial; justificativa para o não pagamento; declaração de pobreza; vários recibos de pagamentos; decisão agravada; certidão de intimação da decisão agravada.

A intimação da agravada deve ser feita na pessoa de seu procurador: **Dr. B. M. R.**, OAB/SP 000.000, com escritório na Avenida Loefgren, nº 00, sala 00, Vila Clementino, cidade de São Paulo-SP, CEP 00000-000 (cópia da procuração anexa).

O subscritor da presente petição DECLARA, sob as penas da lei, que todas as cópias que formam o presente instrumento CONFEREM com os originais (art. 425, IV, CPC).

Requer-se seja o presente recurso recebido e regularmente processado.

Termos em que,
p. deferimento.

Mogi das Cruzes/São Paulo, 00 de maio de 0000.

Gediel Claudino de Araujo Júnior
OAB/SP 000.000

RAZÕES DO RECURSO

Processo nº 0000000-00.0000.0.00.0000
Cumprimento de Obrigação de Prestar Alimentos (Execução de Alimentos)
Terceira Vara da Família e das Sucessões do Foro de Mogi das Cruzes-SP
Agravante: E. P. do N.
Agravada: L. A. do N.

Egrégio Tribunal
Colenda Câmara

Dos Fatos:

Em maio de 0000, a agravada iniciou procedimento visando o cumprimento de obrigação de prestar alimentos, execução de alimentos, asseverando, em síntese, que o agravante se encontrava em mora com suas obrigações alimentícias. Requereu a intimação/citação para pagamento sob pena de prisão civil, conforme permissivo do art. 528, § 3º, do CPC.

Recebida a exordial, determinou-se a sua emenda a fim de limitar o débito aos termos da Súmula 309 do STJ; emendada a exordial, determinou-se a intimação do executado; este, regularmente intimado/citado, ofertou suas justificativas, declarando, em apertada síntese, que vinha fazendo pagamentos parciais em razão do nascimento de outros filhos e em razão de dificuldades financeiras; requereu, ainda, o parcelamento do débito.

Em réplica, a exequente não concordou com o pedido de parcelamento e requereu a prisão civil do alimentante.

Após manifestação do Ministério Público, o douto Magistrado decretou a prisão civil do executado pelo prazo de 30 (trinta) dias.

Em síntese, o necessário.

Da Liminar:

Ab initio, consoante permissivo do art. 1.019, inciso I, do Código de Processo Civil, requer-se seja concedido liminar no presente recurso, no sentido de que o nobre Relator determine o imediato e urgente recolhimento do mandado de prisão expedido contra o agravante.

Tal pedido se justifica na medida de que a decisão que decretou a prisão é obviamente açodada diante do caso concreto, mormente ao se considerar que o alimentante vem pagando quase 90% (noventa por cento) do valor mensal da pensão, que expressamente informou o seu empregador (o juiz pode determinar o desconto das pensões vincendas em folha de pagamento, conforme permissivo do art. 529, § 1º, do CPC), e requereu a concessão de um parcelamento das diferenças não pagas. Há ainda que se considerar que a sua prisão "neste momento" poderá piorar a situação de todos os envolvidos, vez que causará a perda do emprego do alimentante.

Evidente, ademais, o *periculum in mora*, vez que a açodada decisão está colocando em risco a liberdade do agravante e o bem-estar da alimentanda, que ficará sem receber a pensão.

Do Mérito:

A respeitável decisão do Magistrado *a quo*, que decretou a prisão civil do agravante, não deve permanecer, vez que não representa o melhor direito para o caso.

Citado, o alimentante demonstrou que se encontra regularmente empregado (juntou cópia do comprovante de pagamento), assim como o fato de que, ao contrário do alegado pela credora, vinha fazendo regularmente o pagamento de cerca de 90% (noventa por cento) do valor mensal da pensão. Neste particular, há que se observar que a pensão se encontra fixada em patamar muito acima do razoável no presente caso, vez que o alimentante teve o nascimento de mais 2 (dois) filhos após o acordo que fixou o valor da pensão alimentícia devida à agravada, sendo 4 (quatro) filhos no total.

É claro que o agravante deveria ter oportunamente ajuizado ação revisional de alimentos; não o fez, infelizmente, contando principalmente com o bom senso da representante da exequente e tentando, com sacrifício pessoal, manter o pagamento quase total da "alta" pensão.

Tal fato não o exime "formalmente" do pagamento total da pensão acordada, mas demonstra, ao menos, que não é um pai irresponsável e indiferente às necessidades da exequente.

Doutos Julgadores, vejam: (I) o alimentante vem pagando quase totalmente o valor mensal da pensão; (II) o alimentante está formalmente empregado, tendo informado nos autos os dados do seu empregador; (III) o valor da pensão está claramente fora dos parâmetros do razoável, vez que houve o nascimento de mais dois filhos, sendo 4 (quatro) no total.

Esses fatos, se não impedem seja decretada a prisão civil do alimentante, ao menos recomendam claramente que o Magistrado tenha um pouco mais de cuidado, de cautela com o caso; deveria, por exemplo, ter designado audiência de conciliação (*hoje tão defendida pelo próprio Poder Judiciário*), onde não só se poderia discutir o parcelamento do débito, mas até mesmo o valor mensal da pensão diante do nascimento de mais dois filhos, tal fato representaria enorme economia processual e se coadunaria com as novas diretrizes constitucionais (***processo civil cooperativo***).

Ilegal a decisão que decretou a prisão do alimentante, mormente **porque** não procura resolver a questão da maneira menos gravosa para o executado. De fato, o processo executivo de forma geral se submete ao princípio da utilidade, ou do resultado; ou seja, os atos executivos não podem ser usados como simples forma de castigar o devedor, sem que apresentem efetivamente qualquer vantagem ao credor.

Nesse diapasão, há que se perguntar que vantagem a alimentanda terá com a prisão civil do executado "neste momento"? A resposta é simples: "nenhuma". Preso o executado, que já se encontra nos limites das suas forças, nada poderá pagar e ainda certamente perderá o seu emprego, deixando não só a exequente desamparada, mas também mais 3 (três) filhos.

Dos Pedidos:

Ante o exposto, e mais por outras razões que esta Colenda Câmara saberá lançar sobre o tema, *requer-se o provimento do presente recurso*, com escopo de se determinar: (I) a nulidade da respeitável decisão do douto Magistrado *a quo* que decretou a prisão civil do agravante, recolhendo-se o mandado de prisão com urgência; (II) a expedição de ofício ao empregador do alimentante a fim de que seja feito o desconto das pensões vincendas em folha de pagamento, resolvendo parcialmente o problema de pagamento da pensão; (III) a designação de audiência de conciliação, a fim de possibilitar às partes o debate sobre formas de quitação do débito em aberto, com possibilidade, inclusive, do uso do FGTS e do aumento da porcentagem do desconto feito em folha de pagamento, conforme permissivo do § 3º do art. 529 do CPC.

Termos em que,
p. deferimento.

Mogi das Cruzes/São Paulo, 00 de maio de 0000.

Gediel Claudino de Araujo Júnior
OAB/SP 000.000

7.3 AGRAVO CONTRA DECISÃO QUE DECRETOU, EM CUMPRIMENTO DE OBRIGAÇÃO DE PRESTAR ALIMENTOS, A PRISÃO CIVIL DO EXECUTADO (POR QUEBRA DE ACORDO NOS MESMOS AUTOS)

7.3.1 Agravo de instrumento

Excelentíssimo Senhor Doutor Desembargador Presidente do Egrégio Tribunal de Justiça do Estado de São Paulo.

V. A. M., brasileiro, separado, serralheiro, portador do RG 00.000.000-SSP/SP e do CPF 000.000.000-00, sem endereço eletrônico, residente e domiciliado na Rua São Pedro, nº 00, Vila Natal, cidade de Mogi das Cruzes-SP, CEP 00000-000, por seu Advogado, que esta subscreve (mandato incluso), com escritório na Rua João Vicente Amaral, nº 00, Centro, Mogi das Cruzes-SP, CEP 00000-000, *onde recebe intimações* (e-mail: gediel@gsa.com.br), vem à presença de Vossa Excelência, não se conformando, *data venia*, com a r. decisão do Meritíssimo Juiz da Terceira Vara da Família e das Sucessões do Foro de Mogi das Cruzes-SP, expedida nos autos do processo que lhe move **C. S. M. e/o**, da mesma *agravar por instrumento*, *com pedido liminar*, observando-se o rito previsto nos arts. 1.015 a 1.020 do Código de Processo Civil, em conformidade com as inclusas razões.

Para tanto, junta cópia dos seguintes documentos: petição inicial; procuração; declaração de pobreza; certidão de casamento; certidão de nascimento dos filhos; termo de audiência onde consta acordo de parcelamento feito pelas partes; manifestação do Ministério Público; decisão agravada; certidão de intimação da decisão agravada; procuração outorgada pelos agravados. Reitera, nesta instância, o pedido de justiça gratuita, vez que se declara pobre no sentido jurídico do termo, conforme declaração de pobreza juntada nos autos originais e reproduzida neste instrumento.

O subscritor da presente petição declara, sob as penas da lei, que todas as cópias que formam o presente instrumento conferem com os originais (art. 425, IV, CPC).

Requer-se seja o presente recurso recebido e regularmente processado.

Termos em que,
p. deferimento.

Mogi das Cruzes/São Paulo, 00 de dezembro de 0000.

Gediel Claudino de Araujo Júnior
OAB/SP 000.000

RAZÕES DO RECURSO

Processo nº 0000000-00.0000.0.00.0000
Cumprimento de obrigação de Prestar Alimentos (execução de alimentos)
Terceira Vara da Família e das Sucessões do Foro de Mogi das Cruzes-SP
Agravante: V. A. M.
Agravados: C. S. M. e/o

Egrégio Tribunal
Colenda Câmara

Dos Fatos:

Em 00 de agosto de 0000, os agravados protocolaram cumprimento de obrigação de prestar alimentos asseverando, em síntese, que o agravante se encontrava em mora com suas obrigações alimentícias. Requereram a citação para pagamento sob pena de prisão civil, conforme permissivo do art. 528, § 3º, do CPC.

Recebida a exordial, determinou-se a citação/intimação do executado, fls. 15. Esse, regularmente citado, fls. 18, ofertou suas justificativas, declarando que nada devia de atrasados e requerendo a juntada aos autos dos respectivos recibos.

Havendo alguma divergência quanto ao valor dos recibos, designou o ilustre Magistrado *a quo* audiência de conciliação.

Em audiência, as partes fizeram um acordo, tendo o agravante reconhecido um débito, entre pensões vencidas e vincendas, no valor de R$ 750,00 (setecentos e cinquenta reais), a serem pagas em 3 (três) parcelas de R$ 250,00 (duzentos e cinquenta reais). O acordo foi homologado e o feito extinto com julgamento de mérito (art. 487, III, "a", CPC).

Algum tempo depois, as exequentes peticionaram ao douto Juízo de primeiro grau informando que o executado não tinha cumprido o acordo feito em audiência, requerendo sua intimação para pagamento.

Recebida a nova petição, determinou-se nova "intimação" do agravado para pagamento, porém como esse não foi localizado pessoalmente, o ilustre Juízo *a quo* recolheu o mandado de intimação e decretou a prisão civil do alimentante, ignorando, inclusive, manifestação expressa do ilustre representante do Ministério Público, fls. 54, verso, que alertava o Juízo sobre a necessidade de intimação pessoal do agravado.

Em síntese, o necessário.

Da Liminar:

Ab initio, consoante permissivo do art. 1.019, inciso I, do Código de Processo Civil, requer-se seja concedido liminar no presente recurso, no sentido de que o nobre Relator determine o imediato e urgente recolhimento do mandado de prisão expedido contra o agravante.

Tal pedido se justifica na medida de que a decisão que decretou a prisão é obviamente teratológica, vez que o executado não chegou ao menos a ser intimado para novo pagamento, sendo que o feito havia sido extinto com julgamento de mérito, como se vê das cópias anexas. Evidente, ademais, o *periculum in mora*, vez que a decisão está colocando em risco a liberdade do agravante.

Do Mérito:

A respeitável decisão do Magistrado *a quo*, que decretou a prisão do agravante, não deve permanecer, vez que não representa o melhor direito para o caso.

Inicialmente não se pode deixar de observar que, de direito, a sentença que homologou o acordo onde o agravante reconheceu débito em face dos agravados é, ao menos, anulável, visto que o subscritor da presente não foi regularmente intimado para participar dela, sendo que o agravante compareceu desacompanhado e, portanto, sem assistência jurídica.

Todavia, a questão nem é essa. Bem ou mal, houve o acordo e esse foi homologado pelo douto Juiz *a quo*, que, em seguida, "extinguiu o feito com julgamento de mérito", mencionando, inclusive, a base legal, qual seja o art. 487, III, "a", CPC.

Data venia, se houve extinção do feito pura e simples, como se observa, nova inadimplência deveria necessariamente provocar "nova intimação" para pagamento. Entretanto *pior ficou depois*. O Magistrado mandou "intimar", contudo tendo sido frustrada uma única tentativa de "intimação", o Juiz recolheu o mandado e inexplicavelmente decretou a prisão do alimentante, ignorando, inclusive, manifestação expressa do ilustre representante do Ministério Público, fls. 54, verso, que alertava o Juízo sobre a necessidade de intimação pessoal do agravado.

Veja-se bem, sem ao menos formar-se a relação jurídica processual, sem ao menos dar ciência da pretensão ao executado, sem ao menos intimar-se o procurador do executado, o Magistrado decretou a prisão do suposto devedor.

Como se percebe facilmente, a decisão guerreada se destaca por sua impropriedade, por sua ilegalidade; situação que, inclusive, dispensa maiores comentários.

Dos Pedidos:

Ante o exposto, e mais por outras razões que esta Colenda Câmara saberá lançar sobre o tema, ***requer-se o provimento do presente recurso***, com escopo de decretar-se a nulidade da decisão do douto Magistrado *a quo* que decretou a prisão civil do agravante, recolhendo-se o mandado de prisão, determinando, em seguida, que sejam tomadas as providências necessárias para a intimação pessoal do executado.

Termos em que,
p. deferimento.

Mogi das Cruzes/São Paulo, 00 de dezembro de 0000.

Gediel Claudino de Araujo Júnior
OAB/SP 000.000

7.3.2 Decisão do tribunal

Agravo de Instrumento nº 377.299-4/3
Comarca de Mogi das Cruzes-SP
Agravante: V. A. M.
Agravados: C. S. M. e/o

EMENTA

Alimentos – Execução – Prisão decretada – Falta de citação ou intimação para pagar depois da realização de acordo – Inadmissibilidade – Agravo Provido.

ACÓRDÃO

Vistos, relatados e discutidos estes autos de AGRAVO DE INSTRUMENTO nº 377.299-4/3, da Comarca de MOGI DAS CRUZES, em que é agravante V. A. M., sendo agravados C. S. M. e/o (menores representados por sua mãe). ACORDAM, em Décima Câmara de Direito Privado do Tribunal de Justiça do Estado de São Paulo, por votação unânime, dar provimento ao recurso.

O julgamento teve a participação dos Desembargadores J. C. S. (Presidente) e C. V., com votos vencedores.

Des. M. V. (Relator)

VOTO

Trata-se de agravo de instrumento interposto de decisão que em execução de alimentos decretou a prisão do alimentante. Alega o executado que se celebrou acordo para pagamento do débito em três prestações, sem que seu advogado fosse intimado para a audiência, que descumprido o acordo se determinou sua intimação para pagamento, que, não sendo encontrado, houve decreto de prisão, que a transação é nula pela ausência de procurador que assistisse o executado e que era necessária nova citação para pagamento. Concedido o efeito suspensivo e prestadas informações, houve resposta e a douta Procuradoria Geral da Justiça opinou pelo provimento.

É o relatório.

Como o executado é maior e capaz, o acordo celebrado em audiência é válido e eficaz, não o viciando a ausência de advogado que o acompanhasse. Embora tenha constado do termo de forma equivocada que a execução estava extinta, nada impedia a cobrança dentro destes mesmos autos do saldo não pago, impondo-se, porém, que o executado fosse intimado para o pagamento sob pena de prisão. Como não houve essa intimação, a prisão foi erroneamente decretada. Na verdade, chamar a comunicação ao executado de citação ou intimação é irrelevante: o importante é que haja a comunicação e que ele tenha a oportunidade de pagar ou justificar o não pagamento. Tratando-se de processo de cobrança de alimentos, não há lugar para observância rigorosa das formas, mas a liberdade do executado não pode ser turbada sem que ele tenha a oportunidade de pagar ou defender-se.

  É necessário que se promova a intimação do executado, dando-lhe conhecimento do valor do débito a ser pago, o que não está claro na petição de fls. 46 dos autos originais.

  Pelo exposto, dá-se provimento ao agravo.

M. V. (Des. Relator)

7.4 AGRAVO CONTRA DECISÃO QUE DEFERIU TUTELA PROVISÓRIA EM AÇÃO DE REINTEGRAÇÃO DE ÁREA DE SERVIDÃO MOVIDA PELA COMPANHIA DE TRANSMISSÃO DE ENERGIA ELÉTRICA PAULISTA (CTEEP)

Excelentíssimo Doutor Desembargador Presidente do Egrégio Tribunal de Justiça do Estado de São Paulo.

C. J. C., brasileira, solteira (convivente), desempregada, sem documentos (perdeu o RG e o CPF), residente e domiciliada na Estrada da Servidão (travessa da Avenida Presidente Castelo Branco), s/nº, Jardim das Bandeiras, cidade de Mogi das Cruzes-SP, CEP 00000-000, **V. F.**, brasileiro, solteiro (convivente), jardineiro, portador do RG 00.000.000-SSP/SP (não inscrito no CPF), residente e domiciliado na Estrada da Servidão (travessa da Avenida Presidente Castelo Branco), s/nº, Jardim das Bandeiras, cidade de Mogi das Cruzes-SP, CEP 00000-000, **L. N.**, brasileiro, solteiro (convivente), jardineiro, portador do RG 0.000.000-SSP/SP e do CPF 000.000.000-00, residente e domiciliado na Estrada da Servidão (travessa da Avenida Presidente Castelo Branco), nº 00, Jardim das Bandeiras, cidade de Mogi das Cruzes--SP, CEP 00000-000, **M. A. de S.**, brasileiro, solteiro (convivente), pedreiro, portador do RG 0.000.000-SSP/SP e do CPF 000.000.000-00, residente e domiciliado na Estrada da Servidão (travessa da Avenida Presidente Castelo Branco), nº 00, Jardim das Bandeiras, cidade de Mogi das Cruzes-SP, CEP 00000-000, **S. R. P. de M.**, brasileira, solteira (convivente), desempregada, portadora do RG 0.000.000-SSP/SP e do CPF 000.000.000-00, residente e domiciliada na Estrada da Servidão (travessa da Avenida Presidente Castelo Branco), nº 00, Jardim das Bandeiras, cidade de Mogi das Cruzes-SP, CEP 00000-000, **V. C. P. de J.**, brasileira, casada, diarista, portadora do RG 0.000.000-SSP/SP e do CPF 000.000.000-00, residente e domiciliada na Estrada da Servidão (travessa da Avenida Presidente Castelo Branco), nº 00, Jardim das Bandeiras, cidade de Mogi das Cruzes-SP, CEP 00000-000, **M. A. de O.**, brasileiro, divorciado (convivente), jardineiro, portador do RG 0.000.000-SSP/SP e do CPF 000.000.000-00, residente e domiciliado na Estrada da Servidão (travessa da Avenida Presidente Castelo Branco), nº 00, Jardim das Bandeiras, cidade de Mogi das Cruzes-SP, CEP 00000-000, **A. B. dos S.**, brasileira, divorciada (convivente), aposentada, portadora do RG 0.000.000-SSP/SP e do CPF 000.000.000-00, residente e domiciliada na Estrada da Servidão (travessa da Avenida Presidente Castelo Branco), nº 00, Jardim das Bandeiras, cidade de Mogi das Cruzes-SP, CEP 00000-000, **L. C.**, brasileiro, casado, vigia, portador do RG 0.000.000-SSP/SP e do CPF 000.000.000-00, residente e domiciliado na Rua Silvio Romero, nº 00, Jardim das Bandeiras, cidade de Mogi das Cruzes-SP, CEP 00000-000, **C. L. da S.**, brasileiro, solteiro (convivente), pedreiro, portador do RG 0.000.000-SSP/SP e do CPF 000.000.000-00, residente e domiciliado na Estrada da Servidão (travessa da Avenida Presidente Castelo Branco), nº 00, Jardim das Bandeiras, cidade de Mogi das Cruzes-SP, CEP 00000-000, **C. M. da S.**, brasileira, casada, desempregada, portadora do RG 0.000.000-SSP/SP e do CPF 000.000.000-00, residente e domiciliada na Estrada da Servidão (travessa da Avenida Presidente Castelo Branco), nº 00, Jardim das Bandeiras, cidade de Mogi das Cruzes-SP, CEP 00000-000, **S. M. da S.**, brasileira, casada, desempregada, portadora do RG 0.000.000-SSP/SP e do CPF 000.000.000-00, residente e domiciliada na Estrada da Servidão (travessa da Avenida Presidente Castelo Branco), nº 00, Jardim das Bandeiras, cidade de Mogi das Cruzes-SP, CEP 00000-000, **S. B. S.**, brasileiro, solteiro (convivente), vigia, portador do RG 0.000.000-SSP/SP e do CPF 000.000.000-00, residente e domiciliado na Estrada da Servidão (travessa da Avenida Presidente Castelo Branco), s/nº, Jardim das Bandeiras, cidade de Mogi das Cruzes-SP, CEP 00000-000, **T. de F. C.**, brasileira, solteira (convivente), desempregada, portadora do RG 0.000.000-SSP/SP e do CPF 000.000.000-00, residente e domiciliada na Estrada da Servidão (travessa da Avenida Presidente Castelo Branco), s/nº, Jardim das Bandeiras, cidade de Mogi das Cruzes-SP, CEP 00000-000, todos pelo Defensor Público firmado *in fine*, da Defensoria Pública do Estado de São Paulo, Regional de Mogi das Cruzes, *onde recebe intimação pessoal* (art. 128, I, LC nº 80/94), vem respeitosamente à presença de Vossa Excelência, não se conformando, *data venia*, com a r. decisão do Meritíssimo Juiz de Direito da Quarta Vara Cível do Foro e Comarca de Mogi das Cruzes-SP, expedida nos autos do processo que lhes move **CTEEP – Companhia de Transmissão de Energia Elétrica Paulista**, da mesma *agravar por instrumento, com pedido liminar*, observando-se o procedimento dos arts. 1.015 a 1.020 do Código de Processo Civil, em conformidade com as inclusas razões.

Para tanto, junta cópia de TODO O PROCESSO, entre outros documentos: petição inicial; procuração *ad judicia* da agravada (**Dr. C. L. e S., OAB/SP 000.000, com escritório na Avenida Paulista, nº 00, 0º andar, cidade de São Paulo-SP, CEP 00000-000**); certidão de propriedade do imóvel objeto do litígio; fotos do local; decisão agravada. Deixa, no entanto, de juntar cópia de mandato outorgado pelos agravantes, vez que estes se encontram assistidos pela Defensoria Pública do Estado que, como se sabe, está dispensada da apresentação de tal documento (art. 16, p. único, Lei nº 1.060/50-LAJ), bem como da certidão de intimação da decisão agravada, vez que esta foi feita pessoalmente na pessoa do subscritor desta, mediante entrega dos autos em carga. Registre-se que os moradores tomaram conhecimento do processo há pouco mais de uma semana (não foram formalmente citados), após visita do Oficial de Justiça, sendo então orientados a procurar a Defensoria Pública que, em nome deles, requereu vista dos autos.

O subscritor da presente declara, sob as penas da lei, que as cópias que formam o presente instrumento conferem com o original (art. 425, IV, CPC).

Requerem a concessão dos benefícios da justiça gratuita, visto que se declaram pobres no sentido jurídico do termo, conforme declarações de pobreza anexas.

Requerem, por fim, seja o presente recurso recebido e regularmente processado.

Termos em que,
p. deferimento.

Mogi das Cruzes/São Paulo, 00 de abril de 0000.

Gediel Claudino de Araujo Júnior
Defensor Público do Estado
(OAB/SP 117.211)

RAZÕES DO RECURSO

Processo nº 000000-00.0000.0.00.0000
Ação de Reintegração de Posse
Quarta Vara Cível do Foro de Mogi das Cruzes-SP
Agravante: C. J. C. e outros
Agravado: CTEEP – Companhia de Transmissão de Energia Elétrica Paulista

Egrégio Tribunal
Colenda Câmara

Dos Fatos:

Em 00 de agosto de 0000, a agravada ajuizou ação de reintegração de posse com pedido liminar asseverando, em apertada síntese, que os agravantes teriam invadido área de servidão da Linha de Transmissão denominada LT 230 Kv São José dos Campos/Mogi das Cruzes. Argumentando, de forma MENTIROSA, que o esbulho aconteceu a menos de um ano e um dia, a recorrida pediu, em liminar, fosse expedido imediato mandado de reintegração de posse.

Recebida a exordial, fls. 118/119, o douto Magistrado de primeiro grau deferiu, *inaudita altera parte*, a medida liminar, que aguarda cumprimento.

Em resumo, estes os fatos.

Da Liminar:

Ab initio, consoante permissivo do inciso I, do art. 1.019 do Código de Processo Civil, **requer-se** seja deferido o efeito ativo ao presente recurso, com escopo de, reformando-se a decisão de primeiro grau, INDEFERIR O PEDIDO DE LIMINAR, recolhendo-se com urgência o mandado de reintegração de posse expedido, suspendendo-se qualquer atividade tendente a retirar os recorrentes, e demais ocupantes, da área até final julgamento do processo. Este pedido se justifica na medida em que a mantença, mesmo que momentânea, da respeitável decisão guerreada trará graves e irreparáveis prejuízos para os recorrentes.

Inegável a presença do ***fumus boni iuris***, visto que a decisão de primeiro grau não considerou a posse longeva dos recorrentes (*ausência de requisito objetivo previsto no art. 561 do CPC, especificamente quanto à data do esbulho*), não considerou as regras que garantem a "proteção integral" a crianças e idosos, não considerou a possibilidade de danos irreparáveis, não impôs a concessionária de serviço público qualquer responsabilidade social por não guardar de forma adequada a "suposta" área *non aedificandi*. Já o ***periculum in mora*** se apresenta na simples percepção de que o cumprimento da liminar deixará desabrigados, *literalmente na rua*, mulheres, crianças e idosos; destruindo os poucos recursos que possuem;

neste particular, note-se que a decisão de primeiro grau não impôs à agravada qualquer ônus social, mesmo havendo entre ocupantes pessoas que lá residem há mais de vinte anos.

Do Mérito:

A r. decisão de primeiro grau que concedeu a liminar, determinando a imediata reintegração da recorrida na área ocupada pelos agravantes, não deve permanecer visto que não representa o melhor direito para o caso.

Ao fundamentar sua decisão, o douto Magistrado *a quo* declarou que para a concessão da medida liminar, segundo o art. 561 do CPC, seria *"necessária a presença da demonstração da posse, esbulho ou turbação, o momento da turbação ou esbulho e a perda da posse ou continuação da posse turbada".*

Data vênia do entendimento do ilustre Juiz, a formalidade da norma referida não é bastante para arrimar decisão sobre a medida liminar em casos que envolvem, como este, toda uma comunidade. Com efeito, o que está em jogo não é o destino de uma pessoa, ou mesmo de uma única família, mas o destino de toda uma comunidade formada por mais de 80 (oitenta) pessoas, muitas delas crianças e idosos.

Em casos assim, o Magistrado deve necessariamente considerar outros aspectos. Deve-se lembrar da norma constitucional que trata do direito a moradia (art. 6º, CF), sabendo-se que a posse exercida há tantos anos pelos recorrentes nada mais é do que um reflexo desta norma; deve ainda atentar-se ao princípio constitucional da dignidade da pessoa humana, esculpido logo no art. 1º, III, da Constituição Federal, visto que a sua decisão pode pôr ao desamparo dezenas de pessoas.

Considerando, como já se disse, que a comunidade é integrada por muitas crianças e pessoas idosas, deve estar atento às normas do Estatuto da Criança e do Adolescente e do Estatuto do Idoso. Com efeito, o art. 18 do ECA normatiza que "é dever de todos velar pela dignidade da criança e do adolescente, pondo-os a salvo de qualquer tratamento desumano, violento, aterrorizante, vexatório ou constrangedor". Ora, <u>nada mais desumano do que despejar, sem qualquer salvaguarda social, a criança e seus pais</u>, como se pretende neste processo.

O princípio da "proteção integral" estabelecido pelo Estatuto da Criança e do Adolescente demanda, exige, que o Magistrado ao tratar de litígios que envolvam crianças e adolescente em situação de risco e/ou desamparo, como no presente caso, tome as medidas necessárias para protegê-las; fato que infelizmente não foi contemplado no presente feito.

A mesma atitude se espera quando o processo envolve pessoas idosas, visto que o Estatuto do Idoso também consagra o princípio da "proteção integral". O art. 10 é claro ao estabelecer que "é obrigação do Estado e da sociedade, assegurar à pessoa idosa a liberdade, o respeito e a dignidade, como pessoa humana e sujeito de direitos civis, políticos, individuais e sociais, garantidos na Constituição e nas leis".

Como se vê, há muito mais a se considerar no presente processo do que os requisitos formais do art. 561 do CPC, contudo mesmo que se considerem apenas as exigências da lei processual, a decisão de primeiro grau se mostra imprópria pelo simples fato de que os recorrentes têm a posse do imóvel objeto da demanda há muitos e muitos anos, sendo que o feito deve seguir o rito ordinário (sem liminar), conforme parágrafo único do art. 558 do CPC.

A agravada mentiu ao declarar que o esbulho ocorreu há menos de ano e dia.

Nesse particular, veja-se que a agravada não apresentou qualquer prova de quando ocorreu o "suposto" esbulho (*não foi lavrado boletim de ocorrência, como normalmente se faz nestas situações*); na verdade, nem poderia, visto que aquela comunidade já existe há mais de vinte anos.

As notificações juntadas aos autos, fls. 96/107, provam apenas a intenção da recorrida de buscar a justiça, não a data do esbulho. No julgamento do agravo de instrumento nº 0189973-57.2012.8.26.0000, em que a recorrida também era parte, o ilustre Desembargador deste Egrégio Tribunal, Dr. Reinaldo Miluzzi, afirmou que a "***notificação em si não é prova segura de que o esbulho tenha ocorrido há menos de ano e dia***". Mais à frente, no mesmo voto, declarou que somente a "***existência de prova inequívoca da data do esbulho***" pode justificar a concessão de liminar.

Tal prova claramente não existe nestes autos.

A presença da comunidade nunca representou qualquer problema para a empresa (*vários de seus prepostos estiveram no local durante os anos*); mesmo porque, como se vê das fotos, muitas casas não estão sequer na área de servidão, razão pela qual o Magistrado de primeiro grau indicou engenheiro para acompanhar o Oficial de Justiça.

Ora, o que mudou então? Por que a recorrida resolveu finalmente ajuizar ação de reintegração de posse? Por que mentiu em sua inicial quanto à data do esbulho a fim de obter a liminar?

Contam os recorrentes, moradores do local, que a agravada tem urgência em passar outra linha de transmissão pelo local, já tendo, inclusive, posto vários marcos (*isso pode ser facilmente comprovado, seja pela própria empresa, seja por perícia técnica no local*); essa nova linha deve, segundo foram informados, passar exatamente sobre as casas dos moradores daquela comunidade; ou seja, ao lado da linha que hoje existe.

Eminentes Julgadores, há muitas questões a serem esclarecidas antes de jogar os moradores à própria sorte.

Não obstante o respeito de que é sabidamente merecedor o ilustre Magistrado de primeiro grau, a concessão da liminar *inaudita altera parte* foi, no mínimo, precipitada; a sua execução trará danos irreversíveis aos recorrentes, atingindo diretamente crianças e pessoas idosas.

Oportuno, neste momento, a citação das palavras do Ilustre **Desembargador Luiz Sergio Fernandes de Souza**, proferidas no julgamento de caso semelhante (ação de reintegração de posse de área de servidão movida também pela CTEEP – Agravo de

Instrumento nº 0287059-62.2011.8.26.0000), *in verbis*: *"necessário lembrar que existem dezenas de famílias instaladas no local, o que demanda cautela na estratégia de desocupação, sob pena de se investir contra direitos e garantias individuais".*

Disse mais, *"necessário, pois, que a concessionária apresente um plano para a desocupação, o que envolve o transporte, esclarecendo acerca da possibilidade de garantir aos ocupantes, que não podem ficar ao desabrigo, uma espécie de aluguel social".*

No presente caso, a concessão da liminar NÃO OBSERVOU QUALQUER CAUTELA, não considerou a posse longeva dos recorrentes, não observou a absoluta falta de provas quanto à data do esbulho, não considerou as regras que garantem a "proteção integral" a crianças e idosos, não considerou a possibilidade de danos irreparáveis, não impôs a concessionária de SERVIÇO PÚBLICO qualquer responsabilidade social por não guardar de forma adequada "suposta" área *non aedificandi*.

Do Pedido:

Ante todo o exposto, requer-se o provimento do presente recurso para o fim de reformar a r. decisão do douto Juízo de primeiro grau, determinando-se que o processamento da ação de reintegração de posse que a agravada move em face dos agravantes ocorra segundo norma do parágrafo único do art. 558 do CPC (*rito comum, sem liminar*), recolhendo-se o mandado de reintegração anteriormente expedido.

Termos em que,
p. deferimento.

Mogi das Cruzes/São Paulo, 00 de abril de 0000.

Gediel Claudino de Araujo Júnior
Defensor Público do Estado
OAB/SP 000.000

7.5 AGRAVO CONTRA DECISÃO QUE DETERMINOU, EM AÇÃO DE INVENTÁRIO, A JUNTADA DE MEMORIAL DESCRITIVO DE IMÓVEL OBJETO DA AÇÃO

7.5.1 Agravo de instrumento

Excelentíssimo Senhor Doutor Desembargador Presidente do Egrégio Tribunal de Justiça do Estado de São Paulo.

    E. B. D., brasileira, viúva, do lar, portadora do RG 00.000.000-SSP/SP e do CPF 000.000.000-00, sem endereço eletrônico, residente e domiciliada na Rua Valentino do Amaral, nº 00, Vila Moraes, cidade de Suzano-SP, CEP 00000-000, por seu Advogado, que esta subscreve (mandato incluso), com escritório na Rua João Vicente Amaral, nº 00, Centro, Mogi das Cruzes-SP, CEP 00000-000, *onde recebe intimações* (e-mail: gediel@gsa.com.br), vem à presença de Vossa Excelência, não se conformando, *data venia*, com a r. decisão da Meritíssima Juíza de Direito Titular da Primeira Vara da Família e das Sucessões do Foro de Suzano-SP, expedida nos autos do processo de inventário dos bens deixados por R. D., da mesma *agravar por instrumento*, *com pedido liminar*, observando-se o procedimento previsto nos arts. 1.015 a 1.020 do Código de Processo Civil, em conformidade com as inclusas razões.

    Para tanto junta cópia dos seguintes documentos: petição inicial, incluindo as primeiras declarações; declaração de pobreza; certidão de óbito; certidão de casamento; certidão de propriedade do imóvel inventariado; decisão agravada; certidão de intimação da decisão agravada; procuração *ad judicia* outorgada pela agravante. Registre-se que o subscritor da presente declara, sob sua responsabilidade pessoal, que todas as cópias que formam o presente instrumento CONFEREM com os originais (art. 425, IV, CPC).

    Requer, ademais, a concessão dos benefícios da justiça gratuita, vez que se declara pobre no sentido jurídico do termo, conforme declaração juntada nos autos principais e reproduzida neste instrumento.

    Requer, por fim, seja o presente recurso recebido e regularmente processado.

Termos em que,
p. deferimento.

São Paulo, 00 de março de 0000.

Gediel Claudino de Araujo Júnior
OAB/SP 000.000

RAZÕES DO RECURSO

Processo nº 00000-00.0000.0.00.0000
Primeira Vara da Família e das Sucessões do Foro de Suzano-SP
Inventário
Agravante: E. B. D.
Agravado: o Juízo

Egrégio Tribunal
Colenda Câmara

Dos Fatos:

Em 00 de dezembro de 0000, a agravante ajuizou ação de inventário dos bens deixados por R. D., falecido, *ab intestato*, no dia 00 de dezembro de 0000.

Com a petição de abertura de inventário apresentou, ainda, as primeiras declarações e o esboço da partilha, juntando toda a documentação pertinente, inclusive, comprovante do recolhimento do imposto *causa mortis*, conforme cálculos elaborados no *site* da fazenda estadual (documentos anexos).

Recebida a inicial, a inventariante foi intimada a prestar compromisso, fls. 00, enviando-se, em seguida, os autos ao partidor.

O partidor manifestou-se requerendo a apresentação de memorial descritivo do único bem inventariado, fls. 00. A inventariante contra-argumentou, asseverando a desnecessidade da juntada do documento requerido.

A douta Magistrada *a quo* determinou, em decisão não fundamentada (art. 11, CPC), que se juntasse o documento pedido pelo partidor.

Em síntese, os fatos.

Da Liminar:

Ab initio, consoante permissivo do inciso I, do art. 1.019, do Código de Processo Civil, requer-se seja deferido efeito suspensivo ao presente recurso, determinando--se à Magistrada de primeiro grau que dê regular prosseguimento ao feito.

Tal pedido se justifica, uma vez que a falta do efeito suspensivo poderá levar o feito principal ao arquivamento, visto a não juntada do documento requerido, o que traria irreparáveis prejuízos à agravante.

Do Mérito:

A decisão da ilustre Magistrada *a quo*, determinando a juntada do memorial descritivo do único bem inventariado, embora respeitável, não deve permanecer, visto que o referido bem já se encontra suficientemente descrito e caracterizado nos autos; vejam-se, a propósito, os documentos de fls. 00, 00 e 00/00.

Sobre a matéria, conveniente citar o art. 620 do Código de Processo Civil, que trata das primeiras declarações, declarando que a inventariante deve fornecer a relação completa e individuada de todos os bens do espólio, declarando, quanto aos imóveis, *in verbis*:

> a) os imóveis, com as suas especificações, nomeadamente local em que se encontram, extensão da área, limites, confrontações, benfeitorias, origem dos títulos, números das matrículas e ônus que os gravam.

Ciente das exigências legais, pede-se vênia para reproduzir a descrição do bem contida no documento de fls. 00, *in verbis*:

> Imóvel: um terreno constituído pelo lote nº 00 da quadra "D" do local denominado Recanto Ouro Fino, situado no perímetro rural deste Município e Comarca de Suzano-SP, assim descrito e caracterizado: faz frente para a Rua Três, onde mede 10,00 metros; pelo lado direito de quem da citada rua olha para o terreno, mede 30,00 metros e confronta com os lotes nº 00, 00, e 00; do lado esquerdo, mede 30,00 metros e confronta com o lote 00; nos fundos, mede 10,00 metros e confronta com José de Tal, encerrando a área total de 300,00 metros quadrados; sendo os lotes confrontantes todos da mesma quadra, estando registrado junto ao Cartório de Registro de Imóveis desta Comarca sob o nº 00.000-0.

Embora se desconheçam as razões que levaram a douta Magistrada de primeiro grau a endossar o pedido do Senhor Partidor, parece extremamente óbvio que a descrição do imóvel constante dos autos é suficiente para atender ao requerido pela legislação processual civil.

Observe-se, ademais, que a partilha, nesse caso, é tão simples que já foi apresentada com as primeiras declarações, fls. 00/00, assim como as folhas de pagamento, fls. 00/00, sendo, então, de estranhar-se até mesmo o envio dos autos ao partidor.

A inventariante apresentou, ademais, com a inicial, todos os documentos necessários para homologação da partilha, inclusive, o comprovante do recolhimento do imposto *causa mortis*.

Em resumo, a exigência exposta na r. decisão impugnada não só não encontra fundamento legal, como se mostra totalmente desnecessária para o bom andamento do feito, razão pela qual precisa ser revista.

Dos Pedidos:

Ante as razões expostas, mais aquelas que este Egrégio Tribunal saberá lançar sobre o tema, requer-se o provimento do presente recurso, determinando-se o prosseguimento do feito, sem a juntada do memorial descritivo do imóvel inventariado, homologando-se a partilha apresentada e expedindo-se o competente formal.

Termos em que,
p. deferimento.

São Paulo, 00 de setembro de 0000.

Gediel Claudino de Araujo Júnior
OAB/SP 000.000

7.5.2 Decisão do tribunal

ACÓRDÃO

Vistos, relatados e discutidos estes autos de AGRAVO DE INSTRUMENTO nº 083.424-4/7-00, da Comarca de SUZANO, em que é agravante **E. B. D.**, inventariante do Espólio de **R. D.**, sendo agravado o JUÍZO.

ACORDAM, em Nona Câmara de Direito Privado do Tribunal de Justiça do Estado de São Paulo, por votação unânime, dar provimento ao recurso, de conformidade com o relatório e voto do Relator, que ficam fazendo parte do acórdão.

Trata-se de agravo de instrumento tirado de processo de inventário e interposto contra a r. decisão reproduzida à fls. 62, que submeteu a realização da partilha à prévia apresentação do memorial descritivo do bem imóvel, único inventariado.

Vieram as informações prestadas pela ilustrada Dra. Juíza, manifestando-se a douta Procuradoria de Justiça pelo provimento do recurso.

DECIDO

Descrito o imóvel na matrícula nº 0.000 do Cartório do Registro de Imóveis da Comarca de Suzano (fls. 26/28), efetivamente dispensável afigura-se a apresentação de memorial descritivo, aliás nem sequer justificada na informação de fls. 59 (47 dos autos principais).

Havendo elementos suficientes para a realização da partilha e não exigida por lei a apresentação do referido memorial, a r. decisão impugnada, *data venia*, comporta alteração.

Ante o exposto, dá-se provimento ao recurso.

O julgamento teve a participação dos Desembargadores **R. O.** (Presidente, sem voto), **T. S.** e **F. N.**

P. M. (Relator)

7.6 AGRAVO CONTRA DECISÃO QUE DETERMINOU, EM AÇÃO DE INVENTÁRIO, A SUSPENSÃO DO PROCESSO

7.6.1 Agravo de instrumento

Excelentíssimo Senhor Doutor Desembargador Presidente do Egrégio Tribunal de Justiça do Estado de São Paulo.

P. R. de F., brasileira, menor impúbere, representada por sua genitora S. A. R., brasileira, solteira, do lar, portadora do RG 00.000.000-SSP/SP e do CPF 000.000.000-00, sem endereço eletrônico, residente e domiciliada na Rua Bela Vista, nº 00, Jardim Primavera, cidade de Suzano-SP, CEP 00000-000, por seu Advogado, que esta subscreve, mandato incluso, vem respeitosamente à presença de Vossa Excelência, não se conformando, *data venia*, com a r. decisão do Meritíssimo Juiz da Terceira Vara da Família e das Sucessões do Foro de Suzano-SP, expedida nos autos do processo de inventário dos bens deixados por H. de A. F., da mesma **agravar por instrumento**, *com pedido liminar*, observando-se o rito previsto nos arts. 1.015 a 1.020 do Código de Processo Civil, em conformidade com as inclusas razões.

Para tanto, junta cópia dos seguintes documentos: petição inicial; procuração *ad judicia*; declaração de necessidade; certidão de óbito; certidão de nascimento; certidão de casamento; mandado de citação; impugnação do ex-cônjuge do *de cujus*; manifestação do Ministério Público; decisão agravada; certidão de intimação da decisão agravada. Registre-se que o subscritor da presente declara, sob sua responsabilidade pessoal, que todas as cópias que formam o presente instrumento CONFEREM com os originais (art. 425, IV, CPC).

Conforme procuração que se copia, a agravada deve ser intimada na pessoa de seu procurador (Dr. F. R., OAB/SP 000.00, com escritório na Rua Joaquim de Mello, nº 00, sala 00, Centro, cidade de Mogi das Cruzes-SP, CEP 00000-000).

Requer, ademais, a concessão dos benefícios da justiça gratuita, vez que se declara pobre no sentido jurídico do termo, conforme declaração juntada nos autos principais e reproduzida neste instrumento.

Requer, por fim, seja o presente recurso recebido e regularmente processado.

Termos em que,
p. deferimento.

Suzano/São Paulo, 00 de janeiro de 0000.

Gediel Claudino de Araujo Júnior
OAB/SP 000.000

RAZÕES DO RECURSO

Processo nº 00000-00.0000.0.00.0000
Ação de Inventário
Terceira Vara da Família e das Sucessões do Foro de Suzano-SP.
Agravante: P. R. de F.
Agravada: L. A. de A.

Egrégio Tribunal
Colenda Câmara

Dos Fatos:

Em 00 de março de 0000, a agravante requereu a abertura de inventário dos bens deixados pelo seu pai, Senhor **H. de A. F.**, falecido, *ab intestato*, em 00 de dezembro de 0000.

Nas primeiras declarações, a agravante informou que o único bem deixado pelo *de cujus*, um imóvel, estava na posse de sua ex-mulher, requerendo, então, sua citação, com escopo de que trouxesse aos autos os documentos do referido bem.

A ex-mulher do falecido não só trouxe os documentos requeridos, que confirmaram a existência do bem e sua propriedade, como impugnou o direito da filha herdeira, alegando, em síntese, que o falecido havia aberto mão de sua parte no referido bem.

O Ministério Público manifestou-se requerendo a exclusão da ex-mulher do inventário, visto que lhe faltaria interesse na sucessão do *de cujus*, sendo que eventuais pendências obrigacionais deveriam ser decididas pelas vias ordinárias.

Em seguida, o ilustre Magistrado *a quo* determinou a suspensão do feito até que as partes resolvessem suas pendências nas vias ordinárias.

Em síntese, os fatos.

Da Liminar:

Ab initio, consoante permissivo do inciso I, do art. 1.019, do Código de Processo Civil, requer-se seja deferido o efeito suspensivo ao presente recurso, determinando-se ao douto Juízo *a quo* que dê prosseguimento ao feito.

Tal pedido se justifica, visto que a menor é a única herdeira do falecido e, ainda, considerando que estando o bem na posse exclusiva da ex-mulher, a demora trará inaceitável prejuízo à agravante.

Do Mérito:

A decisão do Magistrado *a quo*, que suspendeu o inventário, embora respeitável, não deve permanecer.

Consoante documentos juntados nos autos, o falecido, juntamente com sua ex-mulher, era proprietário do imóvel descrito no item quatro das primeiras declarações.

Tal fato é indubitável. No entanto sua ex-mulher, nos autos do inventário, impugnou a propriedade do referido bem, alegando que o falecido concordara, em vida, em lhe transmitir toda a propriedade do imóvel que possuíam.

Juntou, inclusive, um documento, com firma reconhecida, em que o *de cujus* desistia de sua parte no imóvel.

Entretanto a ex-mulher escolheu a maneira errada para fazer valer os seus direitos, visto que as questões mencionadas são, na realidade, estranhas ao feito de inventário.

Em outras palavras, não cabe nestes autos de inventário questionar-se a validade, ou não, do documento em que o falecido desiste de sua parte no imóvel, *id est*, mesmo que tal documento tivesse valor legal, o inventário seria necessário.

Afinal de que outro modo se poderia regularizar a situação do imóvel?

O ilustre Promotor de Justiça, oficiante no primeiro grau, manifestou-se sobre o assunto com grande lucidez, *in verbis*:

> A ex-mulher do *de cujus* não é interessada, em razão de sucessão, no presente inventário, pelo que, havendo pendências de ordem obrigacional, deverão ser solucionadas pelas vias próprias, *com sua exclusão do presente expediente*.

Como comentado pelo douto Promotor de Justiça, o Magistrado *a quo* deveria ter excluído do inventário a ex-mulher, que, querendo, deveria buscar os meios próprios para fazer valer eventuais direitos que possua sobre o imóvel, acionando, inclusive, a única herdeira do falecido.

O que não poderia fazer, como fez, foi determinar a suspensão do feito. Tal decisão afronta direito da herdeira de ver o inventário de seu falecido pai concluído.

A herdeira, ora agravante, não tem interesse em discutir seja lá o que for com a ex-mulher do *de cujus*, neste feito ou em outro qualquer, quer, isto sim, ver o inventário finalizado, a fim de que possa, então, buscar seus direitos.

A r. decisão agravada remete as partes às vias próprias. No entanto sem a conclusão do inventário, que legitimidade, ou interesse, teria a filha do falecido? Afinal, seu direito advém, como é cediço, da morte do autor da herança.

Somente a conclusão do inventário dará à herdeira, filha do *de cujus*, a possibilidade e legitimidade para buscar o que é seu.

Note-se que a herdeira, no momento, não tem nenhum outro caminho ou interesse. A suspensão do inventário determinada pelo Magistrado *a quo* representa, de fato e de direito, um beco sem saída.

Dos Pedidos:

Ante as *razões expostas*, e mais por aquelas que este Egrégio Tribunal saberá lançar sobre o tema, requer o provimento do presente recurso, determinando-se o prosseguimento do inventário até ao seu final, excluindo-se, outrossim, a ex-mulher por evidente falta de interesse neste.

Termos em que,
p. deferimento.

Suzano/São Paulo, 00 de janeiro de 0000.

Gediel Claudino de Araujo Júnior
OAB/SP 000.000

7.6.2 Decisão do tribunal

ACÓRDÃO

Vistos, relatados e discutidos estes autos de AGRAVO DE INSTRUMENTO nº 056.225.4/6, da Comarca de SUZANO, em que é agravante **P. R. de F.**, menor, representada por sua mãe, sendo agravada **L. A. de A.**:

ACORDAM, em Terceira Câmara de Direito Privado do Tribunal de Justiça do Estado de São Paulo, por votação unânime, dar provimento ao recurso.

Trata-se de agravo de instrumento interposto por **"P"** contra a r. decisão retratada a fls. 39v., que, nos autos do inventário de **H de A. F.**, determinou a suspensão da tramitação do inventário, até que solucionado, pelas vias próprias, a questão concernente ao único bem imóvel inventariado, que, também, é disputado pela agravada, **L. A. de A.**

Irresignada, pleiteia a agravante a reforma da sobredita r. decisão, alegando, para tanto, que o processo há de retomar o seu curso, enquanto a questão da propriedade do imóvel é discutida em sede própria.

Recebido o recurso para processamento com efeito suspensivo, o MM. Juiz da causa, oficiado, prestou as informações de fls. 58/60.

A agravada, intimada, respondeu ao recurso, a fls. 122/125.

A I. Procuradoria Geral da Justiça, pelo parecer de fls. 145/146, opinou pelo provimento.

É o relatório.

Prospera a irresignação, preservado embora o respeito ao convencimento do ilustre prolator da r. decisão hostilizada.

Com efeito, o inventário deve prosseguir, até a fase correspondente à partilha de bens, sem prejuízo da tramitação, em sede própria, da ação que tem por objeto a disputa da propriedade do único bem imóvel inventariado, como bem observado no parecer ministerial de fls. 145/146, pois, em realidade, norma alguma há determinando a suspensão do processo de inventário, enquanto tramita ação com aquela finalidade.

Do exposto, dá-se provimento ao agravo de instrumento.

Participaram do julgamento os Desembargadores F. P. (Presidente) e M. F.

A. M. (Relator)

7.7 AGRAVO CONTRA DECISÃO QUE DETERMINOU, EM AÇÃO DE INVENTÁRIO, O RECOLHIMENTO DO IMPOSTO *CAUSA MORTIS* (OS HERDEIROS RECEBERAM APENAS A POSSE DO BEM INVENTARIADO)

7.7.1 Agravo de instrumento

Excelentíssimo Senhor Doutor Desembargador Presidente do Egrégio Tribunal de Justiça do Estado de São Paulo.

F. P. C., brasileira, viúva, do lar, portadora do RG 00.000.000-SSP/SP e do CPF 000.000.000-00, sem endereço eletrônico, residente e domiciliada na Rua Pestaloze, nº 00, Mogi Moderno, cidade de Mogi das Cruzes-SP, CEP 00000-000, por seu Advogado, que esta subscreve (mandato incluso), com escritório na Rua João Vicente Amaral, nº 00, Centro, Mogi das Cruzes-SP, CEP 00000-000, *onde recebe intimações* (e-mail: gediel@gsa.com.br), vem respeitosamente à presença de Vossa Excelência, não se conformando, *data venia*, com a r. decisão do **Meritíssimo Juízo da Segunda Vara da Família e das Sucessões do Foro de Mogi das Cruzes-SP**, expedida nos autos do processo de inventário dos bens deixados por A. A. C., da mesma *agravar por instrumento, com pedido liminar*, observando-se o procedimento previsto nos arts. 1.015 a 1.020 do Código de Processo Civil, em conformidade com as inclusas razões.

Para tanto, junta cópia dos seguintes documentos: petição inicial; declaração de pobreza; certidão de óbito; contrato particular de compromisso de venda e compra; decisão agravada; certidão de intimação da decisão; procuração *ad judicia*. Registre-se que o subscritor da presente declara, sob sua responsabilidade pessoal, que todas as cópias que formam o presente instrumento CONFEREM com os originais (art. 425, IV, CPC).

Requer, ademais, a concessão dos benefícios da justiça gratuita, vez que se declara pobre no sentido jurídico do termo, conforme declaração juntada nos autos principais e reproduzida neste instrumento.

Requer, por fim, seja o presente recurso recebido e regularmente processado.

Termos em que,
p. deferimento.

Mogi das Cruzes/São Paulo, 00 de novembro de 0000.

Gediel Claudino de Araujo Júnior
OAB/SP 000.000

RAZÕES DO RECURSO

Processo nº 00000-00.0000.0.00.0000
Ação de Inventário, na forma de arrolamento
Segunda Vara da Família e das Sucessões do Foro de Mogi das Cruzes-SP
Agravante: F. P. C.
Agravado: o Juízo

Egrégio Tribunal
Colenda Câmara

Dos Fatos:

Em 00 de novembro de 0000, a agravante requereu a abertura de inventário dos bens deixados pelo seu marido, Senhor A. A. C., falecido, *ab intestato*, em 00 de junho de 0000, apresentando, anexo, as primeiras declarações.

Recebida a inicial, determinou-se a citação dos herdeiros, que, finalmente, concordaram com as primeiras declarações e a proposta de partilha, requerendo sua homologação.

Antes de apreciar o pedido de homologação da partilha, o ilustre Magistrado *a quo* determinou que se providenciasse o recolhimento do imposto *causa mortis*, ao que respondeu a agravante informando que naquele caso o referido imposto não seria devido, em razão de que não houvera transmissão do domínio de bens imóveis.

Após abrir vista para a Fazenda do Estado, que se manifestou no sentido de que o imposto *causa mortis* era devido, o Magistrado determinou que fosse providenciado seu recolhimento, ignorando os argumentos da agravante.

Em síntese, os fatos.

Da Liminar:

Ab initio, consoante permissivo do inciso I, do art. 1.019, do Código de Processo Civil, requer-se seja deferido o efeito suspensivo ao presente recurso, com escopo de que seja determinado ao douto Juízo *a quo* que suspenda o andamento do feito até que seja decidido o mérito do presente recurso.

Tal pedido se justifica, vez que a inércia da inventariante nos autos do processo de inventário poderia levar ao seu arquivamento, trazendo maiores prejuízos às partes envolvidas.

Do Mérito:

Embora o ilustre Magistrado *a quo* não tenha expressamente contrariado a argumentação apresentada pela agravante, no sentido de que não seria devido o ITBI *causa mortis*, sua decisão que determina o recolhimento do imposto aponta no sentido de que não concordaria com as razões da inventariante, o que demanda o presente recurso.

Com escopo de apresentar adequadamente a matéria para este Egrégio Tribunal, é necessário, inicialmente, responder a seguinte questão: qual é o fato gerador do ITBI *causa mortis*?

Com este desiderato, pede-se vênia para citar o Código Tributário Nacional, que declara, *in verbis*:

> **Art. 35.** O imposto, de competência dos Estados, sobre a transmissão de bens imóveis e de direitos a eles relativos tem como fato gerador:
>
> I – a transmissão, a qualquer título, da propriedade ou do domínio útil de bens imóveis por natureza ou por acessão física, como definidos na lei civil;
>
> II – a transmissão, a qualquer título, de direitos reais sobre imóveis, exceto os direitos reais de garantia;
>
> III – a cessão de direitos relativos às transmissões referidas nos incisos I e II.
>
> Parágrafo único. Nas transmissões *causa mortis*, ocorrem tantos fatos geradores distintos quantos sejam os herdeiros ou legatários.

O mestre Cláudio Camargo Fabretti, comentando os mencionados artigos do CTN, conclui, *in verbis*:

> O fato gerador é a transmissão, a qualquer título, de propriedade ou do domínio útil de bens imóveis, por natureza ou acessão física definido na lei civil (p. 30).

Sabendo-se, ademais, que a Constituição Federal de 1988, art. 155, inciso I, limitou a competência dos Estados, temos que o fato gerador do ITBI, *causa mortis*, é a "transmissão" da propriedade e de eventuais direitos reais. Neste sentido já decidiu o STJ, *in verbis*:

> Pela abertura da sucessão, ocorrendo a transmissão do domínio e posse dos bens do *de cujus* aos herdeiros legítimos ou testamentários, desde logo, com o óbito e no dia deste, define-se o fato gerador do imposto de transmissão dos bens imóveis ITBI (art. 1.572, Código Civil) (STJ-REsp 5.118-MG, *DJ* 20-2-95, p. 3350, Rel. Min. Milton Luiz Pereira, Primeira Turma, v. u.).

Delimitado o fato gerador do ITBI *causa mortis* e sabendo-se que ninguém pode transferir mais direitos do que tem, a próxima questão que se apresenta é saber-se qual é a natureza dos direitos deixados pelo *de cujus* sobre o imóvel descrito nas primeiras declarações, item 4 (quatro).

Ab initio, pode-se asseverar que o *de cujus* "não era proprietário" do imóvel indicado, vez que, segundo o Código Civil, art. 1.245, só quem tem seu título regularmente transcrito no cartório de imóveis competente é *dominus*. Sobre o tema, o insigne mestre Washington de Barros Monteiro informa, *in verbis*:

> Por isso mesmo, adquirente que não transcreve seu título não é *dominus*, não podendo, de tal arte, propor ação de reivindicação (*Curso de direito civil:* direito das coisas. 31. ed. São Paulo: Saraiva, 1994, p. 109. 3. v.).

Na verdade, nem mesmo título competente para transferir a propriedade possuía o *de cujus*, vez que os documentos juntados aos autos de inventário são tão somente "promessas de cessão de direitos", que, como facilmente se observa, não geram nenhum direito real, quando muito um direito pessoal, conforme declara Washington, na já citada obra, *in verbis*:

> O título translativo cria apenas direitos pessoais entre as partes contratantes (p. 109).

Em outras palavras, o *de cujus* não deixou para seus herdeiros nem a propriedade do imóvel indicado, nem eventual direito real ligado ao mesmo imóvel (art. 1.225, CC). Sabendo-se que é justamente a "transmissão" da propriedade, ou de direitos reais ligados ao imóvel, que gera o crédito tributário, fica fácil concluir-se, como fez a inventariante, que neste caso "não é devido o ITBI *causa mortis*".

Futuramente, concluído o inventário, os herdeiros deverão buscar a regularização da propriedade do imóvel, ajuizando a ação que entenderem seja competente para tanto. Naquela oportunidade, quando finalmente conseguirem a transmissão da propriedade, provavelmente através de uma ação de usucapião ou de obrigação de fazer, os herdeiros providenciarão o recolhimento do imposto de transmissão competente.

Exigir-se, como fez o douto Magistrado *a quo*, que façam neste momento o recolhimento do ITBI *causa mortis* não só contraria a lei, vez que não houve a transmissão do domínio, fato gerador do imposto, como obrigará os herdeiros a fazer novo pagamento no futuro, quando finalmente alcançarem a propriedade.

O novo Código de Processo Civil aponta ainda outra razão para a revisão da decisão impugnada, *in verbis*:

> Art. 662. *No arrolamento, não serão conhecidas ou apreciadas questões relativas ao lançamento, ao pagamento ou à quitação de taxas judiciárias e de tributos incidentes sobre a transmissão da propriedade dos bens do espólio. § 1º A taxa judiciária, se devida, será calculada com base no valor*

atribuído pelos herdeiros, cabendo ao fisco, se apurar em processo administrativo valor diverso do estimado, exigir a eventual diferença pelos meios adequados ao lançamento de créditos tributários em geral. § 2º O imposto de transmissão será objeto de lançamento administrativo, conforme dispuser a legislação tributária, não ficando as autoridades fazendárias adstritas aos valores dos bens do espólio atribuídos pelos herdeiros.

Como se vê do texto legal, não cabe ao Magistrado apreciar, ou conhecer, questões relativas ao eventual lançamento e ou pagamento de tributos; no caso, se a Fazenda entende de fato que há necessidade de pagamento de tributo, deve tomar as providências necessárias no âmbito administrativo próprio.

Dos Pedidos:

Ante as razões expostas, e mais por aquelas que este Egrégio Tribunal saberá lançar sobre o tema, requer-se o provimento do presente recurso, determinando-se ao Magistrado *a quo* que dê regular prosseguimento ao processo, homologando-se a partilha constante dos autos e determinando-se a expedição do competente formal de partilha, independentemente do recolhimento do imposto *causa mortis*, que, neste caso, não é devido e/ou não deve ser objeto de apreciação.

Termos em que,
p. deferimento.

Mogi das Cruzes/São Paulo, 00 de novembro de 0000.

Gediel Claudino de Araujo Júnior
OAB/SP 000.000

7.7.2 Decisão do Tribunal

Agravo de Instrumento nº 141.381-4
Comarca de Mogi das Cruzes – SP
Agravante: F. P. C.
Agravado: Fazenda do Estado de São Paulo

EMENTA

Inventário – Exigência de prévio recolhimento do ITBI ao julgamento da partilha (arts. 1.026, do Código de Processo Civil[1], e 192, do Código Tributário Nacional) – Espécie fática em que, porém, o autor da herança não tinha domínio, nem direito real, suscetível de transmitir aos herdeiros, com a abertura da sucessão – Direitos transmitidos, de natureza meramente obrigacional ou possessória – Não configuração de hipótese de incidência do tributo em causa – Agravo Provido.

ACÓRDÃO

Vistos, relatados e discutidos estes autos de AGRAVO DE INSTRUMENTO nº 141.381-4/1, da Comarca de MOGI DAS CRUZES, em que é agravante F.P.C, inventariante do espólio de A.A.C., sendo agravada FAZENDA DO ESTADO.

ACORDAM, em Décima Câmara de Direito Privado do Tribunal de Justiça do Estado de São Paulo, por votação unânime, dar provimento ao recurso, de conformidade com o relatório e voto do Relator, que ficam fazendo parte do acórdão.

O julgamento teve a participação dos Desembargadores R. C. (Presidente) e S. J.

Q. B. (Relator)

VOTO

É agravo, tirado dos autos de inventário, manifestada a insurgência contra exigido o recolhimento do ITBI *causa mortis*, previamente à partilha; a agravante preconiza não ser devido o tributo, na espécie, quando deixou o *de cujus*, com relação ao único imóvel relacionado, nas declarações da inventariante, somente direitos decorrentes de "promessa de cessão parcial de compromisso", ou seja, não deixou a seus herdeiros, nem a propriedade, nem eventual direito real, com alusão àquele bem, situação fática excludente da hipótese de incidência do imposto em debate (fls. 2/9).

---

[1] Corresponde ao art. 654 do CPC/15.

Concedido efeito suspensivo ao recurso (fls. 39), prestou informações o MM. Juiz (fls. 50/52), silenciando a Fazenda do Estado, embora intimada para responder (fls. 39, item 3, e 50).

É o relatório.

Subsistente o inconformismo, *data venia*.

Com efeito, nada obstante respeitável o posicionamento encampado pelas informações, cuja motivação supre a falta notada no conteúdo do ato recorrido (fls. 31), sucede, na espécie, que, efetivamente, com alusão ao imóvel único, declarado no inventário, portava o autor da herança não mais que direitos advindos de intitulada "promessa de cessão parcial de compromisso" (fls. 20/23), conforme instrumento particular não registrado e, ademais, de improvável admissão no fólio real, ao que se depreende, à primeira vista, de seu teor, na medida em que nada indica tenham os cedentes realizado, com vista à negociação de lotes, num denominado "Jardim Camila", regular parcelamento do solo urbano, relativamente à gleba maior, de que se diziam titulares, conhecida como "Sítio Três Cruzes".

Não se afigura, pois, desarrazoado, nem pessimista em demasia, o prognóstico da agravante, no sentido de que os herdeiros, uma vez concluído o inventário, ainda precisarão "buscar a regularização da propriedade do imóvel, ajuizando a ação que entenderem seja competente para tanto" (fls. 8), quiçá a de usucapião, o que significa que não teriam a si conferido o domínio, ainda quando realizada a partilha, porque, em suma, não o portava o autor da herança e, bem por isso, não tinha como transmiti-lo.

É verdade que, uma vez aberta a sucessão, o domínio e a posse da herança transmitem-se, desde logo, aos herdeiros (art. 1.572, do Código Civil), ocorrendo, porém, na espécie, que somente a posse do bem se transmitiu, isso não bastando à configuração de quaisquer das hipóteses de incidência do ITBI, exigentes da transmissão da propriedade, do domínio útil, ou de direito real, que não de garantia, sobre imóveis, ou, ainda, das respectivas cessões (arts. 155, I, da Constituição Federal, e 35, do Código Tributário Nacional).

Em situação parelha, já decidiu a E. Sexta Câmara de Direito Privado, que "em se tratando de direitos possessórios é ilegítima a exigência de recolhimento do imposto *causa mortis*", inclusive a pretexto de aperfeiçoar requisito prévio para homologação da partilha, sem embargo do que estatuem os arts. 1.026, do CPC/1973,[2] e 192, do CTN; pois, afinal, "a posse de imóvel é o exercício de um poder de fato que corresponde apenas a uma das faculdades inerentes ao domínio, com este não se equiparando e nem se confundindo. O possuidor não tem título ou força jurídica para transmitir o domínio do imóvel. A sucessão não implica, portanto, transferência do domínio, nem transmissão ou cessão de direito real sobre coisa alheia. Logo, não incide o imposto sobre transmissão *causa mortis*" (Agravo nº 88.108-4, de Jundiaí, Rel. Desembargador Testa Marchi, 20-8-98, v.u., *JTJ* 210/202-2-3).

Diante do exposto, dou provimento ao agravo.

Q. B. (Relator)

---

[2] Art. 654, CPC/2015.

7.8 AGRAVO CONTRA DECISÃO QUE DETERMINOU, EM AÇÃO DE OBRIGAÇÃO DE FAZER, A INCLUSÃO DO ESTADO DE SÃO PAULO NO POLO PASSIVO (CHAMAMENTO AO PROCESSO)

Excelentíssimo Doutor Desembargador Presidente do Egrégio Tribunal de Justiça do Estado de São Paulo.

M. A. da S., brasileira, solteira, aposentada, portadora do RG 0.000.000-SSP/SP e do CPF 000.000.000-00, residente e domiciliado na Rua Manoel Joaquim Ferreira, nº 00, fundos, Jardim Juliana, cidade de Mogi das Cruzes – SP, CEP 00000-000, por seu Advogado, que esta subscreve (mandato incluso), com escritório na Rua João Vicente Amaral, nº 00, Centro, Mogi das Cruzes-SP, CEP 00000-000, *onde recebe intimações* (e-mail: gediel@gsa.com.br), vem respeitosamente à presença de Vossa Excelência, não se conformando, *data venia*, com a r. decisão do Meritíssimo Juiz de Direito da Vara da Fazenda Pública do Foro de Mogi das Cruzes-SP, expedida nos autos do processo que move em face do **Município de Mogi das Cruzes**, da mesma *agravar por instrumento, com pedido liminar*, observando-se o procedimento previsto nos arts. 1.015 a 1.020 do Código de Processo Civil, em conformidade com as inclusas razões.

Para tanto, junta cópia de TODO O PROCESSO de primeiro grau (petição inicial; procuração *ad judicia*; documentos pessoais; declaração de pobreza; decisão agravada; certidão de intimação). Registre-se que o subscritor da presente declara, sob as penas da lei, que as cópias que formam o presente instrumento conferem com o original (art. 425, IV, CPC).

A intimação do agravado deve ser feita na pessoa do Procurador Jurídico do Município, Dr. L. S., OAB/SP 000.000, no Centro Cívico, situado na Avenida Vereador Narciso Yague Guimarães, nº 00, Mogi das Cruzes – SP, CEP 00000-000.

Requer a concessão dos benefícios da justiça gratuita, por ser pessoa pobre na acepção legal do termo, conforme declaração de pobreza já juntada aos autos principais e reproduzida neste instrumento.

Requer, por fim, seja o presente recurso recebido e regularmente processado.

Termos em que,
p. deferimento.

Mogi das Cruzes/São Paulo, 00 de dezembro de 0000.

Gediel Claudino de Araujo Júnior
OAB/SP 000.000

RAZÕES DO RECURSO

Processo nº 0000000-00.0000.0.00.0000
Ação de Obrigação de Fazer
Vara da Fazenda Pública do Foro de Mogi das Cruzes – SP
Agravante: M. A. da S.
Agravado: Prefeitura de Mogi das Cruzes/o Juízo

Egrégio Tribunal
Colenda Câmara

Dos Fatos:

Em 00 de dezembro de 0000, a agravante ajuizou ação de obrigação de fazer cumulada com preceito cominatório em face do Município de Mogi das Cruzes, asseverando, em apertada síntese, que era portadora de doença auditiva e que não possuía condições financeiras para adquirir aparelho auditivo necessário para seu tratamento de saúde; impossibilitada, como se disse, de comprar o aparelho auditivo fez requerimento administrativo junto ao Município de Mogi das Cruzes, onde reside. Após aguardar por meses, a recorrente recebeu resposta negativa. Inconformada, a paciente buscou a tutela jurisdicional requerendo fosse, em liminar, o Município obrigado a lhe fornecer o aparelho necessário ao seu tratamento.

Recebida a exordial, o douto Magistrado deferiu o pedido de tutela provisória de urgência, determinando, em seguida, a citação do recorrido.

Citado, o agravado apresentou contestação com preliminares, entre elas apresentou pedido de chamamento ao processo do Estado de São Paulo, com escopo de que este também ocupasse o polo passivo da ação. Intimada, a ré respondeu.

Conclusos os autos para o saneamento, o douto Juiz de primeiro grau acatou o pedido de chamamento ao processo, determinando que se providenciasse o necessário para a sua citação.

Em resumo, estes os fatos.

Da Liminar:

Ab initio, consoante permissivo do inciso I, do art. 1.019 do Código de Processo Civil, **_requer-se_** seja deferido o efeito suspensivo ao presente recurso, determinando-se o prosseguimento do feito apenas contra o Município de Mogi das Cruzes. Este pedido se justifica na medida em que a mantença, mesmo que momentânea, da respeitável decisão guerreada, implicará sérios prejuízos para a recorrente.

Inegável a presença do *fumus boni juris*, em razão das reiteradas decisões deste Egrégio Tribunal sobre o tema, sempre no sentido de reconhecer a solidariedade entre os entes públicos quanto a este tipo de obrigação (fornecer ao cidadão os meios necessários ao seu tratamento de saúde); já o *periculum in mora* se apresenta na simples percepção de que a paralisação do feito, com escopo de buscar a citação do Estado de São Paulo, trará irreparáveis prejuízos à saúde do paciente, que aguarda com ansiedade o deslinde do feito.

Do Mérito:

A respeitável decisão guerreada não pode permanecer. Ao fundamentá-la, o douto Magistrado de primeiro grau argumentou que a Fazenda do Estado apresenta melhores condições de ordem financeira e administrava para o atendimento, mostrando preocupação com as consequências da multiplicação das ações em face do município.

Não obstante as preocupações do ilustre Juiz de primeiro grau, doutrina e jurisprudência já estabeleceram há muito tempo que existe inafastável "solidariedade" entre os entes públicos (União, Estado e Município) quanto às obrigações envolvendo o fornecimento de medicamentos e insumos terapêuticos.

Embora o tema, como se disse, não levante mais discussões, pede-se vênia para mencionar a seguinte ementa sobre o tema:

> O direito constitucional à saúde faculta ao cidadão obter de qualquer dos Estados da federação (ou Distrito Federal) os medicamentos de que necessite, sendo dispensável o chamamento ao processo os demais entes públicos não demandados. Desse modo, fica claro o entendimento de que a responsabilidade em matéria de saúde, aqui traduzida pela distribuição gratuita de medicamentos em favor de pessoas carentes, é dever do Estado, compreendidos aí todos os entes federativos (STJ, AgInt no REsp 1710679/MG, Ministro Herman Benjamin, T2 – Segunda Turma, *DJe* 05/11/2019).

Diante desta declarada solidariedade o cidadão é livre para buscar em face de qualquer dos entes públicos os medicamentos e insumos terapêuticos de que necessita, segundo orientação médica.

<u>Tratando-se de pessoa carente, idosa e doente é mais do que natural, mais do que compreensível que procure a Prefeitura Municipal, de local onde vive, onde paga seus impostos</u>, mesmo porque o Estado de São Paulo não mantém, de propósito, qualquer tipo de escritório na cidade de Mogi das Cruzes.

Exigir do cidadão pobre, doente e sem recursos, que se desloque da sua cidade a fim de buscar em uma desconhecida repartição pública do Estado os meios necessários ao seu tratamento de saúde é o mesmo que lhe negar atendimento; é o mesmo que ficar indiferente ao seu sofrimento e dor; é o mesmo que tornar a norma constitucional letra morta.

O ilustre Juiz de primeiro grau mostrou preocupação com a multiplicação das ações, com as dificuldades do Município de Mogi das Cruzes, mas pareceu menos preocupado com a situação da agravante; mulher, pobre, idosa, sem recursos e sem os meios necessários ao seu tratamento de saúde.

Segundo firme e longeva jurisprudência, sua preocupação, *data venia*, deveria ser outra, *in verbis*:

> O direito público subjetivo à saúde representa prerrogativa jurídica indisponível assegurada à generalidade das pessoas pela própria Constituição da República (art. 196). Traduz bem jurídico constitucionalmente tutelado, por cuja integridade deve velar, de maneira responsável, o Poder Público, a quem incumbe formular – e implementar – políticas sociais e econômicas idôneas que visem a garantir, aos cidadãos, inclusive àqueles portadores do vírus HIV, o acesso universal e igualitário à assistência farmacêutica e médico-hospitalar. O direito à saúde – além de qualificar-se como direito fundamental que assiste a todas as pessoas – representa consequência constitucional indissociável do direito à vida. O Poder Público, qualquer que seja a esfera institucional de sua atuação no plano da organização federativa brasileira, não pode mostrar-se indiferente ao problema da saúde da população, sob pena de incidir, ainda que por censurável omissão, em grave comportamento inconstitucional. A interpretação da norma programática não pode transformá-la em promessa constitucional inconsequente. O caráter programático da regra inscrita no art. 196 da Carta Política – que tem por destinatários todos os entes políticos que compõem, no plano institucional, a organização federativa do Estado brasileiro – não pode converter-se em promessa constitucional inconsequente, sob pena de o Poder Público, fraudando justas expectativas nele depositadas pela coletividade, substituir, de maneira ilegítima, o cumprimento de seu impostergável dever, por um gesto irresponsável de infidelidade governamental ao que determina a própria Lei Fundamental do Estado. (...). O reconhecimento judicial da validade jurídica de programas de distribuição gratuita de medicamentos a pessoas carentes, inclusive àquelas portadoras do vírus HIV/AIDS, dá efetividade a preceitos fundamentais da Constituição da República (arts. 5º, *caput*, e 196) e representa, na concreção do seu alcance, um gesto reverente e solidário de apreço à vida e à saúde das pessoas, especialmente daquelas que nada têm e nada possuem, a não ser a consciência de sua própria humanidade e de sua essencial dignidade." (STF, RE 271.286-AgR, Rel. Min. Celso de Mello, *DJ* 24/11/00).

Do Pedido:

Ante todo o exposto, requer-se o provimento do presente recurso para o fim de determinar o prosseguimento do feito apenas contra o réu, afastando-se o pedido de chamamento ao processo do Estado de São Paulo.

Termos em que,
p. deferimento.

Mogi das Cruzes/São Paulo, 00 de dezembro de 0000.

Gediel Claudino de Araujo Júnior
OAB/SP 000.00

7.9 AGRAVO CONTRA DECISÃO QUE DETERMINOU, EM CUMPRIMENTO DE SENTENÇA, O BLOQUEIO DE CONTA SALÁRIO DO EXECUTADO

7.9.1 Agravo de instrumento

Excelentíssimo Senhor Doutor Desembargador Presidente do Egrégio Tribunal de Justiça do Estado de São Paulo.

G. C. de A., brasileiro, aposentado, casado, portador do RG 00.000.000-SSP/SP e do CPF 000.000.000-00, titular do e-mail gca@gsa.com.br, residente e domiciliado na Rua Paulino Ayres de Barro, nº 00, Jardim Marcatto, cidade de Suzano-SP, CEP 00000-000, por seu Advogado (mandato incluso), com escritório na Avenida Voluntário Fernando Franco, nº 00, Centro, Mogi das Cruzes-SP, CEP 00000-000, *onde recebe intimações* (e-mail: gediel@gsa.com.br), vem respeitosamente à presença de Vossa Excelência, não se conformando, *data venia*, com a respeitável decisão do Meritíssimo Juiz de Direito da Segunda Vara Cível do Foro de Suzano-SP, expedida nos autos do processo de execução contra devedor solvente que lhe move **Banco I. S.A.**, da mesma ***agravar por instrumento***, *com pedido liminar*, observando-se o procedimento previsto nos arts. 1.015 a 1.020 do Código de Processo Civil, em conformidade com as inclusas razões.

Para tanto, junta, entre outros, cópia dos seguintes documentos: petição inicial; procuração *ad judicia* do agravante e do agravado (Dr. S. A. L., OAB/SP 000.000, com escritório na Rua XV de Novembro, nº 00, sala 00, Centro, São Paulo-SP, CEP 00000-000); substabelecimento; mandado de citação; pedido de penhora *on-line*; pedido de desbloqueio de contas do executado; decisão agravada; intimação da decisão agravada.

O subscritor da presente petição DECLARA, sob as penas da lei, que todas as cópias que formam o presente instrumento CONFEREM com os originais (art. 425, IV, CPC).

Requer a concessão dos benefícios da justiça gratuita, por ser pessoa pobre na acepção legal do termo, conforme declaração de pobreza anexa.

Requer, por fim, seja o presente recurso recebido e regularmente processado.

Termos em que,
p. deferimento.

Mogi das Cruzes/São Paulo, 00 de novembro de 0000.

Gediel Claudino de Araujo Júnior
OAB/SP 000.000

RAZÕES DO RECURSO

Processo nº 0000000-00.0000.0.00.0000
Ação de Execução contra Devedor Solvente (título extrajudicial)
Segunda Vara Cível do Foro de Suzano-SP
Agravante: G. C. de A.
Agravado: Banco I. S.A.

Egrégio Tribunal
Colenda Câmara

Dos Fatos:

Em março de 0000, o agravado ajuizou execução por quantia certa em face do agravante, alegando, em apertada síntese, que esse não quitara o limite do seu cheque especial.

Passados mais de 10 anos, o agravado apresentou novos cálculos do débito e requereu a penhora *on-line*.

O douto Juízo de primeiro grau acolheu o pedido e determinou o "bloqueio" de todas as contas existentes em nome do executado.

Tendo tomado ciência da ordem judicial, o executado, atendendo comando do art. 854, § 3º, inciso I, CPC, informou ao Magistrado que as contas bloqueadas apenas recebiam os proventos de natureza salarial (aposentadoria, pensão e honorários advocatícios do convênio OAB/DPE). Além de informar tal fato, o executado apresentou documentos que provavam as suas alegações, pedindo o "desbloqueio" das contas, apontando os enormes prejuízos que estavam a lhe vir.

Conclusos os autos, o ilustre Juiz de primeiro grau indeferiu o pedido, mantendo a ordem de bloqueio de todas as contas do executado.

Em síntese, o necessário.

Da Liminar:

Inicialmente, consoante permissivo do art. 1.019, inciso I, do Código de Processo Civil, requer-se seja deferido o efeito suspensivo ao presente recurso, determinando-se ao douto Magistrado de primeiro grau que, por sua vez, determine o IMEDIATO levantamento do bloqueio das contas do executado junto aos Bancos Santander-Banespa, Caixa Econômica Federal e Bradesco, onde este recebe, respectivamente, sua aposentadoria, seus honorários do convênio e sua pensão por morte de sua ex-mulher.

A medida se justifica: ***primeiro***, o CPC, art. 833, IV, é claro quanto à impenhorabilidade das verbas de natureza salarial; ***segundo***, o executado provou por documentos que naquelas contas maneja verbas apenas de natureza salarial; ***terceiro***, a demora na tutela jurisdicional trará "graves" prejuízos ao executado, que sobrevive unicamente dos referidos proventos (*v. g.*, plano de saúde, remédios, moradia, alimentos, vestuário, lazer etc.); ***quarto***, a jurisprudência deste Egrégio Tribunal tem sido firme quanto à impenhorabilidade das verbas de natureza salarial e alimentar.

Presente o *fumus boni iuris*, em razão, como se disse das reiteradas decisões deste Egrégio Tribunal sobre o tema, e o *periculum in mora*, em razão dos evidentes prejuízos que advêm ao recorrente, que depende das referidas verbas para sobreviver, *requer-se* seja concedido liminar, com escopo de determinar ao douto Juiz de primeiro grau que, por sua vez, determine o imediato desbloqueio das referidas contas.

Do Mérito:

A r. decisão guerreada merece reparos. Com efeito, o douto Magistrado *a quo*, ao indeferir o pedido de desbloqueio das contas do agravante assim fundamentou a sua decisão, *in verbis*:

> Ainda que os documentos de fls. 61/66 indiquem que o Devedor receba seu salário em contas bancárias, o tão só fato de ser utilizada para recebimento de salário não implica reconhecer como inalcançáveis todos valores nelas existentes, visto que estes podem ser oriundos de outras fontes como, por exemplo, aluguéis, lucros de transações imobiliárias, etc., ou simplesmente excesso do valor recebido, em primeiro momento, para sustento do Devedor, mas que foram transformados em poupança ou investimento.

Ilustres Julgadores, não obstante as palavras do douto Magistrado possam parecer, à primeira vista, sensatas, elas, confrontadas com o caso concreto, criam, na verdade, situação de extrema injustiça.

Note-se que emitida a ordem de bloqueio nenhum valor foi encontrado; ou seja, o executado não tem aplicações, ações, poupança, ou mesmo o simples "saldo positivo". Na verdade, em nenhum momento o executado se mostrou preocupado com o fato de que a ordem de bloqueio encontrasse valores oriundos das exceções apontadas pelo Juiz, mesmo porque as contas referidas encontram-se há longa data com saldo devedor negativo.

Idoso, com a saúde precária, os parcos recursos do executado são consumidos com plano de saúde e remédios. Como estes valores não têm sido suficientes, ele tem se socorrido de empréstimos consignados, dos cheques especiais e dos filhos (que ajudam na medida do possível).

Nos autos, o executado nunca escondeu sua situação financeira, porém o douto Magistrado de primeiro grau, ao manter o bloqueio das contas, lhe tirou acesso direto às poucas rendas salariais que possui, e, pasmem-se, sob o argumento vago e desconectado com a realidade dos autos, de que o executado pode ter "outras" verbas.

Segundo o prolator da decisão agravada, para ter acesso à sua aposentadoria, à sua pensão e ao seu salário (VERBAS ABSOLUTAMENTE IMPENHORÁVIES), o executado deve provar que não possui outras rendas creditadas nas referidas contas.

O saldo devedor nas referidas contas e o próprio processo de execução parecem não ser prova bastante para o Juiz de primeiro grau.

Assim agindo o Magistrado não só ignora a lei, mas o que é pior impõe ao executado "prova negativa". Ora, em princípio caberia ao banco exequente provar que tais verbas existem. O executado já abriu, em sinal de boa-fé, as suas contas, juntando aos autos o extrato de sua movimentação financeira. O que mais pode fazer para provar que não tem outras rendas?

Tendo o recorrente demonstrado que a sua movimentação financeira nas referidas contas tem apenas como fonte o fruto de seu trabalho (salário e aposentadoria), o desbloqueio é medida que se impõe, conforme jurisprudência desta Egrégia Corte. Com efeito, pede-se vênia para citar algumas recentes ementas sobre o tema, *in verbis*:

> Agravo de instrumento. Execução de título extrajudicial. Bloqueio de valores em conta-corrente. Alegação de impenhorabilidade. Requerimento de desbloqueio por se tratar de conta com natureza alimentar e por conter valores inferiores a 40 (quarenta) salários mínimos. Decisão agravada que indeferiu a pretensão do agravante. Decisão que deve ser reformada ante a documentação acostada. Art. 833, X, do Código de Processo Civil. Interpretação ampliativa. Precedentes do STJ. Agravo provido para efetuar o desbloqueio dos valores nas contas bancárias do agravante (TJSP, Agravo de Instrumento 2120230-08.2021.8.26.0000, Relator Marcos Gozzo, 23ª Câmara de Direito Privado, Foro Regional VI – Penha de França, 3ª Vara Cível, *DJ* 12/11/2021).

> Agravo de instrumento. Cumprimento de sentença. Decisão que indeferiu pedido de desbloqueio de valores constritos em conta bancária pelo Sisbajud. Comprovação da impenhorabilidade dos valores bloqueados em conta-corrente, até o montante de cinquenta salários mínimos, nos termos do artigo 833, § 2º, do Código de Processo Civil. Recurso parcialmente provido (TJSP, Agravo de Instrumento 2175589-40.2021.8.26.0000, Relator Elói Estevão Troly, 15ª Câmara de Direito Privado, Foro de Botucatu – 1ª Vara Cível, *DJ* 12/11/2021).

> Execução de título extrajudicial – Penhora de proventos de aposentadoria (INSS) – Constrição incidente sobre saldo de conta bancária em que são depositados os proventos da parte agravada – Verba de natureza salarial e com a finalidade de servir à subsistência do devedor – Impenhorabilidade dos créditos de natureza alimentar – Constrição inválida, nos termos do artigo 833, IV, do CPC – Extensão, ademais, da impenhorabilidade de valores depositados em caderneta de poupança até quarenta salários mínimos para quantias até esse patamar depositadas em conta-corrente ou guardadas em papel-moeda, bem como em fundos de investimento – Aplicação do artigo 833, X, do Có-

digo de Processo Civil – Precedentes jurisprudenciais – Decisão mantida – Recurso não provido (TJSP, Agravo de Instrumento 2218675-61.2021.8.26.0000, Relator Henrique Rodriguero Clavisio, 18ª Câmara de Direito Privado, Foro de Guarulhos – 4ª Vara Cível, *DJ* 11/11/2021).

Ora, considerando que a ordem de bloqueio nada encontrou (as contas do executado estão no vermelho há muito tempo), a manutenção da ordem de bloqueio apenas maltrata indevidamente o executado.

Do contrário, tivesse o ilustre Magistrado determinado o desbloqueio, como se pediu, qual seria o prejuízo para o exequente? A resposta é simples: nenhum! – pelo simples fato de que lá não há valores penhoráveis, como se provou.

Na verdade, a decisão agravada simplesmente ignora fatos provados nos autos, a vontade do legislador e a jurisprudência deste Egrégio Tribunal, que expressamente consignou que verbas de natureza salarial não podem ser penhoradas.

Ora, sabendo que nas referidas contas entra apenas esse tipo de valor, a ordem de manter o bloqueio é absolutamente ilegal, nula mesmo, impondo ao executado humilhação inteiramente desnecessária.

Dos Pedidos:

Ante todo o exposto, requer-se o provimento do presente recurso para o fim de reformar a respeitável decisão do douto Juízo de primeiro grau, determinando-se o imediato desbloqueio das contas referidas, onde o executado EXCLUSIVAMENTE recebe a sua aposentadoria, a sua pensão por morte e as verbas, de natureza salarial, pagas pelo convênio OAB/DPE, ou, alternativamente, determine-se que eventual bloqueio não deve incidir sobre as referidas verbas, liberando-se de imediato eventuais verbas penhoradas com esta origem.

Termos em que,
p. deferimento.

Mogi das Cruzes/São Paulo, 00 de novembro de 0000.

Gediel Claudino de Araujo Júnior
OAB/SP 000.000

7.9.2 Decisão do tribunal

Agravo de Instrumento nº 7.203.365-9
Comarca de Suzano-SP
Agravante: G. L. R.
Agravados: Banco I. S.A.

EMENTA

Execução – Penhora – Conta salário – Inadmissibilidade – Nulidade reconhecida – Recurso Provido.

ACÓRDÃO

Vistos, relatados e discutidos estes autos de AGRAVO DE INSTRUMENTO nº 7.203.365-9, da Comarca de SUZANO, em que é agravante G. L. R. e agravado Banco I. S. A. **ACORDAM**, em Vigésima Câmara de Direito Privado do Tribunal de Justiça do Estado de São Paulo, proferir a seguinte decisão: "dar provimento ao recurso, por maioria de votos", vencido o 2º Desembargador.

Presidiu o julgamento o Desembargador I. G. e dele participaram os Desembargadores M. F. L. (2º Desembargador) e A. B. (3º Desembargador).

Des. S. L. (Relator)

VOTO

Vistos.

Cuida-se de agravo de instrumento contra o r. despacho copiado à fls. 49 destes autos, que indeferiu o pedido de desbloqueio das contas correntes do agravante.

Sustenta que as contas bloqueadas são utilizadas para o recebimento de proventos de natureza salarial (aposentadoria, pensão e honorários advocatícios), que são absolutamente impenhoráveis, quer a reforma do *decisum*.

Nesta instância, foi deferido o efeito suspensivo e, após contrariedade, retornaram-me os autos.

É o relatório.

Prospera a irresignação recursal.

De fato, a penhora sobre o numerário existente em conta-corrente do tipo salário é vedada, conforme dispõe o art. 833, *caput*, e inciso IV, do Código de Processo Civil:

São absolutamente impenhoráveis:
(...)
IV – os vencimentos, os subsídios, os soldos, os salários, as remunerações, os proventos de aposentadoria, as pensões, os pecúlios e os montepios, bem como as quantias recebidas por liberalidade de terceiro e destinadas ao sustento do devedor e de sua família, os ganhos de trabalhador autônomo e os honorários de profissional liberal, ressalvado o § 2ª;

O salário, no presente caso, compreende o benefício percebido a título de aposentadoria, a pensão por morte e os honorários advocatícios do convênio OAB/DPE, os quais são protegidos, vedando a lei qualquer incidência de ato constritivo, quando comprovada a origem do dinheiro, tal como ocorreu.

Nesse sentido:

Processo civil. Penhora. Depósito bancário decorrente de pensão. Impossibilidade. Os depósitos bancários provenientes exclusivamente da pensão paga pelo INSS e da respectiva complementação pela entidade de previdência privada são a própria pensão, por isso mesmo que absolutamente impenhoráveis quando destinados ao sustento do devedor ou da sua família. Recurso conhecido e provido.

Processo – Penhora – Saldo bancário – Conta decorrente de depósito de pensão e aposentadoria – Caráter alimentar – Impenhorabilidade – Inteligência do art. 649, VII, do Código de Processo Civil [de 1973] – Decisão mantida. (REsp 536.760/SP, Rel. Min. César Asfor Rocha, Quarta Turma)".

Sendo assim, diante dos documentos apresentados nos autos (fls. 29/32 e 51/55), demonstrando que são de natureza salarial os depósitos efetuados nas contas existentes nos Bancos Bradesco, Nossa Caixa e Santander, patente se reconheça a impenhorabilidade destes, uma vez que possuem caráter alimentar, portanto, vedada a retenção.

Pelo exposto, dá-se provimento ao recurso, para liberar da penhora os valores existentes nas contas relacionadas a fls. 48.

S. L. (Relator)

7.10 AGRAVO CONTRA DECISÃO QUE INDEFERIU PEDIDO DE EXTINÇÃO, PELO PAGAMENTO, DE CUMPRIMENTO DE OBRIGAÇÃO DE PRESTAR ALIMENTOS (EXECUÇÃO DE ALIMENTOS)

7.10.1 Agravo de instrumento

Excelentíssimo Doutor Desembargador Presidente do Egrégio Tribunal de Justiça do Estado de São Paulo.

Y. P. S. B. e T. D. S. B., brasileiros, menores impúberes, representados por sua genitora S. P. de S. B., brasileira, solteira, agente de processos, portadora do RG 00.000.000-SSP/SP e do CPF 000.000.000-00, sem endereço eletrônico, residentes e domiciliados na Rua Domingos de Souza, nº 00, Jardim Layr, cidade de Mogi das Cruzes-SP, CEP 00000-000, por seu Advogado, que esta subscreve (mandato incluso), com escritório na Rua João Vicente Amaral, nº 00, Centro, Mogi das Cruzes-SP, CEP 00000-000, *onde recebe intimações* (e-mail: gediel@gsa.com.br), vem respeitosamente à presença de Vossa Excelência, não se conformando, *data venia*, com a r. decisão do Meritíssimo Juiz de Direito da Terceira Vara da Família e das Sucessões do Foro de Mogi das Cruzes-SP, expedida nos autos do processo que move em face de R. B. S., da mesma *agravar por instrumento*, *com pedido liminar*, observando-se o procedimento previsto nos arts. 1.015 a 1.020 do Código de Processo Civil, em conformidade com as inclusas razões.

Para tanto, juntam cópia dos seguintes documentos (entre outros): petição inicial; declaração de pobreza; título judicial; procuração *ad judicia*; decisão que decretou a prisão do executado; petição dando quitação do débito; decisão agravada; certidão de intimação da decisão agravada. Deixam de juntar procuração *ad judicia* do agravado, visto que este não constituiu advogado nos autos.

O subscritor da presente declara, sob as penas da lei, que as cópias que formam o presente instrumento conferem com o original (art. 425, IV, CPC).

Reiteram, nesta instância, o pedido de concessão dos benefícios da justiça gratuita, por serem pessoas pobres na acepção legal do termo, conforme declaração de pobreza já juntada aos autos e reproduzida neste instrumento.

Requerem, por fim, seja o presente recurso recebido e regularmente processado.

Termos em que,
p. deferimento.

Mogi das Cruzes/São Paulo, 00 de agosto de 0000.

Gediel Claudino de Araujo Júnior
OAB/SP 000.000

RAZÕES DO RECURSO

Processo nº 0000000-00.0000.0.00.0000
Cumprimento de Obrigação de Prestar Alimentos (Execução de Alimentos)
Terceira Vara da Família e das Sucessões do Foro de Mogi das Cruzes-SP
Agravantes: Y. P. S. B. e/o
Agravados: o Juízo/R. B. S.

Egrégio Tribunal
Colenda Câmara

Dos Fatos:

Em agosto de 0000, os agravantes protocolaram cumprimento de obrigação de prestar alimentos em face de seu genitor; alegaram que ele estaria em atraso com suas obrigações alimentícias a partir de junho de 0000. Pediram a sua intimação para pagar o valor devido, vencida e vincendas, sob pena de prisão civil.

Recebida a exordial, fls. 19, o douto Juízo de primeiro grau não só determinou a citação do executado, como também designou audiência de conciliação. Na referida audiência, as partes se compuseram.

Como o executado não cumpriu o acordado, os credores pediram fosse decretada sua prisão civil.

Os autos foram enviados ao contador, apurando-se, em março de 0000, um débito de R$ 3.510,45 (três mil, quinhentos e dez reais, quarenta e cinco centavos).

Confirmada a inadimplência, o douto Juiz de primeiro grau decretou a prisão civil por 30 (trinta) dias.

O executado foi preso em 00 de agosto de 0000; após a sua prisão, a representante dos menores DEU QUITAÇÃO TOTAL DO DÉBITO, requerendo a extinção do processo de execução de alimentos.

Conclusos os autos, o douto Juiz de primeiro grau INDEFERIU o pedido de extinção, sob o argumento de que não haveria provas efetivas de quitação do débito.

Em síntese, o necessário.

Da Liminar:

Ab initio, consoante permissivo do art. 1.019, inciso I, do Código de Processo Civil, requer-se seja deferido o efeito suspensivo ao presente recurso, a fim de determinar a URGENTE liberação do executado, que se encontra preso, expedindo-se o necessário.

Presente o *fumus boni juris*, diante da noticiada quitação do débito, e o *periculum in mora*, em razão dos evidentes prejuízos que podem advir ao alimentante (perder o seu emprego, por exemplo).

Do Mérito:

A respeitável decisão guerreada merece reparos. Com efeito, o douto Magistrado *a quo* argumenta, ao indeferir o pedido de extinção da execução de alimentos, que este "*não veio acompanhado de qualquer documento comprovando o pagamento dos valores devidos*".

Data vênia, a petição firmada pessoalmente pela representante dos menores declara com todas as letras que o débito foi quitado; diante dessas circunstâncias nenhum outro documento é necessário.

Diante da quitação do débito, noticiada pelo representante legal dos credores de FORMA EXPRESSA, o feito deve ser extinto, liberando-se o executado que se encontra injustamente preso.

Ao questionar a quitação dada pela representante dos menores, o juiz, data vênia, lança dúvidas sobre a seriedade da declaração firmada, contudo as suspeitas do Magistrado não se baseiam em qualquer informação concreta constante dos autos; na verdade, ele apenas não crê na palavra da mãe dos credores.

A desconfiança infundada afronta o princípio da boa-fé e deve, portanto, ser afastada.

Do Pedido:

Ante todo o exposto, requer-se o provimento do presente recurso para o fim de reformar a r. decisão do douto Juízo de primeiro grau, com escopo de EXTINGUIR a execução de alimentos (art. 924, II, CPC), expedindo-se urgente alvará de soltura.

Termos em que,
p. deferimento.

Mogi das Cruzes/São Paulo, 00 de agosto de 0000.

Gediel Claudino de Araujo Júnior
OAB/SP 000.000

7.10.2 Decisão do tribunal

ACÓRDÃO

Vistos, relatados e discutidos estes autos de Agravo de Instrumento nº 2176888-62.2015.8.26.0000, da Comarca de Mogi das Cruzes, em que são agravantes Y. P. S. B. (MENOR) e T. D. S. B. (MENOR), é agravado R. B. S.

ACORDAM, em sessão permanente e virtual da 2ª Câmara de Direito Privado do Tribunal de Justiça de São Paulo, proferir a seguinte decisão: Deram provimento ao recurso. V. u., de conformidade com o voto do relator, que integra este acórdão.

O julgamento teve a participação dos Desembargadores N. A. (Presidente sem voto), A. P. e G. F.

São Paulo, 00 de dezembro de 0000.

R. T. Relatora

VOTO Nº 4113

Agravo de Instrumento nº: 2176888-62.2015.8.26.0000
Agravante: Y.P.S.B. e T.D.S.B. (representados pela genitora)
Agravado: R.B.S.
Comarca: Mogi das Cruzes
Juiz: T. L.

Agravo de instrumento. Execução de alimentos. Ação processada sob o rito do art. 528, § 3º, do CPC e em consonância com a Súmula 309 do STJ. Exequentes noticiam o pagamento integral do débito, dando quitação. Necessidade de revogação da prisão civil do alimentante com a consequente expedição de alvará de soltura. Recurso provido.

Trata-se de agravo de instrumento contra a r. decisão copiada a fls. 29 que, em ação de execução de alimentos, indeferiu o pedido de soltura do agravado, sob o fundamento de ausência de comprovação do pagamento dos valores devidos correspondentes às prestações alimentícias.

Inconformados, os agravantes sustentam que, em agosto de 0000, ajuizaram ação de execução de alimentos em face do agravado, pois estaria em atraso com o pagamento desde junho de 0000. Após a regular citação, em audiência de conciliação, as partes se compuseram. Todavia, o agravado não cumpriu o acordado, razão pela qual foi requerida sua prisão civil. A dívida, em março/0000, perfazia o valor de R$ 3.510,45, e, uma vez caracterizada a inadimplência, foi decretada sua prisão civil por 30 dias. Após sua prisão, os agravantes, por intermédio de sua genitora, deram quitação total do débito, pleiteando a extinção do feito. Alegam os agravantes que a quitação é documento suficiente para a extinção da ação. Buscam a reforma do *decisum*.

Recurso regularmente processado, com a concessão da tutela antecipada recursal (fls. 34).

Não houve apresentação de contraminuta, pois revel o agravado.

A D. Procuradoria de Justiça se manifestou a fls. 42/44, opinando pelo provimento do recurso.

É o relatório.

Cuida-se de ação de execução de alimentos processada pelo rito do art. 528, § 3º, do Código de Processo Civil e em consonância com a Súmula 309 do Superior Tribunal de Justiça, segundo a qual "o débito alimentar que autoriza a prisão civil do alimentante é o que compreende as três prestações anteriores ao ajuizamento da execução e as que se vencerem no curso do processo".

In casu, pretendem os agravantes o reconhecimento da quitação do débito alimentar, com a consequente extinção do feito e expedição de alvará de soltura de seu genitor.

Verifica-se dos autos que o débito alimentar iniciou-se em junho/00 e perdurou até março/00 (fls. 22), perfazendo o total de R$ 3.510,45. A prisão do agravado foi efetivada em 00.00.0000 (fls. 26). Passados 9 dias da prisão, em 00.00.0000, os agravantes noticiaram o pagamento integral do débito (fls. 28), que seria o bastante para a extinção do feito pelo seu integral cumprimento e em decorrência expedir-se o competente alvará de soltura.

Cumpre ressaltar que os maiores interessados no prosseguimento da ação, são os agravantes, menores devidamente representados, que ficaram sem receber alimentos por longo período, contudo, vieram a Juízo noticiar o pagamento do débito alimentar, caracterizando, assim, a adimplência do agravado.

Nesse diapasão, é de rigor a soltura do agravado, haja vista o cumprimento de sua obrigação.

Destarte, de rigor a reforma integral da r. decisão agravada.

Posto isso, pelo meu voto, DOU PROVIMENTO ao recurso.

R. T. – Relatora

7.11 AGRAVO CONTRA DECISÃO QUE INDEFERIU PEDIDO DE JUSTIÇA GRATUITA FEITO PELA AUTORA

Excelentíssimo Senhor Doutor Desembargador Presidente do Egrégio Tribunal de Justiça do Estado de São Paulo.

J. B. S., brasileira, separada, do lar, portadora do RG 00.000.000-SSP/SP e do CPF 000.000.000-00, sem endereço eletrônico, residente e domiciliada na Rua Anastácia Sanches Bando, nº 00, bairro Jardim Mirim, cidade de Mogi das Cruzes-SP, CEP 00000-000, por seu Advogado, que esta subscreve (mandato incluso), com escritório na Rua João Vicente Amaral, nº 00, Centro, Mogi das Cruzes-SP, CEP 00000-000, *onde recebe intimações* (e-mail: gediel@gsa.com.br), vem respeitosamente à presença de Vossa Excelência, não se conformando, *data venia*, com a r. decisão do Meritíssimo Juiz de Direito da Terceira Vara Cível do Foro de Mogi das Cruzes-SP, expedida nos autos da ação reivindicatória que move em face de A. L. R. e/o, da mesma *agravar por instrumento, com pedido liminar*, observando-se o procedimento previsto nos arts. 1.015 a 1.020 do Código de Processo Civil, em conformidade com as inclusas razões.

Para tanto, junta cópia de "todo o processo" de primeiro grau (petição inicial e documentos que a acompanham, inclusive procuração outorgada pela parte, decisão ora agravada e a certidão de intimação). Deixa de juntar procuração *ad judicia* dos agravados, vez que ainda não se deu a sua citação nos autos. Reitera, nessa instância, o pedido de justiça gratuita, vez que se declara pobre no sentido jurídico do termo, conforme declaração de pobreza juntada nos autos originais e reproduzida neste instrumento.

O subscritor da presente petição declara, sob as penas da lei, que todas as cópias que formam o presente instrumento conferem com os originais (art. 425, IV, CPC).

Requer, portanto, seja o presente recurso recebido e regularmente processado.

Termos em que,
p. deferimento.

Suzano/São Paulo, 00 de maio de 0000.

Gediel Claudino de Araujo Júnior
OAB/SP 000.000

RAZÕES DO RECURSO

Processo nº 0000000-00.0000.0.00.0000
Ação Reivindicatória
Terceira Vara Cível do Foro de Mogi das Cruzes-SP
Agravante: J. B. S.
Agravado: o Juízo (A. L. R. e/o – não citados)

Egrégio Tribunal
Colenda Câmara

Dos Fatos:

Em 00 de abril de 0000, a agravante ajuizou ação reivindicatória em face dos possuidores do imóvel situado na Rua Esmeraldo José de Oliveira, nº 00, Vila Amorim, cidade de Mogi das Cruzes-SP, em razão de ter adquirido o referido bem em leilão promovido pela Caixa Econômica Federal. Pediu a desocupação do imóvel, e a imissão de posse no imóvel.

Recebida a exordial, o douto Juiz de primeiro grau INDEFERIU à autora os benefícios da justiça gratuita, determinando que a recorrente providenciasse o recolhimento das custas devidas ao Estado.

Em síntese, o necessário.

Da Liminar:

Ab initio, consoante permissivo do art. 1.019, inciso I, do Código de Processo Civil, "requer-se" seja deferido o efeito suspensivo ao presente recurso, determinando-se ao douto Magistrado de primeiro grau que faça constar nos autos estar a autora amparada pelos benefícios da justiça gratuita.

A medida se justifica: **primeiro**, por estar presente o *fumus boni iuris*, fato que se constata pela simples consulta de FARTA JURISPRUDÊNCIA deste Egrégio Tribunal, onde se afirma que para se obter o referido benefício basta a simples afirmação nos autos (declaração de pobreza foi de fato juntada aos autos, firmada pela própria recorrente), sendo sabidamente desnecessário que a requerente faça prova negativa; **segundo**, por estar presente o *periculum in mora*, tendo em vista que a ausência do referido benefício trará graves prejuízos processuais à agravante.

Presente, portanto, o *fumus boni iuris* e *periculum in mora*, como se demonstrou, **requer-se** seja concedida a liminar, com escopo de determinar ao douto Juiz de primeiro grau que, por sua vez, anote nos autos ser a autora beneficiária da justiça gratuita, determinando, no mais, o prosseguimento do feito.

Do Mérito:

Não obstante o respeito e admiração de que é sabidamente merecedor o ilustre Magistrado de primeiro grau, a sua decisão que indeferiu o pedido de justiça gratuita da autora, sob o singelo argumento de que ela não demonstrou a sua condição de hipossuficiência, deve ser revista.

Ab initio, deve-se registrar a antiga e sabida posição deste Egrégio Tribunal sobre o tema, no sentido de que basta simples afirmação nos autos para ter acesso ao benefício. Sobre o tema, vejam-se as seguintes ementas:

> Ação de execução por quantia certa. Contrato de locação não comercial – Demanda entre pessoas naturais – Decisão que indeferiu os benefícios da justiça gratuita aos autores – Reforma – Necessidade – Suficiência da afirmação de pobreza jurídica. (TJSP, Agravo de Instrumento nº 2224270-17.2016.8.26.0000, Relator Des. Marcos Ramos, *DJ* 14.12.2016).

> Compra e venda – Ação de obrigação de fazer com pedido de tutela de urgência – Decisão que indeferiu os benefícios da justiça gratuita à autora – Reforma – Necessidade – Suficiência da afirmação de pobreza jurídica, no caso de pessoa natural – Inteligência aos arts. 912, § 2º, 98, *caput*, e 99, § 3º, do atual CPC. (TJSP, Agravo de Instrumento nº 219523694.2016.8.26.0000, Relator Des. Marcos Ramos, *DJ* 07.12.2016).

> Assistência judiciária gratuita. Pedido mediante simples afirmação da condição de pobreza. Suficiência. Indeferimento. Ausência de fundadas razões. Inadmissibilidade. Inteligência dos arts. 4º e 5º da Lei nº 1.060, de 05.02.1950[3]. Necessidade de concessão do benefício. Recurso provido para esse fim (TJSP, Agravo de Instrumento 7237295700, Relator Des. Gilberto dos Santos, *DJ* 17.4.2008).

Diante de tão pacífica jurisprudência fica difícil entender-se por que o douto Juiz de primeiro grau ignora acintosamente a posição deste Egrégio Tribunal, causando dificuldades desnecessárias às partes.

De qualquer forma, a agravante é efetivamente pessoa pobre. Vive, ela e os filhos, exclusivamente da pensão que recebe do ex-marido, algo em torno de R$ 1.300,00 (um mil, trezentos reais). Tal importância, considerando a idade das crianças, não é suficiente nem mesmo para as despesas básicas, quanto mais para prover os custos do processo (documentos anexos).

Apesar de tudo, felizmente a agravante não se considera miserável. Entretanto, para ser beneficiário da justiça gratuita não é necessário, ao que consta, ser o requerente miserável. Nesse sentido a jurisprudência, *in verbis*:

> Agravo de Instrumento. Justiça gratuita. Gratuidade que não alcança somente aqueles em situação de miséria absoluta, mas também aqueles

---

[3] Dispositivos revogados pelo CPC/15.

impossibilitados de arcar com as custas sem prejuízo próprio ou da família. Demonstrada a incapacidade econômico-financeira para arcar com as custas e despesas processuais. Decisão reformada. Recurso provido. (TJSP, Agravo de Instrumento nº 2148471-65.2016.8.26.0000, Relatora Des. Ana Maria Baldy, *DJ* 20.12.2016)

Agravo de instrumento. Família. Justiça gratuita. Concessão. A parte não precisa ser miserável para gozar do benefício da justiça gratuita, bastando não possuir condições de pagar as despesas processuais sem prejuízo de sua manutenção ou da família. Recurso Provido" (Agravo de instrumento nº 70022500045, sétima câmara cível, TJRS, Relator Ricardo Raupp Ruschel, j. 10.12.2007).

O novo CPC foi na mesma linha da jurisprudência desde Egrégio Tribunal declarando, em seu art. 99, que o pedido feito pelo interessado só pode ser negado mediante a existência concreta nos autos de elementos que evidenciem a falta dos pressupostos legais. Assim o § 2º do referido artigo: "*o juiz somente poderá indeferir o pedido se houver nos autos elementos que evidenciem a falta dos pressupostos legais para a concessão de gratuidade, devendo, antes de indeferir o pedido, determinar à parte a comprovação do preenchimento dos referidos pressupostos*".

Como se demonstrou acima, não é claramente o caso da agravante.

Do Pedido:

Ante todo o exposto, requer-se o provimento do presente recurso para o fim de reformar a respeitável decisão do douto Juízo de primeiro grau, determinando-se que seja concedido à agravante os benefícios da justiça gratuita, determinando-se o prosseguimento do feito.

Termos em que,
p. deferimento.

Mogi das Cruzes/São Paulo, 00 de maio de 0000.

Gediel Claudino de Araujo Júnior
OAB/SP 000.000

7.12 AGRAVO CONTRA DECISÃO QUE INDEFERIU PEDIDO DE LIMINAR EM MANDADO DE SEGURANÇA (MEDICAMENTOS)

Excelentíssimo Senhor Doutor Desembargador Presidente do Egrégio Tribunal de Justiça do Estado de São Paulo.

I. R. A., brasileiro, casado, aposentado, portador do RG nº 0.000.000-SSP/AL e do CPF nº 000.000.000-00, nesse ato representado excepcionalmente por sua mulher M. da C. R. A., brasileira, casada, servente, portadora do RG nº 0.000.000-SSP/AL e do CPF nº 000.000.000-00, sem endereço eletrônico, residente e domiciliada na Avenida Lothar Waldemar Hoehne, nº 00, Rodeio, cidade de Mogi das Cruzes-SP, CEP 00000-000, por seu Advogado, que essa subscreve (mandato incluso), com escritório na Rua João Vicente Amaral, nº 00, Centro, Mogi das Cruzes-SP, CEP 00000-000, *onde recebe intimações* (e-mail: gediel@gsa.com.br), vem respeitosamente à presença de Vossa Excelência, não se conformando, *data venia*, com a r. decisão do Meritíssimo Juiz de Direito da Vara da Fazenda Pública do Foro de Mogi das Cruzes-SP, expedida nos autos do processo de Mandado de Segurança que move em face de **Secretário Municipal de Saúde de Mogi das Cruzes**, da mesma *agravar por instrumento, com pedido liminar*, observando-se o procedimento previsto nos arts. 1.015 a 1.020 do Código de Processo Civil, em conformidade com as inclusas razões.

Para tanto, junta cópia de TODO O PROCESSO de primeiro grau (petição inicial, procuração, declaração de pobreza, documentos médicos, decisão agravada etc.). Deixa de juntar cópia da procuração *ad judicia* do agravado, vez que esse ainda não foi regularmente citado nos autos; observa, no entanto, que o agravado pode ser intimado por meio da Procuradoria Municipal, situada na Avenida Narciso Yague Guimarães, nº 00, Centro Cívico, cidade de Mogi das Cruzes-SP, CEP 000000-000.

O subscritor da presente petição declara, sob as penas da lei, que todas as cópias que formam o presente instrumento conferem com os originais (art. 425, IV, CPC).

Requer, outrossim, a concessão dos benefícios da justiça gratuita, por ser pessoa pobre na acepção legal do termo, conforme declaração de pobreza já juntada aos autos e reproduzida nesse instrumento.

Requer, portanto, seja o presente recurso recebido e regularmente processado.

Termos em que,
p. deferimento.

Mogi das Cruzes/São Paulo, 00 de outubro de 0000.

Gediel Claudino de Araujo Júnior
OAB/SP 000.000

RAZÕES DO RECURSO

Processo nº 0000000-00.0000.0.00.0000
Mandado de Segurança Medicamentos
Vara da Fazenda Pública do Foro de Mogi das Cruzes-SP
Agravante: I. R. A.
Agravado: Secretário Municipal de Saúde

Egrégio Tribunal
Colenda Câmara

Dos Fatos:

O agravante encontra-se gravemente enfermo, vítima de acidente vascular cerebral (AVC), estando restrito ao seu leito, conforme provam documentos anexos. O seu tratamento, segundo orientação médica (Dr. A. T. C. – CRM 00.000), envolve o "*uso diário e contínuo*" de vários medicamentos e insumos terapêuticos.

Parte desses medicamentos e insumos é fornecida pela rede pública, outra parte é custeada pelo próprio paciente com a ajuda da família e de amigos. Entretanto, passados mais de 8 (oito) meses da ocorrência do AVC, a poupança familiar já acabou e o recorrente está correndo sério risco de ficar sem o necessário para o seu tratamento. Nesse particular, há que se registrar que devido ao precário e delicado estado de saúde do paciente, a falta de qualquer dos medicamentos ou insumos pode custar a sua vida.

A fim de evitar o pior, o agravante, por meio de sua mulher, protocolou pedido junto à Secretária Municipal de Saúde de Mogi das Cruzes requerendo lhe fossem fornecidos 4 (quatro) pacotes com 40 (quarenta) unidades) de "fralda geriátrica tamanho G", assim como os produtos "Nutri Enteral Soya", 12 (doze) potes de 800g, "equipo para nutrição", 40 (quarenta) unidades, "frasco 300ml", 40 (quarenta) unidades, "Nutri Protein", 1 pote de 250g.

Não obstante a situação do recorrente seja ABSOLUTAMENTE DESESPERADORA, vez que sua sobrevivência está na dependência do fornecimento dos referidos insumos terapêuticos, o Secretário de Saúde do Município de Mogi das Cruzes se recusou a fornecê-los (veja-se documentos anexos).

Diante de tal atitude, o agravante buscou o Poder Judiciário por meio de mandado de segurança. Entretanto o douto Juiz de primeiro grau, para a infelicidade do agravante, DENEGOU A LIMINAR, entendendo não ser obrigação do Estado fornecer os insumos requeridos pelo paciente.

Em síntese, os fatos.

Da Liminar:

Ab initio, consoante permissivo do art. 1.019, inciso I, do Código de Processo Civil, requer-se seja deferido o efeito suspensivo ao presente recurso, determinando-se ao douto Magistrado de primeiro grau que, por sua vez, determine ao Secretário de Saúde do Município de Mogi das Cruzes que forneça imediatamente ao agravante e pelo tempo que for necessário os seguintes insumos terapêuticos: 04 (quatro) pacotes com 40 (quarenta unidades) de "fralda geriátrica tamanho G", assim como os produtos "Nutri Enteral Soya", 12 (doze) potes de 800g, "equipo para nutrição", 40 (quarenta) unidades, "frasco 300ml", 40 (quarenta) unidades, "Nutri Protein", 1 pote de 250g.

A concessão da liminar se justifica não só no fato de este Egrégio Tribunal já ter pacificado o seu entendimento a favor da tese do agravante (*obrigação de o Estado fornecer medicamentos e insumos terapêuticos*), mas principalmente ao se considerar que a saúde do recorrente está correndo sérios riscos em razão da demora da concessão da tutela pleiteada.

Com efeito, como já explicado na exordial em primeiro grau, até aqui os insumos têm sido obtidos em razão da "caridade" de terceiros, porém o paciente já está tendo que "racioná-los", fato que irá trazer sérios prejuízos ao seu tratamento, além de comprometer a qualidade de vida do paciente.

Sendo assim, caracterizado o *periculum in mora*, em razão dos prejuízos que estão a advir ao agravante, e o *fumus boni juris*, em razão da matéria já estar pacificada neste Tribunal, REQUER-SE seja concedida a liminar.

Do Mérito:

Nobres julgadores, sem razão o ilustre Magistrado *a quo*.

Em sua decisão, argumenta o Juiz que o fornecimento de itens nutricionais e fraldas geriátricas não podem ser considerados medicamentos no estrito sentido do termo.

Data venia, não se pode reduzir o "direito à saúde" insculpido de forma tão sólida na Constituição Federal a simples "direito a medicamentos". Na verdade, simples leitura dos dispositivos constitucionais é bastante para afastar essa interpretação, *in verbis*:

> Art. 196: A Saúde é direito de todos e dever do Estado, garantido mediante políticas sociais e econômicas que visem à redução do risco de doença e de outros agravos e ao acesso universal e igualitário às ações e serviços para sua promoção, proteção e recuperação.

Sobre o tema, declara a Carta Estadual de São Paulo, *in verbis*:

> Art. 219: A saúde é direito de todos e dever do Estado.
> Parágrafo único: os Poderes Público Estadual e Municipal, garantirão o direito à saúde mediante:

4 – atendimento integral do indivíduo, abrangendo a promoção, preservação e recuperação de sua saúde.

Como se vê, as Constituições Federal e Estadual decretam de forma peremptória o "direito à saúde" e não o "direito a medicamentos".

No presente caso, o agravante está confinado à sua cama, precisando, para sobreviver, do uso diário de fraldas geriátricas e de produtos nutricionais, tais insumos são absolutamente imprescindíveis e FAZEM PARTE DE SEU TRATAMENTO, **conforme prescrição médica**.

Negar o seu fornecimento é o mesmo que lhe negar o tratamento adequado a sua saúde.

Fortalecem esse entendimento as palavras do Ministro José Delgado, proferidas no julgamento do ROMS nº 11.183/PR, publicado no *site* do STJ, *in verbis*:

> Tendo em vista as particularidades do caso concreto, faz-se imprescindível interpretar a lei de forma mais humana, teleológica, em que princípios de ordem ético-jurídica conduzam ao único desfecho justo: decidir pela preservação da vida. Não se pode apegar, de forma rígida, à letra fria da lei, e sim, considerá-la com temperamentos, tendo-se em vista a intenção do legislador, mormente perante preceitos maiores insculpidos na Carta Magna garantidores do direito à saúde, à vida e à dignidade humana, devendo-se ressaltar o atendimento das necessidades básicas dos cidadãos.

Nesse Egrégio Tribunal há milhares de precedentes, pede-se vênia, no entanto, para citar-se apenas as palavras da **Desembargadora Vera Angrisani**, em voto proferido no julgamento da apelação cível nº 881.552-5/2-00 (*DJ* 05.05.2009), que tratava também de pedido de insumos terapêuticos (entre outros, "fraldas descartáveis"), *in verbis*:

> O bem social é o interesse público primário por isso a vida e a saúde são merecedoras de especial proteção do ente e, para tanto, é certo que cabe à Administração Pública diante de pacientes portadores de graves moléstias, que não reúnam condições econômicas-financeiras para arcar com o custeio da aquisição do insumo, suportar certas despesas porque estas são de sua responsabilidade.

Merece ainda menção expressa o entendimento igualmente claro e direto do Egrégio Tribunal de Justiça do Estado de Minas Gerais, *in verbis*:

> O direito à saúde constitui um direito humano fundamental social de efeito concreto e de eficácia plena, considerado a diretriz de integralidade regulada, tratando-se de direito de todos e dever do Estado a quem cumpre assegurar o acesso universal e igualitário dentro da diretriz de

integralidade (CF, arts. 6º, 196 e 198, II). A saúde, como direito social dentro da diretriz de integralidade, deve estar parametrizada pela integralidade regulada, de modo que fora da regulação o acesso à saúde deve ser tratado como direito de natureza assistencial (TJMG, Apelação Cível 1.0000.21.076425-4/001, Relator Des. Renato Dresch, 4ª Câmara Cível, *DJ* 04/11/2021).

Se o paciente comprova a necessidade de fornecimento de fraldas descartáveis, prescrito por seu médico, e diante da gravidade de sua doença, há de se aplicar o preceito constitucional que obriga o Poder Público a prestar, gratuitamente, assistência à saúde da pessoa necessitada (TJMG, Ap Cível/Rem Necessária 1.0024.18.036958-9/001, Relator Des. Moreira Diniz, 4ª Câmara Cível, *DJ* 01/07/2021).

Dos Pedidos:

Ante o exposto, e pelo mais que dos autos consta, ***requer-se o provimento deste recurso***, a fim de que, reformando-se totalmente a r. decisão de fls. 46/47, determine-se ao Secretário de Saúde do Município de Mogi das Cruzes-SP que forneça imediatamente ao agravante e pelo tempo que for necessário os seguintes insumos terapêuticos: 04 (quatro) pacotes com 40 (quarenta unidades) de "fralda geriátrica tamanho G", assim como os produtos "Nutri Enteral Soya", 12 (doze) potes de 800g, "equipo para nutrição", 40 (quarenta) unidades, "frasco 300ml", 40 (quarenta) unidades, "Nutri Protein", 1 pote de 250g; sob pena de ser civilmente e criminalmente responsabilizado.

Termos em que,
p. deferimento.

Mogi das Cruzes/São Paulo, 00 de outubro de 0000.

Gediel Claudino de Araujo Júnior
OAB/SP 000.000

7.13 AGRAVO CONTRA DECISÃO QUE INDEFERIU PEDIDO DE TUTELA PROVISÓRIA EM AÇÃO DECLARATÓRIA DE INEXISTÊNCIA DE DÉBITO MOVIDA EM FACE DE CONCESSIONÁRIA DE SERVIÇO PÚBLICO (EVITAR CORTE DO FORNECIMENTO)

7.13.1 Agravo de instrumento

Excelentíssimo Senhor Doutor Desembargador Presidente do Egrégio Tribunal de Justiça do Estado de São Paulo.

E. B. S., brasileiro, solteiro, pintor de autos, portador do RG nº 0.000.000-SSP/AL e do CPF nº 000.000.000-00, sem endereço eletrônico, residente e domiciliado na Estrada Mogi-Bertioga, km 00 (rua A, caixa 000 – C0), Vila Moraes, cidade de Mogi das Cruzes-SP, CEP 00000-000, por seu Advogado, que esta subscreve (mandato incluso), com escritório na Rua João Vicente Amaral, nº 00, Centro, Mogi das Cruzes-SP, CEP 00000-000, *onde recebe intimações* (e-mail: gediel@gsa.com.br), vem respeitosamente à presença de Vossa Excelência, não se conformando, *data venia*, com a r. decisão do Meritíssimo Juiz de Direito da Segunda Vara do Foro Distrital de Brás Cubas, Comarca de Mogi das Cruzes, expedida nos autos da ação declaratória que move em face de **B. Energia S/A.**, da mesma *agravar por instrumento*, *com pedido liminar*, observando-se o procedimento dos arts. 1.015 a 1.020 do Código de Processo Civil, em conformidade com as inclusas razões.

Para tanto, junta cópia de "todo o processo" de primeiro grau (petição inicial e documentos que a acompanham, inclusive procuração outorgada pela parte, decisão ora agravada e a certidão de intimação). Deixa de juntar procuração *ad judicia* da agravada, vez que ainda não se deu a sua citação nos autos. Reitera, nesta instância, o pedido de justiça gratuita, vez que se declara pobre no sentido jurídico do termo, conforme declaração de pobreza juntada nos autos originais e reproduzida neste instrumento.

O subscritor da presente petição DECLARA, sob as penas da lei, que todas as cópias que formam o presente instrumento CONFEREM com os originais (art. 425, IV, CPC).

Requer, portanto, seja o presente recurso recebido e regularmente processado.

Termos em que,
p. deferimento.

Mogi das Cruzes/São Paulo, 00 de abril de 0000.

Gediel Claudino de Araujo Júnior
OAB/SP 000.000

RAZÕES DO RECURSO

Processo nº 0000000-00.0000.0.00.0000
Ação Declaratória de Inexistência de Débito
Segunda Vara Cível do Foro Distrital de Brás Cubas, Comarca de Mogi das Cruzes-SP
Agravante: E. B. S.
Agravado: o Juízo (B. Energia S.A.)

Egrégio Tribunal
Colenda Câmara

Dos Fatos:

Em abril de 0000, o agravante ajuizou em face da ré ação declaratória de inexistência de débito argumentando, em apertada síntese, ser ilegal a cobrança de débito no valor de R$ 3.314,82 (três mil, trezentos e quatorze reais, oitenta e dois centavos), referente a diferenças apuradas em razão de suposta alteração do relógio medidor. Além do pedido de fundo, o recorrente requereu lhe fosse concedida tutela provisória de urgência, com escopo de determinar à fornecedora do serviço público, ré na ação, se abstivesse de "cortar" o fornecimento de energia elétrica na residência do consumidor, enquanto se discutia a ilegalidade da cobrança.

Recebida a exordial, o douto Juízo agravado INDEFERIU o pedido liminar.

Em síntese, o necessário.

Da Liminar:

Ab initio, consoante permissivo do art. 1.019, inciso I, do Código de Processo Civil, **requer-se** seja deferido "liminar" no sentido de impor à empresa B. ENERGIA S.A. a obrigação de não fazer, consistente em "não suspender o fornecimento de energia elétrica do agravante", ou no caso, **em razão do tempo do trâmite deste processo**, a ré já tenha suspendido o fornecimento de energia elétrica do consumidor, como vem prometendo, "restabeleça imediatamente e com urgência o fornecimento de energia elétrica na residência", comunicando-se a medida ao Juízo de primeiro grau via FAX, a fim de que este providencie a intimação urgente da ré (*por meio de Oficial de Justiça na filial de Mogi, situada na rua Dr. Deodato Wertheimer, nº 00, Centro*).

A fumaça do bom direito consubstancia-se no direito do autor ao fornecimento da energia elétrica, de forma contínua, como corolário do princípio da dignidade da pessoa humana, conforme acima se expôs.

Não se deve olvidar, quanto à questão de fundo, que a presente ameaça de corte no fornecimento de energia **NÃO SE DEVE A DÉBITO ATUAL**, mas a débito pretérito apurado de forma unilateral, sem qualquer prova, sem qualquer participação do consumidor, o que evidencia PATENTE ILEGALIDADE e ABUSO DE PODER por parte da ré.

Nesse sentido a jurisprudência deste Egrégio Tribunal, *in verbis*:

> Corte no fornecimento de energia elétrica por inadimplemento de valores apurados em face de irregularidades na medição. Impossibilidade. Medida reservada ao inadimplemento de faturas de fornecimento de energia e serviços. Necessidade de delimitação dos efeitos da liminar. Recurso provido (TJSP, Agravo de Instrumento 1.159.742.005, Relator Des. Pedro Baccarat, *DJ* 24.4.2008).

> Ação Cautelar inominada. Concessão liminar. Corte no fornecimento de energia elétrica em razão de fraude no registro de consumo. Matéria sujeita à discussão judicial. Presença dos pressupostos para a concessão da liminar a fim de restabelecer o fornecimento de energia elétrica. Prestação de caução real ou fidejussória pelo usuário que deverá manter o pagamento pontual do fornecimento da energia elétrica durante a tramitação da ação, sob pena de revogação da liminar concedida. Ação parcialmente procedente (TJSP, Medida Cautelar 1.106.268.003, Relator Des. Pereira Calças, *DJ* 14.5.2008).

A ineficácia do provimento final ou a possibilidade de dano irreparável ou de difícil reparação se refletem na ideia de que a vida do autor e de seus familiares será colocada em perigo, já que serão comprometidas a saúde, a alimentação e o bem-estar dele, caso permaneça a interrupção no fornecimento de energia elétrica.

Do Mérito:

A respeitável decisão guerreada merece reparos. Com efeito, o douto Magistrado *a quo*, ao indeferir o pedido de tutela provisória argumentou, basicamente, que "no caso em tela, não há prova inequívoca de que o medidor de energia elétrica não foi fraudado"; mais, que "sendo o termo de ocorrência de irregularidade um ato administrativo goza de presunção (relativa) de legalidade e veracidade", o que, segundo o ilustre Juiz, torna a "cobrança devida e o corte do fornecimento de energia elétrica não caracteriza qualquer ilicitude".

Segundo se pode apurar da decisão agravada, o douto Juiz de primeiro grau entende que caberia ao consumidor provar que o seu relógio não estava adulterado; não o tendo feito, já na inicial, argumentou então que o corte de energia é sim possível, mesmo que o consumidor esteja em dia com o pagamento de suas contas, mesmo que o débito cobrado refira-se a um período de dois anos, mesmo que os cálculos do débito tenham sido feitos de forma unilateral e arbitrária pela prestadora de serviços.

Veja-se: os prepostos da empresa "B" compareceram na casa do agravante e, sem a participação dele, "supostamente" constataram a existência de irregularidade no relógio; concluíram, de forma unilateral, que tal irregularidade era em razão de ato do consumidor; depois, sem permitir qualquer direito de defesa, enviaram ao consumidor, pessoa pobre e sem recursos, uma cobrança no valor de R$ 3.314,82 (três mil, trezentos e quatorze reais, oitenta e dois centavos), sob pena do corte de fornecimento de energia.

Segundo o entendimento do douto Juízo de primeiro grau, o consumidor, assim afrontado nos seus direitos mais elementares, deveria simplesmente pagar todo o débito ou, não se sabe como, provar que não fraudou o relógio ao "distribuir" a ação buscando a declaração da inexistência do débito.

Data venia, o nobre Julgador parece desconhecer princípios básicos do direito, entre eles: princípio da ampla defesa; princípio do contraditório; princípio do devido processo legal. Isso para não mencionar que sua decisão demonstrou que ele desconhece completamente as normas do Código de Defesa do Consumidor, em especial aquelas previstas nos arts. 6º, VIII, e 22, que se pede vênia para citar-se expressamente:

> Art. 6º São direitos básicos do consumidor:
>
> VIII – a facilitação da defesa de seus direitos, inclusive com a inversão do ônus da prova, a seu favor, no processo civil, quando, a critério do juiz, for verossímil a alegação ou quando for ele hipossuficiente, segundo as regras ordinárias de experiência;
>
> Art. 22. Os órgãos públicos, por si ou suas empresas, concessionárias, permissionárias ou sob qualquer outra forma de empreendimento, são obrigados a fornecer serviços adequados, eficientes, seguros e, quanto aos essenciais, contínuos.

Considerando que este tema já foi apreciado "centenas", quiçá milhares de vezes, por este Egrégio Tribunal, pede-se vênia para em vez de repetir-se aqui, com escopo de se demonstrar a impropriedade da decisão de primeiro grau, tantos argumentos já conhecidos, simplesmente citar-se apenas um par das suas mais recentes decisões sobre o tema:

> Apelação. Liminar. Mandado de Segurança. Impetração contra ato praticado pela CPFL, pleiteando o reconhecimento do direito de que, por não provar a alegada fraude, incabível à concessionária a interrupção do fornecimento de energia. Segurança concedida. Apelo desprovido, concedida a segurança, mantida a liminar. "Prestação de Serviços. Fraude. É da concessionária o ônus de provar que o consumidor, praticando fraude, pagou a menor pelo fornecimento de energia efetivamente consumida". O usuário que nega fraude no relógio medidor, que lhe é imputada pela concessionária, não tem o ônus de provar o fato negativo (TJSP, Apelação com Revisão 1.010.884.001, Relator Pereira Calças, *DJ* 14.5.2008).
>
> Prestação de serviços – Fornecimento de energia elétrica – Termo de ocorrência de irregularidade – TOI – discussão sobre débitos pretéritos oriundos de fraude no aparelho medidor – o Termo de Ocorrência de Irregularidade caracteriza indício de fraude, mas que não autoriza a suspensão do consumo de energia e nem a cobrança de energia consumida fraudulentamente, com valor fixado unilateralmente pela concessionária – inobservância dos princípios constitucionais do devido processo legal,

da ampla defesa e do contraditório – consumidor em dia no pagamento do fornecimento ordinário de energia tem direito a não interrupção da prestação de serviço – concessionária tem direito de cobrar energia consumida fraudulentamente através das vias judiciais próprias – repartição dos ônus sucumbências. Recurso da ré parcialmente provido (TJSP, Apelação com Revisão 913.770.000, Relator Berenice Marcondes César, *DJ* 29.4.2008).

Dos Pedidos:

Ante todo o exposto, requer-se o provimento do presente recurso com escopo de, confirmando-se eventualmente a liminar, DETERMINAR, em antecipação de tutela, à empresa B. ENERGIA S.A., ré no processo de primeiro grau, a obrigação de não fazer, consistente em "não suspender o fornecimento de energia elétrica do agravante", ou no caso, *em razão do tempo do trâmite deste processo*, já tenha suspendido o fornecimento de energia elétrica do consumidor, como vem prometendo, "restabeleça imediatamente e com urgência o fornecimento de energia elétrica na residência".

Termos em que,
p. deferimento.

Mogi das Cruzes/São Paulo, 00 de maio de 0000.

Gediel Claudino de Araujo Júnior
OAB/SP 000.000

7.13.2 Decisão do tribunal

Agravo de Instrumento nº 1183544-0/5
Comarca de Mogi das Cruzes-SP/Fórum Distrital de Brás Cubas
Agravante: E. B. S.
Agravada: B. Energia S.A.
Data do Julgamento: 00.00.0000

EMENTA

Agravo de Instrumento. Prestação de serviços. Ação declaratória de inexistência de débito. Decisão monocrática indeferindo o pedido de liminar formulado pelo autor para determinar a manutenção do fornecimento de energia elétrica ao imóvel em que reside. Débito apontado pela empresa agravada como decorrente de fraude no relógio medidor de consumo instalado no imóvel do consumidor. Impossibilidade de ocorrer o corte no fornecimento enquanto se discute, judicialmente, sobre a existência ou não de fraude alegada pela concessionária. Recurso provido.

ACÓRDÃO

Vistos, relatados e discutidos estes autos, os desembargadores desta turma julgadora da Seção de Direito Privado do Tribunal de Justiça (32ª Câmara), de conformidade com o relatório e o voto do relator, que ficam fazendo parte integrante deste julgado, nesta data, deram provimento ao recurso, por votação unânime.

Des. R.C. (Relator)

VOTO

Trata-se de agravo de instrumento extraído dos autos da ação declaratória de inexistência de débito, promovida pelo agravante em face da agravada, contra a r. decisão copiada às fls. 72/74, que indeferiu a antecipação de tutela pleiteada pelo autor para determinar que a ré se abstenha de suspender o fornecimento de energia elétrica à residência do autor.

Recorre o autor, alegando, em síntese, a presença dos requisitos legais para a antecipação da tutela indeferida em 1º grau.

Recurso tempestivo.

É o relatório.

Merece provimento o recurso do agravante.

Na hipótese o que vai se analisar é a possibilidade de a concessionária, mediante ato unilateral, alegar a ocorrência de fraude no medidor e indicar a existência de crédito decorrente do fornecimento de energia.

Se assim ocorre, impensável admitir-se a interrupção no fornecimento de energia elétrica até que se constate, de maneira inequívoca, e com a participação do consumidor, a real ocorrência da alegada fraude.

O serviço é essencial e contínuo, razão pela qual, enquanto a concessionária não demonstrar a correção do consumo cobrado do consumidor, não se admite a interrupção no fornecimento, o que na verdade configura medida de extrema coação, no caso tratado.

É admissível a interrupção no fornecimento desde que configurada a hipótese de injustificável recusa no pagamento, e desde que tenham sido cumpridos todos os requisitos legais, inclusive aí a constatação da fraude, mediante o devido processo legal.

O E. 1º Tribunal de Alçada Civil (recentemente extinto) já decidiu que:

> Medida Cautelar – Cautela inominada – Pretensão à legitimação do ato de suspensão do fornecimento de energia elétrica – Impossibilidade – Serviço essencial que se submete ao princípio da continuidade – Inadimplência do consumidor – usuário com relação a valores retroativos que tem origem em suposta irregularidade de consumo irreal – Irrelevância – arts. 22 a 42 do Código de Defesa do Consumidor e art. 6º, § 3º, II da Lei 8.987/95 – Essencialidade e urgência do serviço reconhecida expressamente pelo ordenamento jurídico – Discussão judicial da legitimidade da irregularidade e da cobrança dos valores que afasta, por ora, o interesse da coletividade capaz de legitimar o ato de interrupção – Liminar mantida – Agravo desprovido.

> Contrato – Prestação de serviços – energia elétrica fornecida a imóvel comercial – Relação de consumo caracterizada – Fornecimento que envolve a entrega de serviço que se destina à produção como ao consumo – Incidência da Lei 8.078/90 reconhecida – Agravo desprovido. (Agravo de Instrumento 1221197-3/00, São Paulo, Relator Sorteado Rizzatto Nunes – 4ª Câmara, julgado em 17.09.2003).

Se assim ocorre, como o autor ingressou com ação para declarar a inexistência do débito, enquanto não decidida a questão acerca da legitimidade do procedimento da agravada, não poderá ficar privado do fornecimento.

Desse modo, de rigor o provimento do recurso para determinar à agravada a manutenção do fornecimento de energia elétrica ao imóvel do autor, até o julgamento da ação principal, consignando que, o descumprimento da liminar concedida acarretará o pagamento de multa diária arbitrada em R$ 500,00 (quinhentos reais).

Ante o exposto, pelo meu voto, DOU PROVIMENTO ao recurso, nos termos acima alinhavados.

R. C. (Relator)

7.14 AGRAVO CONTRA DECISÃO QUE INDEFERIU PEDIDO DE TUTELA PROVISÓRIA EM AÇÃO DECLARATÓRIA DE NULIDADE DE CLÁUSULA DE CONTRATO DE PLANO DE SAÚDE (REAJUSTE POR IDADE – MUDANÇA DE FAIXA ETÁRIA)

Excelentíssimo Doutor Desembargador Presidente do Egrégio Tribunal de Justiça do Estado de São Paulo.

B. D. dos S., brasileira, divorciada, aposentada, portadora do RG 00.000.000-SSP/SP e do CPF 000.000.000-00, sem endereço eletrônico, residente e domiciliada na Rua Euclides Ferreira, nº 00, apartamento 82-B, Jardim Margarida, cidade de Mogi das Cruzes – SP, CEP 00000-000, por seu Advogado, que esta subscreve (mandato incluso), com escritório na Rua João Vicente Amaral, nº 00, Centro, Mogi das Cruzes-SP, CEP 00000-000, *onde recebe intimações* (e-mail: gediel@gsa.com.br), vem respeitosamente à presença de Vossa Excelência, não se conformando, *data venia*, com a r. decisão do Meritíssimo Juiz de Direito da 3ª Vara Cível do Foro de Mogi das Cruzes-SP, expedida nos autos do processo que move em face de **S. A. COMPANHIA DE SEGURO DE SAÚDE**, da mesma *agravar por instrumento, com pedido liminar*, observando-se o procedimento previsto nos arts. 1.015 a 1.020 do Código de Processo Civil, em conformidade com as inclusas razões.

Para tanto, junta cópia das seguintes peças do processo, entre outras: petição inicial; procuração *ad judicia*, declaração de necessidade; documento de identidade; certidão de nascimento; contrato de adesão de seguro saúde; decisão agravada; certidão de intimação quanto a decisão agravada. Deixa, no entanto, de juntar cópia da procuração *ad judicia* da ré, vez que esta ainda não foi regularmente citada nos autos.

O subscritor da presente declara, sob as penas da lei, que as cópias que formam o presente instrumento conferem com o original (art. 425, IV, CPC).

Requer, outrossim, a concessão dos benefícios da justiça gratuita, por ser pessoa pobre na acepção legal do termo, conforme declaração de pobreza já juntada aos autos principais e reproduzida neste instrumento.

Requer, por fim, seja o presente recurso recebido e regularmente processado.

Termos em que,
p. deferimento.

Mogi das Cruzes/São Paulo, 00 de agosto de 0000.

Gediel Claudino de Araujo Júnior
OAB/SP 000.000

RAZÕES DO RECURSO

Processo nº 0000000-00.0000.0.00.0000
Ação Declaratória de Nulidade de Cláusula Contratual
Terceira Vara Cível do Foro de Mogi das Cruzes-SP
Agravante: B. D. dos S
Agravado: o Juízo/S. A. Companhia de Seguro de Saúde.
Egrégio Tribunal
Colenda Câmara

Dos Fatos:

Em janeiro de 0000, a agravante ajuizou ação declaratória de nulidade de cláusula contratual em face da **S. A. COMPANHIA DE SEGURO DE SAÚDE**, argumentando, em síntese, que firmara contrato de adesão com a ré de seguro saúde, sendo que no referido contrato há uma cláusula que prevê aumento em razão de mudança de faixa etária, ou seja, quando a recorrente completou 59 (cinquenta e nove) anos, a mensalidade do seu seguro foi reajustada em 94,49% (noventa e quatro, quarenta e nove por cento). Entendendo que a referida cláusula é abusiva, a agravante requereu, ao final, fosse declarada nula, sem efeito; requereu, ainda, tutela provisória de urgência no sentido de que fosse suspenso o aumento no valor da prestação do plano de saúde, em razão da mudança de faixa etária, devendo retornar ao patamar praticado até outubro do ano de 0000, podendo ser acrescido apenas dos reajustes anuais autorizados pela Agência Nacional de Saúde Suplementar ANS.

Recebida a petição inicial, o douto Juiz de primeiro grau indeferiu o pedido de tutela provisória, determinando a citação da ré.

Em resumo, estes os fatos.

Da Liminar:

Ab initio, consoante permissivo do art. 1.019, inciso I, do Código de Processo Civil, **requer-se** seja deferido o efeito ativo ao presente recurso, com escopo de conceder a antecipação da tutela, no sentido de DETERMINAR à agravada que se abstenha de cobrar o reajuste em razão da mudança de faixa etária, devendo o valor de a prestação voltar àquele cobrado no mês de outubro, sendo que eventuais reajustes devem se limitar aos índices autorizados pela Agência Nacional de Saúde Suplementar ANS.

Inegável a presença do *fumus boni juris*, em razão das reiteradas decisões deste Egrégio Tribunal sobre o tema, sempre no sentido de reconhecer a ilegalidade do reajuste em razão de mudança da faixa etária; já o *periculum in mora* se apresenta na simples percepção de que se mantido o valor atual da prestação, a recorrente se verá impossibilitada de efetuar os pagamentos, correndo o risco de perder o seguro saúde que paga há tantos anos.

Do Mérito:

A respeitável decisão guerreada não pode permanecer. Ao fundamentá-la, o douto Magistrado de primeiro grau argumentou que a cobrança de reajuste em razão da mudança da faixa etária encontra arrimo no art. 15 da Lei nº 9.656/98.

De fato, a norma citada parece legitimar as ações da seguradora, contudo ela não constitui uma "carta branca" em favor da operadora do seguro saúde. Em julgamento recente, o Superior Tribunal de Justiça estabeleceu os seguintes limites:

> Para evitar abusividades (Súmula nº 469/STJ) nos reajustes das contraprestações pecuniárias dos planos de saúde, alguns parâmetros devem ser observados, tais como (i) a expressa previsão contratual; (ii) não serem aplicados índices de reajuste desarrazoados ou aleatórios, que onerem em demasia o consumidor, em manifesto confronto com a equidade e as cláusulas gerais da boa-fé objetiva e da especial proteção ao idoso, dado que aumentos excessivamente elevados, sobretudo para esta última categoria, poderão, de forma discriminatória, impossibilitar a sua permanência no plano; e (iii) respeito às normas expedidas pelos órgãos governamentais (STJ, REsp 1.568.244, Relator Ministro Ricardo Villas Bôas Cueva (1147), S2, *DJe* 19.12.2016).

Embora o contrato firmado entre as partes preveja reajuste em razão de mudança de faixa etária, em evidente afronta aos direitos do idoso, é preciso, segundo o Ministro Ricardo Villas Bôas Cueva, que o reajuste não seja "desarrazoado". Ora, no presente caso é possível, mesmo em cognição sumária, se constatar que o reajuste de 94,49% (noventa e quatro, quarenta e nove por cento), ocorrido na mensalidade da agravante, é extremamente abusivo.

Não é apenas a recorrente quem denuncia a evidente abusividade do aumento imposto pela recorrida. Em recente acórdão, a Desembargadora ANA MARIA BALDY declarou, deste Egrégio Tribunal, julgando caso semelhante, que *"não se pode deixar de observar que, mesmo em sede de cognição sumária, a média de aumentos por faixa etária é de 25,4%, sendo, portanto, o aumento de 94,49% (fls. 152 dos autos principais) a partir dos 59 anos abusivo e, sem sombra de dúvidas, pode vir a comprometer, até mesmo, o equilíbrio do contrato"* (TJSP, Agravo de Instrumento nº 2181867-33.2016.8.26.0000, *DJ* 20.12.2016).

Diante da evidente abusividade do reajuste deveria, *data venia*, o juiz de primeiro grau ter concedido a tutela antecipada, com escopo de preservar os interesses da recorrente e possibilitar a discussão dos termos do contrato. De outro lado, a concessão da medida não traria qualquer prejuízo para a recorrida. Nesse sentido a jurisprudência deste Egrégio Tribunal, *in verbis*:

> Plano de saúde. Tutela antecipada. Reajuste por faixa etária aos 59 Anos. Requisitos para a concessão de tutela antecipada presentes no caso concreto Agravo desprovido. (TJSP. Agravo de Instrumento nº 2122696-48.2016.8.26.0000. Des. Rel. Percival Nogueira, 6ª Câmara de Direito Privado. Data do julgamento: 02.09.2016. Data de registro: 05.09.2016).

Agravo regimental. Seguro. Plano de saúde. Cláusulas contratuais. Reajuste em função de mudança de faixa etária. Inadmissibilidade. Aplicação do Estatuto do Idoso. Solução, em sede de juízo preliminar, que deve ser favorável à parte hipossuficiente. Manutenção do contrato, ademais, que não coloca em risco o exercício da atividade da seguradora. Antecipação de tutela mantida. Recurso improvido (TJSP. Agravo regimental 2004440-83.2015.8.26.0000. Des. Rel. Vito Guglielmi. 6ª Câmara de Direito Privado. Data do julgamento: 05.03.2015. Data de registro: 06.03.2015).

Como se vê, seja em razão da firme jurisprudência deste Egrégio Tribunal sobre o tema, seja pelos riscos que a manutenção da respeitável de primeiro grau traz para os interesses da agravante, a decisão impugnada deve ser revista.

Do Pedido:

Ante todo o exposto, requer-se o provimento do presente recurso para o fim de reformar a r. decisão do douto Juízo de primeiro grau, suspendendo-se o reajuste imposto pela seguradora em razão da mudança de faixa etária, autorizando a recorrente a depositar judicialmente o valor sem reajuste até que os boletos sejam emitidos sem o referido aumento.

Termos em que,
p. deferimento.

Mogi das Cruzes/São Paulo, 00 de agosto de 0000.

Gediel Claudino de Araujo Júnior
OAB/SP 000.000

7.15 AGRAVO CONTRA DECISÃO QUE INDEFERIU PEDIDO DE TUTELA PROVISÓRIA EM AÇÃO DE DESPEJO

Excelentíssimo Senhor Doutor Desembargador Presidente do Egrégio Tribunal de Justiça do Estado de São Paulo.

        M. A., brasileiro, divorciado (convivente), empresário, portador do RG nº 0.000.000-SSP/AL e do CPF nº 000.000.000-00, sem endereço eletrônico, residente e domiciliado na Rua Emilio Zapile, nº 00, Vila Oliveira, cidade de Mogi das Cruzes-SP, CEP 00000-000, por seu Advogado, que esta subscreve (mandato incluso), com escritório na Rua João Vicente Amaral, nº 00, Centro, Mogi das Cruzes-SP, CEP 00000-000, *onde recebe intimações* (e-mail: gediel@gsa.com.br), vem respeitosamente à presença de Vossa Excelência, não se conformando, *data venia*, com a r. decisão do Meritíssimo Juiz de Direito da Segunda Vara Cível do Foro de Mogi das Cruzes-SP, expedida nos autos da ação de despejo por falta de pagamento cumulada com cobrança de aluguéis e encargos que move em face de **B. N. J.**, da mesma *agravar por instrumento, com pedido liminar*, observando-se o procedimento dos arts. 1.015 a 1.020 do Código de Processo Civil, em conformidade com as inclusas razões.

        Para tanto, junta cópia de "todo o processo" de primeiro grau (petição inicial e documentos que a acompanham, inclusive procuração outorgada pela parte, decisão ora agravada e a certidão de intimação). Deixa de juntar procuração *ad judicia* do agravado, vez que ainda não se deu a sua citação nos autos.

        O subscritor da presente petição DECLARA, sob as penas da lei, que todas as cópias que formam o presente instrumento CONFEREM com os originais (art. 425, IV, CPC).

        Requer, portanto, seja o presente recurso recebido e regularmente processado.

Termos em que,
p. deferimento.

Mogi das Cruzes/São Paulo, 00 de abril de 0000.

Gediel Claudino de Araujo Júnior
OAB/SP 000.000

RAZÕES DO RECURSO

Processo nº 0000000-00.0000.0.00.0000
Ação de Despejo por Falta de Pagamento cc Cobrança
Segunda Vara Cível do Foro de Mogi das Cruzes-SP
Agravante: M. A.
Agravado: o Juízo/B. N. J.

Egrégio Tribunal
Colenda Câmara

Dos Fatos:

Em abril de 0000, o agravante ajuizou em face do réu ação de despejo por falta de pagamento cumulada com cobrança, asseverando que firmará contrato verbal de locação com ele, sem prazo certo, com aluguel mensal no valor de R$ 600,00 (seiscentos reais). Declarou, ademais, que o inquilino pagou de forma correta o aluguel nos primeiros seis meses (juntou-se cópia dos recibos), mas que se encontrava em mora com os aluguéis vencidos nos meses de fevereiro, março e abril do presente ano. Com a inicial, juntou cálculos do débito e requereu a concessão de tutela provisória, no sentido de que emitido liminarmente o mandado de despejo, visto que a locação não se encontra garantida.

Recebida a exordial, o douto Juízo agravado INDEFERIU o pedido liminar.

Em síntese, o necessário.

Da Liminar:

Ab initio, consoante permissivo do art. 1.019, inciso I, do Código de Processo Civil, *requer-se* seja deferido "liminar" no sentido de determinar, conforme permissivo do art. 59, § 1º, inciso IX, da Lei nº 8.245/91, a expedição de "mandado de despejo", determinando-se que o inquilino desocupe o imóvel locado no prazo de quinze dias.

A fumaça do bom direito (ou verossimilhança da alegação, ou relevância do fundamento da demanda) consubstancia-se na literalidade do permissivo legal citado, ou seja, é a Lei do Inquilinato que determina a expedição de mandado e de despejo no caso de locação sem garantia, como ocorre no presente caso.

O perigo da demora da tutela, *periculum in mora*, se evidencia justamente na falta de garantias do contrato de locação, ou seja, a cada mês que o inquilino ficar no imóvel, representa irreparável prejuízo para o proprietário, fato que demanda a urgência da tutela, conforme prevista na Lei do Inquilinato.

Do Mérito:

A respeitável decisão guerreada merece reparos. Com efeito, o douto Magistrado *a quo*, ao indeferir o pedido de tutela provisória argumentou, basicamente, que "no caso em tela, não há prova inequívoca de que a locação noticiada na exordial não esteja, de fato, garantida por qualquer das modalidades previstas no art. 37 da Lei nº 8.245/91".

Data vênia do entendimento expresso pelo ilustre Juiz, é da essência do contrato de locação verbal a inexistência de garantias; este tipo de contrato, aceito pela legislação, se reveste de natural informalidade, incompatível, portanto, com a adoção de qualquer das garantias previstas no art. 37 da LI, quais sejam: caução; fiança; seguro de fiança locatícia; cessão fiduciária de quotas de fundo de investimento.

Não é necessário grande esforço para concluir que a adoção de qualquer das garantias mencionadas exige, demanda, formalidades que são absolutamente incompatíveis com um contrato de locação verbal envolvendo pequeno imóvel, como no presente caso. De outro lado, exigir do locador a prova de fato negativo (inexistência de garantias), afronta a lógica jurídica; ninguém pode ser obrigado a provar o que não existe.

Além de afrontar a interpretação básica dos fatos apresentados, e mesmo a lógica jurídica, como se disse, a decisão agravada ainda afronta a boa índole do autor, visto que parte do princípio de que ele procurou a justiça com mentiras. Neste caso temos uma total inversão de valores, ou seja, todos são desonestos até prova em contrário. Não seria mais justo e até mais fácil acreditar, diante de fatos tão simples, que o autor está dizendo a verdade?

De qualquer forma, mesmo que se ignore a afronta à honra do recorrente que a decisão agravada aponta, temos que é não só improvável, mas verdadeiramente impossível que um contrato de locação verbal seja efetivamente garantido por uma das formas previstas no art. 37 da LI. Diante de tal evidência e considerando o permissivo legal previsto no art. 59, § 1º, inciso IX, da já referida Lei do Inquilinato, a faculdade do juiz é na verdade obrigação, a fim de evitar prejuízos irreparáveis ao locador (critério e decisão do próprio legislador).

Como se vê, de absoluto rigor a revisão urgente da decisão agravada.

Registre-se, por fim, que a caução foi prestada em dinheiro (depósito judicial), conforme documentos anexos.

Dos Pedidos:

Ante todo o exposto, requer-se o provimento do presente recurso com escopo de se determinar a imediata expedição do "mandado de despejo", a fim de que o inquilino desocupe o imóvel locado no prazo improrrogável de 15 (quinze) dias.

Termos em que,
p. deferimento.

Mogi das Cruzes/São Paulo, 00 de abril de 0000.

Gediel Claudino de Araujo Júnior
OAB/SP 000.000

7.16 AGRAVO CONTRA DECISÃO QUE INDEFERIU PEDIDO DE TUTELA PROVISÓRIA EM AÇÃO DE DIVÓRCIO LITIGIOSO (ALIMENTOS PROVISÓRIOS A FAVOR DOS FILHOS)

7.16.1 Agravo de instrumento

Excelentíssimo Senhor Doutor Desembargador Presidente do Tribunal de Justiça do Estado de São Paulo.

A. de M. R., brasileira, casada, teleatendente, portadora do RG 00.000.000-SSP/SP e do CPF 000.000.000-00, titular do e-mail amr@gsa.com.br, residente e domiciliada na Rua Max Grimberg, nº 00, Alto do Ipiranga, cidade de Mogi das Cruzes-SP, CEP 00000-000, por seu Advogado, que esta subscreve (mandato incluso), com escritório na Rua João Vicente Amaral, nº 00, Centro, Mogi das Cruzes-SP, CEP 00000-000, *onde recebe intimações* (e-mail: gediel@gsa.com.br), vem à presença de Vossa Excelência, não se conformando, *data venia*, com a r. decisão do Meritíssimo Juiz da Terceira Vara da Família e das Sucessões do Foro de Mogi das Cruzes-SP, expedida nos autos do processo que move em face de J. M. R. R., da mesma *agravar por instrumento*, *com pedido liminar*, observando-se o rito previsto nos arts. 1.015 a 1.020 do Código de Processo Civil, em conformidade com as inclusas razões.

Para tanto, junta cópia de TODO O PROCESSO de primeiro grau (petição inicial, procuração, declaração de pobreza, documentos, decisão agravada, certidão de intimação etc.). Deixa de juntar cópia da procuração *ad judicia* do réu, vez que este ainda não foi regularmente citado nos autos.

O subscritor da presente petição DECLARA, sob as penas da lei, que todas as cópias que formam o presente instrumento CONFEREM com os originais (art. 425, IV, CPC).

Requerem, portanto, seja o presente recurso recebido e regularmente processado.

Termos em que,
p. deferimento.

Mogi das Cruzes/São Paulo, 00 de maio de 0000.

Gediel Claudino de Araujo Júnior
OAB/SP 000.000

RAZÕES DO RECURSO

Processo nº 0000000-00.0000.0.00.0000
Ação de Divórcio Litigioso
Terceira Vara da Família e das Sucessões do Foro de Mogi das Cruzes-SP
Agravante: A. de M. R.
Agravado: O Juízo/**J. M. R. R.**

Egrégio Tribunal
Colenda Câmara

Dos Fatos:

Em abril de 0000, a agravante ajuizou ação de divórcio litigioso asseverando, em síntese, que se encontra separada de fato do varão há alguns meses em razão de ele ter abandonado o lar conjugal. Requereu, então, fosse decretado o divórcio do casal, fixando-se a guarda unilateral do único filho do casal em favor da mulher, assim como condenando o genitor ao pagamento de pensão alimentícia mensal em favor de seu filho.

Na mesma petição inicial, a agravante requereu, em liminar, fixasse o douto Juízo a guarda provisória e o valor dos alimentos provisórios, com escopo de atender as imediatas necessidades do menor.

Recebida a exordial, o ilustre Magistrado *a quo* indeferiu o pedido de alimentos provisórios, sob o argumento de sua concessão ser incompatível com o rito comum da ação de divórcio, bem como pelo fato de o menor não ser parte na ação, determinando, no mais, a citação do réu.

Em síntese, o necessário.

Da Liminar:

Ab initio, consoante permissivo do art. 1.019, inciso I, do Código de Processo Civil, requer-se seja concedido liminar no presente recurso, no sentido de que o nobre Relator fixe os alimentos provisórios, nos limites do requerido na peça inicial, ou determine ao douto Juiz *a quo* que assim proceda, após ouvir o ilustre representante do Ministério Público quanto ao montante.

Tal pedido se justifica: primeiro, porque nos autos há prova do parentesco; segundo, porque sendo o filho menor a obrigação do genitor advém do poder familiar; terceiro, em razão da natureza do pedido, afinal todos sabemos que a "fome" não espera.

Do Mérito:

A respeitável decisão do Magistrado *a quo*, que indeferiu o pedido de antecipação de tutela, no sentido de que fosse fixado, na ação de divórcio litigioso, os alimentos provisórios devidos pelo varão ao seu filho menor, não deve permanecer, vez que não representa o melhor direito para o caso.

Ao fundamentar a decisão agravada, seu prolator, observou que indeferia a fixação de alimentos provisórios por ser o pedido incompatível com o rito comum da ação de divórcio, bem como pelo fato de o menor não ser parte na ação.

Como se pode observar, a primeira questão envolve a possibilidade, ou não, da cumulação de pedidos com procedimentos diferentes, qual seja, o rito especial da Lei de Alimentos e o rito comum da ação de divórcio.

Com escopo de corretamente responder à questão, devemos, a princípio, mencionar o art. 13 da Lei nº 5.478/68-LA, *in verbis*:

> Art. 13. O disposto nesta lei aplica-se igualmente, no que couber, às ações ordinárias de desquite, nulidade e anulação de casamento, à revisão de sentenças proferidas em pedidos de alimentos e respectivas execuções.

Na doutrina e na jurisprudência é pacífico o entendimento de que a norma mencionada autoriza o Juiz a fixar alimentos provisórios nas antigas ações de separação e, agora, nas ações de divórcio. Nesse sentido os seguintes exemplos, *in verbis*:

> A ação de separação judicial cumulada com pedido de alimentos. Fixação *initio litis* dos alimentos provisórios. Ao despachar a inicial é possível ao magistrado fixar os alimentos provisórios, sendo desnecessária nesse caso a instauração de medida acautelatória em autos apartados (Theotonio Negrão, *Código de Processo Civil*, 34. ed. Saraiva, p. 1116).

> A tutela provisória alvitrada decorre de uma emergência e está normatizada (art. 13, Lei 5.478/68), pelo que não tem sentido condicionar o proveito da verba temporária que se faz indispensável para garantir a subsistência da prole durante o período da litigiosidade, a uma ação autônoma, quando, como ocorreu, o objeto do pedido está compreendido na ação de divórcio (Agravo de Instrumento nº 11.170-4/5, Rel. Ênio Zuliani, *in Recurso de Agravo*: teoria e prática, Gediel Claudino de Araujo Júnior, 4. ed. Atlas, p. 69).

Não obstante a clareza do dispositivo apontado, a possibilidade de concessão de alimentos provisórios em sede de ação com rito comum, encontra, ainda, respaldo no art. 300 do CPC, que, como é cediço, permite a concessão da chamada "tutela provisória de urgência", *in verbis*:

> Art. 300. A tutela de urgência será concedida quando houver elementos que evidenciem a probabilidade do direito e o perigo de dano ou o risco ao resultado útil do processo.

§ 2º A tutela de urgência pode ser concedida liminarmente ou após justificação prévia.

Como se vê da letra expressa da lei, o argumento de que não se pode fixar alimentos provisórios, em antecipação de tutela, em ação de rito comum não pode subsistir. Nesse sentido a lição do Desembargador Sidnei Agostinho Beneti, em artigo publicado na *Revista dos Advogados*, nº 46, onde pontificou sobre o tema, *in verbis*:

A norma admite pedido liminar em toda e qualquer ação.

O *fumus boni juris* e o *periculum in mora* mencionados no citado art. 300 do CPC são facilmente percebíveis no presente caso. A obrigação de o genitor contribuir para o sustento do filho que não esteja sob sua guarda é patente; na verdade, tal questão nem demanda qualquer tipo de debate, observando-se apenas que a paternidade está comprovada pela juntada de certidão de nascimento (fls. 00). No mais, a urgência da fixação dos alimentos advém da própria natureza da obrigação que, como se sabe, tem caráter alimentar.

De outra forma, há, ainda, que se considerar que a obrigação alimentar devida pelo pai aos filhos menores é questão de disciplina obrigatória no feito proposto pela agravante em primeiro grau, em vista do pedido exordial. É o que se pode concluir pelo disposto no art. 19 e seguintes da Lei nº 6.515/77 (LDi), bem como do art. 1.703 do Código Civil, que se aplicam, indistintamente, às ações de separação e de divórcio, sejam consensuais, sejam litigiosas, consoante magistério de Yussef Said Cahali, na sua obra *Divórcio e Separação*.

Ora, se é obrigatório ao juiz, na sentença, decidir sobre os alimentos devidos aos filhos menores (que não são partes na ação), não pode haver impedimento legal para que esse mesmo Magistrado antecipe a sua tutela, como lhe permite o já citado art. 300 do CPC, concedendo os alimentos provisórios, mormente quando se percebe por uma simples análise dos autos, que todos os requisitos exigidos pela norma estão claramente presentes: prova de parentesco (certidão de nascimento); notória necessidade dos menores; obrigação paterna advinda do poder familiar; *periculum in mora*, afinal a fome não espera.

Não se deve, ademais, falar em ilegitimidade da agravante para pedir alimentos para o filho menor nos autos do processo de separação.

No caso, existe uma inafastável legitimidade extraordinária por parte da genitora. Legitimidade essa concedida implicitamente pela própria Lei do Divórcio, quando determina às partes fixar os alimentos devidos aos filhos menores na própria ação de separação ou divórcio. Essa faculdade, que é na verdade uma obrigação, que permite ao cônjuge detentor da guarda dos filhos menores do casal pedir a fixação dos alimentos devidos, é a mesma que fundamenta o pedido de tutela provisória.

Em outras palavras, se a agravante tem legitimidade para pedir que o juízo fixe os alimentos devidos pelo pai aos filhos na sentença concessiva de separação ou de divórcio, e tal pedido não pode ser negado, não pode haver impedimento para que, com arrimo no art. 300 do CPC, requeira, em liminar, os alimentos provisórios.

Demonstrada a relação de parentesco, demonstradas as necessidades do menor, demonstrada a legalidade do pedido, demonstrado o perigo da demora, *a faculdade do Juiz é na verdade uma obrigação*. Esta posição se reforça com a Súmula 226 do Supremo Tribunal Federal, *in verbis*:

> Na ação de desquite, os alimentos são devidos desde a inicial e não da data da decisão que os concede.

Do Pedido:

Ante o exposto, e mais por outras razões que esta Colenda Câmara saberá lançar sobre o tema, *requer-se o provimento do presente recurso*, com escopo de se determinar que o douto Magistrado *a quo* fixe os alimentos provisórios devidos pelo pai a seu filho; alimentos esses que serão devidos desde a citação, exatamente como formulado na petição inicial.

Termos em que,
p. deferimento.

Mogi das Cruzes/São Paulo, 00 de maio de 0000.

Gediel Claudino de Araujo Júnior
OAB/SP 000.000

7.16.2 Decisão do tribunal

ACÓRDÃO

Vistos, relatados e discutidos estes autos de AGRAVO DE INSTRUMENTO nº 011.170-4/5, da Comarca de MOGI DAS CRUZES, em que é agravante **A. de M. R.**, sendo agravado **J. M. R. R.**.

ACORDAM, em Terceira Câmara de Direito Privado do Tribunal de Justiça do Estado de São Paulo, por votação unânime, dar provimento ao recurso, de conformidade com o relatório e voto do Relator, que ficam fazendo parte do acórdão.

A. de M. R. requereu o divórcio do casamento que realizou com **J. M. R. R.**, porque separados de fato desde o ano de 0000, sendo que o varão, que não compareceu à audiência de conciliação, não contestou o pedido. De forma incidental requereu a mulher, para os três filhos menores que permanecem em sua companhia, a fixação de alimentos provisórios em 1/2 de um salário-mínimo.

O MM. Juiz, por considerar inviável a cumulação de pedidos, indeferiu o pedido de alimentos provisórios, o que motivou a interposição do presente agravo que, bem formado, chega com proposta de provimento firmado pela douta Procuradoria Geral de Justiça.

É o relatório.

A r. deliberação desafia precedente desta Câmara e, por isso, não deve subsistir.

Anotou o Des. GONZAGA FRANCESCHINI (*JTJ* 164/221), que "o requerimento de alimentos provisórios pode ser formulado cumulativamente com o pedido principal de separação judicial".

A tutela provisória alvitrada decorre de uma emergência e está normatizada (art. 4º da Lei nº 5.478/68), pelo que não tem sentido condicionar o proveito da verba temporária que se faz indispensável para garantir a subsistência da prole durante o período da litigiosidade, a uma ação autônoma, quando, como ocorreu, o objeto do pedido está compreendido na ação de divórcio.

Ademais, agora com a figura da tutela antecipada (art. 300 do CPC), afigura-se contrário ao tom de modernidade que reforça o ideal de plena e rápida efetividade do processo, a omissão de julgar, por questões instrumentais e burocráticas, o pedido de imediata fruição de alimentos que integram o objeto litigioso do processo.

O réu trabalha como caseiro e a mulher pediu, para três filhos, metade de um salário mínimo, proposta plenamente adequada e compatível com os pressupostos do art. 400 do Código Civil[4].

---

[4] Dispositivo do CC/16 correspondente ao art. 1.694 do CC/02.

Pelo exposto, dá-se provimento para conceder, desde a citação, alimentos provisórios mensais para os menores em meio salário-mínimo.

O julgamento teve a participação dos Desembargadores ALFREDO MIGLIORE (Presidente, sem voto), TOLEDO CÉSAR e MATTOS FARIA, com votos vencedores.

Ê. Z. (Relator)

7.17 AGRAVO CONTRA DECISÃO QUE INDEFERIU PEDIDO DE TUTELA PROVISÓRIA EM AÇÃO DE EXONERAÇÃO DE ALIMENTOS MOVIDA PELO PAI EM FACE DOS FILHOS EM RAZÃO DE IMPOSSIBILIDADE PARA O TRABALHO (DOENÇA)

Excelentíssimo Doutor Desembargador Presidente do Tribunal de Justiça do Estado de São Paulo.

M. A. R., brasileiro, casado, desempregado, portador do RG 00.000.000-SSP/SP e do CPF 000.000.000-00, nesse ato representado por sua mulher e procuradora **E. de G. R.**, brasileira, casada, aposentada, portadora do RG 00.000.000-SSP/SP e do CPF 000.000.000-00, sem endereço eletrônico, residentes e domiciliados na Rua Joaquina de Jesus Oliveira Bento, nº 00, Boa Vista, Biritiba Ussu, cidade de Mogi das Cruzes-SP, CEP 00000-000, por seu Advogado, que esta subscreve (mandato incluso), com escritório na Rua João Vicente Amaral, nº 00, Centro, Mogi das Cruzes-SP, CEP 00000-000, *onde recebe intimações* (e-mail: gediel@gsa.com.br), vem à presença de Vossa Excelência, não se conformando, *data venia*, com a r. decisão do Meritíssimo Juiz da Terceira Vara da Família e das Sucessões do Foro de Mogi das Cruzes-SP, expedida nos autos do processo que move em face de **D. D. R.** e **J. D. R.**, da mesma *agravar por instrumento, com pedido liminar*, observando-se o rito previsto nos arts. 1.015 a 1.020 do Código de Processo Civil, em conformidade com as inclusas razões.

Para tanto, junta cópia de "todo o processo" até esta data (petição inicial, procuração, documentos, decisão agravada, certidão de intimação da decisão agravada). Deixa de juntar cópia da procuração *ad judicia* dos réus, vez que esses ainda não foram regularmente citados nos autos. Reitera, nesta instância, o pedido de justiça gratuita, vez que se declara pobre no sentido jurídico do termo, conforme declaração de pobreza juntada nos autos originais e reproduzida neste instrumento.

O subscritor da presente petição DECLARA, sob as penas da lei, que todas as cópias que formam o presente instrumento CONFEREM com os originais (art. 425, IV, CPC).

Requer-se seja o presente recurso recebido e regularmente processado.

Termos em que,
p. deferimento.

Mogi das Cruzes/São Paulo, 00 de março de 0000.

Gediel Claudino de Araujo Júnior
OAB/SP 000.000

RAZÕES DO RECURSO

Processo nº 0000000-00.0000.0.00.0000
Ação de Exoneração de Alimentos
Terceira Vara da Família e das Sucessões do Foro de Mogi das Cruzes-SP
Agravante: M. A. R.
Agravado: o Juízo/D. D. R. e/o

Egrégio Tribunal
Colenda Câmara

Dos Fatos:

Em dezembro de 0000, o agravante ajuizou ação de exoneração de alimentos em face de seus filhos, ora agravados, asseverando, em síntese, que em razão de sérios problemas de saúde não tinha mais condições de trabalhar e, portanto, de pagar pensão alimentícia. Requereu a citação dos réus e, por sentença, fosse declarada a exoneração definitiva de sua obrigação de pagar alimentos para os réus.

Com a inicial juntou documentos médicos que confirmavam as suas declarações, requerendo, em tutela provisória de urgência, fosse suspensa sua obrigação em face dos menores, com escopo de evitar-se prisão em eventual medida requerida em cumprimento de obrigação de prestar alimentos.

Recebida a exordial, o douto Juízo de primeiro grau indeferiu o pedido de antecipação da tutela.

Em síntese, o necessário.

Da Liminar:

Ab initio, consoante permissivo do art. 1.019, inciso I, do Código de Processo Civil, requer-se seja concedido liminar no presente recurso, no sentido de que o nobre Relator "suspenda" de imediato a obrigação do agravante de pagar pensão alimentícia aos seus filhos.

O *fumus boni iuris* se manifesta nas declarações médicas que expressam a total impossibilidade do agravante para o trabalho; ou seja, na clara falta de um dos pressupostos da obrigação alimentícia, qual seja: "a possibilidade do alimentante".

Já o *periculum in mora* se mostra no fato de que a manutenção da obrigação, mesmo que de forma provisória, causa enormes prejuízos ao agravante, não só porque permite a cumulação de uma dívida injusta e indevida (falta de um de seus pressupostos básicos, como se disse), mas "principalmente" pelo fato de submeter uma pessoa acamada, doente, a possível prisão civil.

Do Mérito:

A respeitável decisão do Magistrado *a quo*, que "indeferiu o pedido de tutela provisória de urgência", com escopo de imediatamente suspender a obrigação alimentícia, não deve permanecer, vez que não representa o melhor direito para o caso.

Assim fundamentou a sua decisão a ilustre Magistrada de primeiro grau: "*indefiro a antecipação da tutela para exoneração da pensão alimentícia em razão da incapacidade absoluta dos requeridos, cuja subsistência depende da pensão fixada*".

Nobre Julgador*,* favor notar que o juiz, não obstante os muitos documentos juntados à exordial, nada disse sobre o estado de saúde do alimentante, que está há longa data absolutamente e irremediavelmente impossibilitado para o trabalho; ele se limitou a afirmar, *data venia*, o óbvio, que os menores precisam ser sustentados. Ora, isso ninguém nega; contudo, a existência da obrigação alimentícia pressupõe não só a necessidade daquele que pede os alimentos, mas também as possibilidades daquele que assume a obrigação. Nesse sentido a norma legal, *in verbis*:

> Art. 1.694. Podem os parentes, os cônjuges ou companheiros pedir uns aos outros os alimentos de que necessitem para viver de modo compatível com a sua condição social, inclusive para atender às necessidades de sua educação.
>
> § 1º Os alimentos devem ser fixados na proporção das necessidades do reclamante e dos recursos da pessoa obrigada.
>
> Art. 1.695. São devidos os alimentos quando quem os pretende não tem bens suficientes, nem pode prover, pelo seu trabalho, à própria mantença, e aquele, de quem se reclamam, pode fornecê-los, sem desfalque do necessário ao seu sustento.

O agravante gostaria de estar saudável e em condições de poder ajudar os seus filhos, porém "infelizmente" sua situação é de tal forma precária que ele nem mesmo pode comparecer no escritório desse subscritor, que o assiste nesse feito, estando, como se vê, representado por sua atual companheira (está acamado e impossibilitado de se locomover).

Mesmo sendo a situação do alimentante notória, uma das representantes dos alimentandos informou, via fone, à mulher dele que, diante da inadimplência, iria protocolar pedido de cumprimento de obrigação de prestar alimentos, onde iria pedir expressamente sua prisão civil; foi esse fato que, finalmente, alertou o agravante sobre a necessidade de buscar a justiça para ver reconhecida, declarada, a exoneração da obrigação alimentícia, diante da impossibilidade para o trabalho (permanente).

Ninguém nega as necessidades dos filhos do agravante, contudo deixou de observar a douta Juíza de primeiro grau que o alimentante está acamado, totalmente impossibilitado para o trabalho (infelizmente de forma definitiva, como será demonstrado por perícia médica no momento oportuno).

Diante de tal realidade, o recorrente, por mais que ame e se importe com os filhos menores, não tem como contribuir para o seu sustento (infelizmente).

Do Pedido:

Ante o exposto, e mais por outras razões que esta Colenda Câmara saberá lançar sobre o tema, ***requer-se o provimento do presente recurso***, com escopo de "suspender" a obrigação alimentícia que o agravante tem em face de seus filhos menores D. D. R. e J. D. R.

Termos em que,
p. deferimento.

Mogi das Cruzes/São Paulo, 00 de março de 0000.

Gediel Claudino de Araujo Júnior
OAB/SP 000.000

7.18 AGRAVO CONTRA DECISÃO QUE INDEFERIU PEDIDO DE TUTELA PROVISÓRIA EM AÇÃO DE INVESTIGAÇÃO DE PATERNIDADE CUMULADA COM ALIMENTOS (ALIMENTOS PROVISÓRIOS)

7.18.1 Agravo de instrumento

Excelentíssimo Senhor Doutor Desembargador Presidente do Egrégio Tribunal de Justiça do Estado de São Paulo.

C. E. S., brasileiro, menor impúbere, representado por sua genitora *A. L. da S.*, brasileira, solteira, empregada doméstica, portadora do RG 00.000.000-SSP/SP e do CPF 000.000.000-00, sem endereço eletrônico, residente e domiciliada na Rua Francisco Lima Cabral, nº 00, Vila Natal, cidade de Mogi das Cruzes, CEP 00000-000, por seu Advogado, que esta subscreve (mandato incluso), com escritório na Rua João Vicente Amaral, nº 00, Centro, Mogi das Cruzes-SP, CEP 00000-000, *onde recebe intimações* (e-mail: gediel@gsa.com.br), vem respeitosamente à presença de Vossa Excelência, não se conformando, *data venia*, com a respeitável decisão do Meritíssimo Juiz de Direito da Terceira Vara da Família e das Sucessões do Foro de Mogi das Cruzes-SP, expedida nos autos do processo de ação de investigação de paternidade cumulada com alimentos que move em face de **R. F. C.**, da mesma ***agravar por instrumento***, *com pedido liminar*, observando-se o procedimento dos arts. 1.015 a 1.020 do Código de Processo Civil, em conformidade com as inclusas razões.

Para tanto, junta cópia dos seguintes documentos: petição inicial, procuração *ad judicia* do agravante e do agravado, declaração de pobreza, contestação, procuração *ad judicia* do réu, exame de DNA positivo, decisão agravada, certidão de intimação. Registre-se, ainda, que o agravado encontra-se representado nos autos pelo seguinte advogado: Dr. E. V. de M. J., OAB/SP 00.000, com escritório na Rua Brás Cubas, nº 00, sala 00, Centro, cidade de Mogi das Cruzes-SP, CEP 00000-000.

O subscritor da presente petição DECLARA, sob as penas da lei, que todas as cópias que formam o presente instrumento CONFEREM com os originais (art. 425, IV, CPC).

Requer, outrossim, a concessão dos benefícios da justiça gratuita, por ser pessoa pobre na acepção legal do termo, conforme declaração de pobreza já juntada aos autos e reproduzida neste instrumento.

Requer, portanto, seja o presente recurso recebido e regulamente processado.

Termos em que,
p. deferimento.

Mogi das Cruzes/São Paulo, 00 de junho de 0000.

Gediel Claudino de Araujo Júnior
OAB/SP 000.000

RAZÕES DO RECURSO

Processo nº 0000000-00.0000.0.00.0000
Ação de Investigação de Paternidade cc Alimentos
Terceira Vara da Família e das Sucessões do Foro de Mogi das Cruzes-SP
Agravante: C. E. S.
Agravado: R. F. C.

Egrégio Tribunal
Colenda Câmara

Dos Fatos:

   O agravante ajuizou ação de investigação de paternidade cumulada com alimentos buscando compelir o agravado a reconhecer a sua paternidade em face dele, assim como estabelecer o valor mensal da pensão alimentícia.

   Recebida a exordial, o réu foi citado e contestou o feito. Saneado o processo, determinou-se a realização de exame de DNA pelo IMESC, sendo o resultado juntado nos autos, fls. 41/49.

   Confirmada a paternidade (***probabilidade de paternidade é de 99,999999%***), o autor requereu fosse fixado, em liminar (art. 300, CPC), o valor dos alimentos provisórios, tendo o ilustre representante do Ministério Público se manifestado de forma favorável ao pedido.

   Conclusos os autos, o douto Magistrado de primeiro grau indeferiu o pedido de antecipação de tutela.

   Em síntese, os fatos.

Da Liminar:

   Ab initio, consoante permissivo do art. 1.019, inciso I, do Código de Processo Civil, requer-se seja deferido o efeito suspensivo ao presente recurso, fixando o valor dos alimentos provisórios devidos pelo agravado em ½ (meio) salário-mínimo nacional, com vencimento para todo dia 10 (dez) de cada mês, ou outro valor que entender adequado esse douto Relator, determinando-se a intimação do alimentante para que inicie o pagamento.

   A concessão da liminar se justifica, seja porque nos autos já há prova da alegada paternidade, consistente justamente no exame de DNA realizado pelo IMESC, seja porque não é possível para o genitor continuar a ignorar suas obrigações em face do agravante, seja, por fim, porque a fome não espera.

Sendo assim, caracterizado o *periculum in mora*, em razão dos prejuízos que estão a advir ao agravante, que está sem qualquer ajuda do seu genitor, e o *fumus boni juris*, conforme se argumentou no item a seguir, REQUER-SE seja concedida a liminar.

Do Mérito:

Nobres julgadores, sem razão o ilustre Magistrado *a quo*, que indeferiu o pedido de alimentos provisórios sob o singelo argumento de que *"não consta dos autos elementos suficientes para se aferir a capacidade econômica do réu"*.

Citado, o agravado tomou conhecimento formal da pretensão do recorrente quanto a alimentos, sendo que em sua contestação, fls. 22/24, informou expressamente que se encontrava *"desempregado, sobrevivendo de pequenos trabalhos, que não lhe rendem por mês mais do que um salário-mínimo"*.

Note-se que é o próprio agravado que confessa renda mensal de aproximadamente 1 (um) salário mínimo, isso quando estava desempregado (hoje ainda não se sabe). Obviamente que a representante do menor sabe que a renda do recorrido é superior ao declarado, mas isso na verdade nem importa nesse momento; o que importa é que o próprio agravado confessa, informa, a sua renda.

Diante de tal informação e considerando que nos autos já foi produzida prova cabal de parentesco (exame de DNA), assim como o fato de a lei declarar ser obrigação do genitor que não está com a guarda do filho contribuir para o seu sustento, deveria o Juiz de primeiro grau, diante do pedido expresso do recorrente, ter fixado o valor mensal dos alimentos provisórios.

Entendesse o ilustre Juiz que o valor pedido está acima da capacidade financeira declarada, confessada, do alimentante, poderia, por óbvio, fixar outro valor, o que não poderia, como infelizmente fez, era simplesmente negar o pedido do menor, condenando-o a ficar por mais alguns meses, no mínimo, sem a ajuda paterna.

Nesse sentido, a jurisprudência deste Egrégio Tribunal:

> Investigação de paternidade cumulada com pedido de alimentos. Decisão que fixou alimentos provisórios em 2/3 do salário mínimo. Insurgência. Alegação de que não possui capacidade para arcar com os alimentos fixados. Pretensão de redução para 1/3 do salário mínimo. Decisão acertada que merece prevalecer até que ocorra a dilação probatória. Criança com dois anos de idade, cujas necessidades são presumidas. Recurso improvido (TJSP, Agravo de Instrumento 2056002-24.2021.8.26.0000, Relator Fábio Quadros, 4ª Câmara de Direito Privado, Foro de Nuporanga – Vara Única, *DJ* 01/10/2021).

> Agravo de instrumento – Ação de investigação de paternidade cumulada com alimentos – Presença de indícios do vínculo afetivo entre as partes justificando e legitimando a fixação da verba alimentar – Decisão interlocutória que fixou alimentos provisórios em 30% do salário

mínimo nacional – Necessidade de readequação do encargo para 15% do salário mínimo vigente – Existência de outros dois filhos do réu, que se encontra desempregado – Decisão reformada – Recurso provido, em parte (TJSP, Agravo de Instrumento 2175003-03.2021.8.26.0000, Relator César Peixoto, 9ª Câmara de Direito Privado, Foro de Ubatuba – 2ª Vara, *DJ* 30/09/2021).

Investigação de paternidade cumulada com alimentos. Fixação de alimentos provisionais após a vinda do laudo do IMESC confirmando a paternidade. Redução. Alimentante trouxe elementos de prova que autorizam pequena compressão do encargo, antes da cognição exauriente. Diante da demonstração da renda do alimentante, somado à prova de que tem outra filha que também dele depende para subsistência, razoável a fixação de alimentos provisórios no valor equivalente a 18% dos seus vencimentos líquidos, desde que nunca inferior a 25% do salário mínimo nacional. Recurso provido em parte (TJSP, Agravo de Instrumento 2122336-40.2021.8.26.0000, Relator Francisco Loureiro, 1ª Câmara de Direito Privado, Foro de Sorocaba – 2ª Vara de Família e Sucessões, *DJ* 15/07/2021).

Do Pedido:

Ante o exposto, e pelo mais que dos autos consta, *requer-se o provimento deste recurso*, a fim de que, reformando-se totalmente a r. decisão de primeiro grau, seja fixado o valor dos alimentos provisórios devidos pelo agravado em ½ (meio) salário-mínimo nacional, com vencimento para todo dia 10 (dez) de cada mês, ou outro valor que entender adequado esta nobre Câmara, determinando-se a intimação do alimentante para que inicie o pagamento.

Termos em que,
p. deferimento.

Mogi das Cruzes/São Paulo, 00 de junho de 0000.

Gediel Claudino de Araujo Júnior
OAB/SP 000.000

7.18.2 Decisão do tribunal

Agravo de Instrumento nº 378.530.4/6
Comarca de Mogi das Cruzes-SP
Agravante: C. E. S.
Agravados: R. F. C.

EMENTA

Investigação de paternidade – Fixação de alimentos provisórios – Presunção legal da afirmada relação de paternidade – Quanto que não se mostrou excessivo, além de não ter o recorrido comprovado suas dificuldades econômicas – Recurso provido.

ACÓRDÃO

Vistos, relatados e discutidos estes autos de AGRAVO DE INSTRUMENTO nº 378.530.4/6, da Comarca de MOGI DAS CRUZES, em que é agravante C. E. S., menor representado por sua mãe, sendo agravado R. F. C. ACORDAM, em Quarta Câmara de Direito Privado do Tribunal de Justiça do Estado de São Paulo, proferir a seguinte decisão: "deram provimento ao recurso, v. u.", de conformidade com o voto do Relator, que integra este acórdão.

O julgamento teve a participação dos Desembargadores C. S. e Ê. Z.

Des. J. G. J. R. (Relatora)

VOTO Nº 17.091

Vistos.

C. E. S., autor em ação de investigação de paternidade e alimentos proposta contra R. F. C. agrava de instrumento em face de decisão que indeferiu pedido de fixação de alimentos provisórios. Alegou ter sido realizado exame de DNA junto ao IMESC, acusada a conclusão do laudo a probabilidade de o recorrido ser seu genitor. Afirma que a disposição do art. 273 do CPC [de 1973] permite ao magistrado o acolhimento da pretensão e que passa por necessidades financeiras para sua formação.

O recurso foi processado com efeito suspensivo, oferecendo o agravado contrarrazões (fls. 62/65). O parecer da Procuradoria-Geral de Justiça é no sentido do provimento.

Esse é o relatório.

Os elementos apresentados se mostravam suficientemente embasados em motivos para a concessão dos alimentos provisórios. Na inicial, o autor buscava alimentos, de modo que se deve entender que, desde logo, ante a situação aflitiva daquele, deveriam ser considerados.

Também pesa o fato de que o laudo pericial indicou probabilidade de 99,9999% da apontada paternidade. Opera no mesmo sentido a Súmula 277 do STJ, que dispõe que os alimentos decorrentes do eventual reconhecimento da paternidade são devidos a partir da citação. Forçoso é se entender, portanto, que presentes os requisitos da verossimilhança e da prova inequívoca, de maneira a amparar a decisão tomada.

No que respeita ao quanto da pensão (meio salário-mínimo) é de se convir que o agravado, apesar dos argumentos da contrariedade, não ofereceu qualquer outro elemento para que se tivesse condições, neste recurso, de se encontrar, eventualmente, outro valor. De qualquer forma, a dilação probatória nos autos principais indicará a solução a ser dada à questão, impondo-se, por ora, a manutenção da quantia.

Pelos motivos acima, é dado provimento ao recurso.

J. G. DE J. R. (Des. Relator)

7.19 AGRAVO CONTRA DECISÃO QUE INDEFERIU PEDIDO DE TUTELA PROVISÓRIA EM AÇÃO DE OBRIGAÇÃO DE FAZER (OBTENÇÃO DE APARELHO AUDITIVO)

7.19.1 Agravo de instrumento

Excelentíssimo Doutor Desembargador Presidente do Egrégio Tribunal de Justiça do Estado de São Paulo.

M. A. da S., brasileira, solteira, aposentada, RG 0.000.000-SSP/SP e do CPF 000.000.000-00, sem endereço eletrônico, residente e domiciliada na Rua Manoel Joaquim Ferreira, nº 00, fundos, Jardim Juliana, cidade de Mogi das Cruzes – SP, CEP 00000-000, por seu Advogado, que esta subscreve (mandato incluso), com escritório na Rua João Vicente Amaral, nº 00, Centro, Mogi das Cruzes-SP, CEP 00000-000, *onde recebe intimações* (e-mail: gediel@gsa.com.br), vem respeitosamente à presença de Vossa Excelência, não se conformando, *data venia*, com a r. decisão do Meritíssimo Juiz de Direito da Vara da Fazenda Pública do Foro de Mogi das Cruzes-SP, expedida nos autos do processo que move em face do **Município de Mogi das Cruzes**, da mesma *agravar por instrumento*, com pedido liminar, observando-se o procedimento previsto nos arts. 1.015 a 1.020 do Código de Processo Civil, em conformidade com as inclusas razões.

Para tanto, junta cópia de TODO O PROCESSO de primeiro grau (petição inicial; procuração *ad judicia*; documentos pessoais; declaração de pobreza; decisão agravada; decisão de intimação). Observa, ademais, que o agravado deve ser intimado na pessoa de sua Procuradora, **Dra. F. C. L. A., OAB/SP 000.000**, com escritório junto à Secretaria Municipal de Assuntos Jurídicos, situada na Avenida Narciso Yague Guimarães, nº 00, Centro Cívico, Mogi das Cruzes-SP, CEP 00000-000, que não juntou instrumento de procuração por estar legalmente dispensada.

O subscritor da presente declara, sob as penas da lei, que as cópias que formam o presente instrumento conferem com o original (art. 425, IV, CPC).

Requer a concessão dos benefícios da justiça gratuita, por ser pessoa pobre na acepção legal do termo, conforme declaração de pobreza já juntada aos autos principais e reproduzida neste instrumento.

Requer, por fim, seja o presente recurso recebido e regularmente processado.

Termos em que,
p. deferimento.

Mogi das Cruzes/São Paulo, 00 de junho de 0000.

Gediel Claudino de Araujo Júnior
OAB/SP 000.000

RAZÕES DO RECURSO

Processo nº 0000000-00.0000.0.00.0000
Ação de Obrigação de Fazer
Vara da Fazenda Pública do Foro de Mogi das Cruzes-SP
Agravante: M. A. da S.
Agravado: Município de Mogi das Cruzes

Egrégio Tribunal
Colenda Câmara

Dos Fatos:

Em 00 de dezembro de 0000, a agravante ajuizou ação de obrigação de fazer cumulada com preceito cominatório em face do Município de Mogi das Cruzes asseverando, em apertada síntese, que era portadora de doença auditiva e que não possuía condições financeiras para adquirir aparelho auditivo necessário para seu tratamento de saúde; impossibilitada, como se disse, de comprar o aparelho auditivo fez requerimento administrativo junto ao Município de Mogi das Cruzes, onde reside. Após aguardar por meses, a recorrente recebeu resposta negativa. Inconformada, a paciente buscou a tutela jurisdicional requerendo fosse, em liminar, o Município obrigado a lhe fornecer o aparelho necessário ao seu tratamento.

Recebida a exordial, o douto Magistrado de primeiro grau determinou a emenda da exordial, com escopo de incluir a Fazenda do Estado de São Paulo no polo passivo da ação. Inconformada, a requerente agravou da referida decisão.

Em juízo de retratação, o Juiz *a quo* DEFERIU A LIMINAR, fls. 37/38, determinando que o réu, Município de Mogi das Cruzes, fornecesse no prazo de 10 (dez) dias o aparelho auditivo à requerente, conforme orientação médica, sob pena de multa diária no valor de R$ 500,00.

Intimado da decisão, o réu peticionou nos autos, fls. 48/49, argumentando sobre a impossibilidade de atendimento da ordem judicial e informando ainda sobre Programa de Órtese e Prótese que mantinha em parceria com o Estado, dizendo que com escopo de cumprir a ordem judicial por este meio tinha inscrito a paciente no referido programa, marcando-se avaliação na Santa Casa de São Paulo para o dia 00.00.0000.

Diante dos argumentos da agravada, o douto Magistrado de primeiro grau REFORMOU sua decisão, fls. 53, a fim de aceitar que o cumprimento da liminar, ou seja, a entrega do aparelho auditivo, se desse por meio do referido programa.

Não obstante as suas muitas dificuldades de locomoção, a agravante compareceu na referida consulta; aguardou por horas, foi maltratada e finalmente recebeu a notícia de que seria incluída em lista de espera (mais uma).

Tais fatos foram informados ao Juiz, fls. 90/91; contudo, este em vez de se compadecer da requerente, vítima, mais uma vez, das mazelas da burocracia estatal, preferiu REFORMAR, mais uma vez, a sua decisão agora simplesmente para INDEFERIR O PEDIDO LIMINAR, declarando que o laudo médico juntado aos autos não era bastante para aferir a necessidade do uso do aparelho.

Em resumo, estes os fatos.

Da Liminar:

Ab initio, consoante permissivo do art. 1.019, inciso I, do Código de Processo Civil, **requer-se** seja deferido o efeito ativo ao presente recurso, com escopo de conceder a antecipação da tutela, no sentido de DETERMINAR ao Município de Mogi das Cruzes que forneça o aparelho auditivo indicado pelo médico da paciente no prazo improrrogável de 5 (cinco) dias, sob pena de responder por multa diária de R$ 500,00, valor este a ser sequestrado das contas municipais a fim de custear o aparelho auditivo. Este pedido se justifica na medida em que a mantença, mesmo que momentânea, da respeitável decisão guerreada, implicará sérios prejuízos para a recorrente.

Inegável a presença do *fumus boni juris*, em razão das reiteradas decisões deste Egrégio Tribunal sobre o tema, sempre no sentido de reconhecer a obrigação do ente público de fornecer ao cidadão os meios necessários ao seu tratamento de saúde; já o *periculum in mora* se apresenta na simples percepção de que a paciente tem seu estado de saúde agravado dia a dia pela impossibilidade do uso do referido aparelho.

Registre-se, ainda, que a atitude dúbia do ilustre Juiz de Primeiro grau, que vem se curvando aos frágeis argumentos da agravada, tem aumentado dia a dia os riscos de piora da saúde da paciente, uma senhora de 66 (sessenta e seis) anos, que é obrigada a conviver com uma alta campainha na sua cabeça em razão da falta do aparelho auditivo. Não se deve olvidar que ela espera nas filas da burocracia oficial, seja da Prefeitura, seja do Estado, há anos.

Ela está ficando louca (*a campainha na sua cabeça é insuportável*); mas quem não estaria nessas circunstâncias?

Do Mérito:

A respeitável decisão guerreada não pode permanecer. Ao fundamentá-la, o douto Magistrado de primeiro grau argumentou que se faz necessária a realização de perícia para verificação da necessidade da autora em fazer uso desse aparelho.

Ora, a **Dra. C. S. de S.**, médica Otorrinolaringologista, CRM-SP 00000, do Ambulatório Médico de Especialidades Maria Zélia, da Secretaria da Saúde do Estado de São Paulo, declarou, COM TODAS AS LETRAS, que a paciente *M. A. de S.* tem perda auditiva neurossensorial com indicação de uso de aparelho auditivo, fls. 12.

Diante do referido laudo, qual novidade espera o douto Magistrado de um novo laudo? Uma declaração de que há casos mais graves e que, portanto, a Sra. M. pode esperar na fila por mais alguns anos?

Com certeza há casos mais graves, que devem e precisam ser atendidos, mas isso em nada muda o direito da agravante, uma senhora de 66 (sessenta e seis) anos, que convive com uma alta campainha na sua cabeça; ela precisa, segundo a sua médica, e tem o direito, segundo a Constituição Federal, de ter o aparelho agora.

Oportuna a citação das palavras do eminente Desembargador do Tribunal de Justiça do Estado de São Paulo, Dr. José Luiz Gavião de Almeida, proferidas no recente julgamento da Apelação nº 0004581-61.2011.8.26.0038 (*DJ* 19.02.2013), *in verbis*: "*nem se diga que o aparelho requerido não seria necessário ou poderia ser substituído por outro, pois o médico que assiste o paciente, acompanhando a evolução da doença, é que tem aptidão para avaliar e prescrever o que entende ser o mais adequado, pouco importando se faz parte do quadro de servidores públicos, ligados ao SUS, ou não*" (grifo nosso).

Não se deve ainda argumentar sobre eventual irreversibilidade da decisão que concede a liminar, visto que o aparelho pode ser devolvido. Nesse sentido, a lição do ilustre Desembargador deste Egrégio Tribunal, Dr. Urbano Ruiz, expressa no julgamento do agravo de instrumento nº 0010769-19.2013.8.26.0000 (*DJ* 18.02.2013), *in verbis*: "**Inexiste, de outra parte, o perigo de irreversibilidade, de vez que o aparelho pode ser devolvido, caso a final se comprove que a autora dele não precisa**".

Data venia, mas o argumento no sentido de que seria necessária a realização de mais uma perícia técnica parece uma pobre desculpa de quem deseja indeferir o pedido da cidadã, mas não tem argumentos para enfrentar o forte entendimento jurisprudencial que se firmou ao longo dos anos a favor dos pacientes e contra o Estado.

Resume bem este entendimento jurisprudencial as palavras do Ministro Celso de Mello, do Supremo Tribunal Federal, proferida em liminar de ação intentada pelo Estado de Santa Catarina (Petição nº 1.246-1): "*Entre proteger a inviolabilidade do direito à vida, que se qualifica como direito subjetivo inalienável assegurado pela própria Constituição da República (art. 5º, caput), ou fazer prevalecer, secundário do Estado, entendo – uma vez configurado esse dilema – que razões de ordem ético-jurídica impõem ao julgador uma só e possível opção: o respeito indeclinável à vida.*"

Resta provado nos autos que a recorrente, uma senhora de 66 (sessenta e seis) anos, tem necessidade de uso de aparelho auditivo, fls. 12; provou-se, ainda, que ela não possui condições financeiras de adquirir com suas próprias forças o referido aparelho, fls. 13 e 14. Nenhuma nova perícia irá mudar estes fatos, mesmo porque não existe cura para a perda de audição.

Do Pedido:

Ante todo o exposto, requer-se o provimento do presente recurso para o fim de reformar a r. decisão do douto Juízo de primeiro grau, determinado, em antecipação de tutela, ao Município de Mogi das Cruzes que forneça, no prazo de cinco dias, à recorrente aparelho auditivo (conforme prescrição médica), sob pena de multa diária no valor de R$ 500,00.

        Termos em que,
        p. deferimento.

        Mogi das Cruzes/São Paulo, 00 de junho de 0000.

        Gediel Claudino de Araujo Júnior
        OAB/SP 000.000

7.19.2 Decisão do tribunal

4ª Câmara de Direito Público
Agravo de Instrumento nº 0126467-73.2013.8.26.0000

CONCLUSÃO

Trata-se de agravo de instrumento interposto por M. A. da S. contra decisão que indeferiu o pedido liminar, por entender que o laudo médico juntado aos autos não se mostrava suficiente a comprovar a necessidade do uso do aparelho auditivo solicitado. Defende a agravante possuir perda auditiva neurossensorial, atestada por sua médica, a qual recomendou o uso de aparelho auditivo para a cura do mal que acomete a recorrente.

Presentes os requisitos legais, concedo a antecipação da tutela recursal.

Veja que o direito do agravado ao fornecimento do aparelho relacionado na inicial decorre do disposto no art. 196 da Constituição Federal, o qual estabelece ser a saúde direito de todos e dever do Estado, no sentido amplo, mostrando-se descabido limitar o alcance da norma aos equipamentos e remédios padronizados e indicados pela burocracia estatal.

Ademais, estabelece o art. 23, II, da Carta da República a partilha de atribuições na Federação, prescrevendo ser de competência comum da União, dos Estados e dos Municípios "cuidar da Saúde e assistência pública, da proteção e garantia das pessoas portadoras de deficiência".

Desse modo, constatada a necessidade do equipamento solicitado por meio de prescrição médica (fls. 20), de rigor o seu fornecimento no prazo de dez dias, sob pena de multa diária de R$ 500,00.

À parte contrária.

Int.
A. L. (Relatora)

7.20 AGRAVO CONTRA DECISÃO QUE INDEFERIU PEDIDO DE TUTELA PROVISÓRIA EM AÇÃO DE OBRIGAÇÃO DE FAZER (OBTENÇÃO DE INSUMOS TERAPÊUTICOS)

Excelentíssimo Senhor Doutor Desembargador Presidente do Egrégio Tribunal de Justiça do Estado de São Paulo.

I. R. A., brasileiro, casado, aposentado, portador do RG 0.000.000-SSP/SP e do CPF 000.000.000-00, sem endereço eletrônico, neste ato representado excepcionalmente por sua mulher *M. da C. R. A.*, brasileira, casada, servente, portadora do RG 0.000.000-SSP/SP e do CPF 000.000.000-00, residente e domiciliada na Avenida Lothar Waldemar Hoehne, nº 00, Rodeio, cidade de Mogi das Cruzes-SP, CEP 00000-000, por seu Advogado, que esta subscreve (mandato incluso), com escritório na Rua João Vicente Amaral, nº 00, Centro, Mogi das Cruzes-SP, CEP 00000-000, *onde recebe intimações* (e-mail: gediel@gsa.com.br), vem respeitosamente à presença Vossa Excelência, não se conformando, *data venia*, com a r. decisão do Meritíssimo Juiz de Direito da Vara da Fazenda Pública do Foro de Mogi das Cruzes-SP, expedida nos autos do processo de ação de obrigação de fazer que move em face da **P. M. M. C.**, da mesma ***agravar por instrumento***, *com pedido liminar*, observando-se o procedimento dos arts. 1.015 a 1.020 do Código de Processo Civil, em conformidade com as inclusas razões.

Para tanto, junta cópia de TODO O PROCESSO de primeiro grau, observando-se, ainda, que se trata de processo eletrônico. Deixa, no entanto, de juntar cópia da procuração *ad judicia* do réu, vez que este ainda não foi regularmente citado nos autos.

O subscritor da presente petição DECLARA, sob as penas da lei, que todas as cópias que formam o presente instrumento CONFEREM com os originais (art. 425, IV, CPC).

Requer, outrossim, a concessão dos benefícios da justiça gratuita, por ser pessoa pobre na acepção legal do termo, conforme declaração de pobreza já juntada aos autos principais e reproduzida neste instrumento.

Requer, portanto, seja o presente recurso recebido e regularmente processado.

Termos em que,
Pede deferimento.

Mogi das Cruzes/São Paulo, 00 de outubro de 0000.

Gediel Claudino de Araujo Junior
OAB/SP 000.000

RAZÕES DO RECURSO

Processo nº 0000000-00.0000.0.00.0000
Ação de Obrigação de Fazer
Vara da Fazenda Pública do Foro de Mogi das Cruzes-SP
Agravante: I. R. A.
Agravado: P. M. M. C.

Egrégio Tribunal
Colenda Câmara

Dos Fatos:

O agravante se encontra gravemente enfermo, vítima de acidente vascular cerebral (AVC), estando restrito ao seu leito, conforme provam documentos anexos. O seu tratamento, segundo orientação médica (Dr. A. T. C. – CRM/SP 00.000), envolve o "*uso diário e contínuo*" de vários medicamentos e insumos terapêuticos.

Parte desses medicamentos e insumos é fornecida pela rede pública, outra parte é custeada pelo próprio paciente com a ajuda da família e de amigos. Entretanto, passados mais de 08 (oito) meses da ocorrência do AVC a poupança familiar já acabou e o paciente está correndo sério risco de ficar sem o necessário para o seu tratamento. Neste particular, há que se registrar que devido ao precário e delicado estado de saúde do recorrente, a falta de qualquer dos medicamentos ou insumos PODE LEVAR A ÓBITO IMEDIATO.

A fim de evitar o pior, o agravante, por meio de sua mulher, protocolou pedido junto à Secretária Municipal de Saúde de Mogi das Cruzes requerendo lhe fosse fornecido 04 (quatro) pacotes com 40 (quarenta unidades) de "fralda geriátrica tamanho G", assim como os produtos "nutri enteral soya", 12 (doze) potes de 800g, "equipo para nutrição", 40 (quarenta) unidades, "frasco 300ml", 40 (quarenta) unidades, "nutri protein", 1 pote de 250g.

Não obstante a situação do recorrente seja ABSOLUTAMENTE DESESPERADORA, vez que sua sobrevivência está na dependência do fornecimento dos referidos insumos terapêuticos, o Secretário de Saúde do Município de Mogi das Cruzes se recusou a fornecê-los (documento anexo).

Diante de tal atitude, o agravante buscou o Poder Judiciário por meio de ação de obrigação de fazer, no entanto o douto Juiz de primeiro grau, para a infelicidade dele, DENEGOU O PEDIDO DE ANTECIPAÇÃO DA TUTELA, entendendo não ser obrigação do Munícipio de Mogi das Cruzes fornecer os insumos requeridos pelo paciente.

Em síntese, os fatos.

Da Liminar:

Ab initio, consoante permissivo do art. 1.019, inciso I, do Código de Processo Civil, requer-se seja deferido o efeito ativo ao presente recurso, com escopo de determinar ao agravado, Município de Mogi das Cruzes, que forneça imediatamente ao agravante, pelo tempo que for necessário e sob pena de multa diária no valor de R$ 500,00 (quinhentos reais), os seguintes insumos terapêuticos: 04 (quatro) pacotes com 40 (quarenta unidades) de "fralda geriátrica tamanho G", assim como os produtos "nutri enteral soya", 12 (doze) potes de 800g, "equipo para nutrição", 40 (quarenta) unidades, "frasco 300ml", 40 (quarenta) unidades, "nutri protein", 1 pote de 250g.

A concessão da liminar se justifica não só no fato de este Egrégio Tribunal já ter pacificado o seu entendimento a favor da tese do agravante (*obrigação do Estado de fornecer medicamentos e insumos terapêuticos necessários ao tratamento de saúde do paciente*), mas principalmente ao se considerar que a saúde do recorrente está correndo sérios riscos em razão da demora da concessão da tutela pleiteada.

Com efeito, como já explicado na exordial em primeiro grau, até aqui os insumos têm sido obtidos em razão "caridade" de terceiros, porém o paciente já está tendo que "racioná-los", fato que irá trazer sérios prejuízos ao seu tratamento, além de comprometer a qualidade de vida do paciente.

Sendo assim, caracterizado o *periculum in mora*, em razão dos graves riscos que a falta dos referidos insumos pode causar à saúde do agravante, e o *fumus bonis juris*, em razão da matéria já estar pacificada neste Tribunal, REQUER-SE seja concedida a liminar.

Do Mérito:

Nobres julgadores, sem razão o ilustre Magistrado *a quo*.

Em sua decisão, argumenta o Juiz que o fornecimento de itens nutricionais e fraldas geriátricas não podem ser considerados medicamentos no estrito sentido do termo.

Data vênia, não se pode reduzir o "direito à saúde" insculpido de forma tão sólida na Constituição Federal a simples "direito a medicamentos". Na verdade, simples leitura dos dispositivos constitucionais é bastante para afastar esta interpretação, *in verbis*:

> Art. 196: A Saúde é direito de todos e dever do Estado, garantido mediante políticas sociais e econômicas que visem à redução do risco de doença e de outros agravos e ao acesso universal e igualitário às ações e serviços para sua promoção, proteção e recuperação.

Sobre o tema, declara a Carta Estadual de São Paulo, *in verbis*:

> Art. 219: A saúde é direito de todos e dever do Estado.
> Parágrafo único: os Poderes Público Estadual e Municipal, garantirão o direito à saúde mediante:

> 4 – atendimento integral do indivíduo, abrangendo a promoção, preservação e recuperação de sua saúde (grifo nosso).

Como se vê, a Constituição Federal e Estadual decretam de forma peremptória o "direito à saúde" e não o "direito a medicamentos".

No presente caso, o agravante está confinado à sua cama, precisando, para sobreviver, do uso diário de fraldas geriátricas e de produtos nutricionais, tais insumos são absolutamente imprescindíveis e FAZEM PARTE DE SEU TRATAMENTO, conforme prescrição médica.

Negar o seu fornecimento é o mesmo que lhe negar o tratamento adequado a sua saúde.

Fortalece este entendimento as palavras do Ministro José Delgado, proferidas no julgamento do ROMS nº 11183/PR, publicado no *site* do STJ, *in verbis*:

> Tendo em vista as particularidades do caso concreto, faz-se imprescindível interpretar a lei de forma mais humana, teleológica, em que princípios de ordem ético-jurídica conduzam ao único desfecho justo: decidir pela preservação da vida. Não se pode apegar, de forma rígida, a letra fria da lei, e sim, considerá-la com temperamentos, tendo-se em vista a intenção do legislador, mormente perante preceitos maiores insculpidos na Carta Magna garantidores do direito à saúde, à vida e à dignidade humana, devendo-se ressaltar o atendimento das necessidades básicas dos cidadãos.

Neste Egrégio Tribunal há milhares de precedentes, pede-se vênia, no entanto, para se citar apenas as palavras da **Desembargadora Vera Angrisani**, em voto proferido no julgamento da apelação cível nº 881.552-5/2-00 (*DJ* 05.05.2009), que tratava também de pedido de insumos terapêuticos (entre outros "fraldas descartáveis"), *in verbis*:

> O bem social é o interesse público primário por isso a vida e a saúde são merecedoras de especial proteção do ente e, para tanto, é certo que cabe a Administração Pública diante de pacientes portadores de graves moléstias, que não reúnam condições econômicas-financeiras para arcar com o custeio da aquisição do insumo, suportar certas despesas porque estas são de sua responsabilidade.

Como se vê, a revisão da respeitável decisão de primeiro grau é medida que se impõe, com escopo de atender aos parâmetros legais estabelecidos na Constituição Federal, assim como para se adequar ao entendimento jurisprudencial dominante e, é claro, a fim de preservar a vida e a saúde do recorrente.

Do Pedido:

Ante o exposto, e pelo mais que dos autos consta, *requer-se o provimento deste recurso*, a fim de que, reformando-se totalmente a respeitável decisão de primeiro grau, fls. 00/00, se determine ao Município de Mogi das Cruzes-SP, na pessoa de seu Prefeito, que forneça imediatamente ao agravante, pelo tempo que for necessário, os seguintes insumos terapêuticos: 04 (quatro) pacotes com 40 (quarenta unidades) de "fralda geriátrica tamanho G", assim como os produtos "nutri enteral soya", 12 (doze) potes de 800g, "equipo para nutrição", 40 (quarenta) unidades, "frasco 300ml", 40 (quarenta) unidades, "nutri protein", 1 pote de 250g; sob pena de multa diária no valor de R$ 500,00 (quinhentos reais).

Termos em que,
Pede deferimento.

Mogi das Cruzes/São Paulo, 00 de outubro de 0000.

Gediel Claudino de Araujo Junior
OAB/SP 117.211

7.21 AGRAVO CONTRA DECISÃO QUE INDEFERIU PEDIDO DE TUTELA PROVISÓRIA EM AÇÃO DE OBRIGAÇÃO DE FAZER (OBTENÇÃO DE MEDICAMENTOS)

Excelentíssimo Senhor Doutor Desembargador Presidente do Egrégio Tribunal de Justiça do Estado de São Paulo.

M. A. de O. L., brasileira, casada, desempregada, portadora do RG 0.000.000-SSP/SP e do CPF 000.000.000-00, sem endereço eletrônico, residente e domiciliada na Rua José Veríssimo, nº 00, Vila Suíça, cidade de Mogi das Cruzes-SP, CEP 00000-000, por seu Advogado, que esta subscreve (mandato incluso), com escritório na Rua João Vicente Amaral, nº 00, Centro, Mogi das Cruzes-SP, CEP 00000-000, *onde recebe intimações* (e-mail: gediel@gsa.com.br), vem respeitosamente à presença Vossa Excelência, não se conformando, *data venia*, com a r. decisão do Meritíssimo Juiz de Direito da Vara da Fazenda Pública do Foro de Mogi das Cruzes-SP, expedida nos autos do processo de ação de obrigação de fazer que move em face da P. M. M. C., da mesma *agravar por instrumento, com pedido liminar*, observando-se o procedimento dos arts. 1.015 a 1.020 do Código de Processo Civil, em conformidade com as inclusas razões.

Para tanto, junta cópia de TODO O PROCESSO de primeiro grau, observando-se, ainda, que se trata de processo eletrônico. Deixa, no entanto, de juntar cópia da procuração *ad judicia* do réu, vez que este ainda não foi regularmente citado nos autos.

O subscritor da presente petição DECLARA, sob as penas da lei, que todas as cópias que formam o presente instrumento CONFEREM com os originais (art. 425, IV, CPC).

Requer, outrossim, a concessão dos benefícios da justiça gratuita, por ser pessoa pobre na acepção legal do termo, conforme declaração de pobreza já juntada aos autos principais e reproduzida neste instrumento.

Requer, portanto, seja o presente recurso recebido e regularmente processado.

Termos em que,
Pede deferimento.

Mogi das Cruzes/São Paulo, 00 de abril de 0000.

Gediel Claudino de Araujo Junior
OAB/SP 000.000

RAZÕES DO RECURSO

Processo nº 0000000-00.0000.0.00.0000
Ação de Obrigação de Fazer
Vara da Fazenda Pública do Foro de Mogi das Cruzes-SP
Agravante: M. A. de O. L.
Agravado: P. M. M. C.

Egrégio Tribunal
Colenda Câmara

Dos Fatos:

A agravante foi diagnosticada com "varicosidades em perna e coxa direita, tromboflebite em veia safena magna direita e varicotromboflebite em perna"; o tratamento, segundo a Dra. G. de F. B. P., CRM 000.000, que firma laudo médico juntado ao feito principal e reproduzido neste instrumento, envolve o uso do medicamento "xarelto (rivaroxabana), 20mg/dia".

Impossibilitada de adquirir o referido medicamento com suas próprias forças – uma caixa com 28 comprimidos custa em média R$ 290,00 e a paciente encontra-se desempregada e sem recursos –, a recorrente requereu administrativamente que o agravado lhe fornecesse gratuitamente. Mesmo informados pelo laudo médico, anexado ao pedido, que a vida da paciente depende do referido medicamento, assim como da sua total impossibilidade de adquiri-los com suas próprias forças, os prepostos do agravado INDEFERIRAM o pedido sob o argumento de que este não consta da lista padronizada do SUS (Sistema Único de Saúde).

Diante de tal atitude, a agravante buscou o Poder Judiciário por meio de ação de obrigação de fazer, no entanto, o douto Juiz de primeiro grau, para a infelicidade dela, DENEGOU O PEDIDO DE ANTECIPAÇÃO DA TUTELA, entendendo não ser obrigação do Município de Mogi das Cruzes-SP fornecer o referido medicamento.

Em síntese, os fatos.

Da Liminar:

Ab initio, consoante permissivo do art. 1.019, inciso I, do Código de Processo Civil, requer-se seja deferido o efeito ativo ao presente recurso, com escopo de determinar ao agravado, Município de Mogi das Cruzes, que forneça imediatamente à agravante, pelo tempo que for necessário, o medicamento "xarelto (rivaroxabana), 20mg/dia", sob pena de multa diária no valor de R$ 500,00 (quinhentos reais).

A concessão da liminar se justifica não só no fato deste Egrégio Tribunal já ter pacificado o seu entendimento a favor da tese da agravante (*obrigação do Estado, na pessoa de qualquer dos seus entes, de fornecer medicamentos e insumos terapêuticos necessários ao tratamento de saúde da paciente*), mas principalmente ao se considerar que a saúde da recorrente está correndo sérios riscos em razão da demora da concessão da tutela pleiteada.

Caracterizado o *periculum in mora*, em razão dos graves riscos que a falta do referido medicamento causa à saúde da agravante, e o *fumus bonis juris*, em razão de a matéria já estar pacificada neste Egrégio Tribunal, REQUER-SE seja concedido a liminar, nos termos expostos acima.

Do Mérito:

Nobres julgadores, sem razão o ilustre Magistrado *a quo*.

Em sua decisão, argumenta, em resumo, o Juiz que o fornecimento do medicamento "xarelto (rivaroxabana), 20mg/dia" à agravante não é obrigado do Município, visto que ele não consta, como informado pelo próprio, na lista do SUS, observando ainda sobre a necessidade de realização de perícia médica, com escopo de corretamente avaliar sobre a sua real necessidade.

"Do direito universal à saúde":

A Constituição Federal, desdobrando do direito à vida, garante, no art. 196, que: "*A Saúde é direito de todos e dever do Estado, garantido mediante política sociais e econômicas que visem à redução do risco de doença e de outros agravos e ao acesso* **universal e igualitário** *às ações e serviços para sua promoção, proteção e recuperação*" (grifo nosso).

Não bastasse o art. 196 da Constituição Federal, norma de eficácia plena e aplicação imediata, que por si só garantiria ao autor o acesso aos medicamentos de que necessita, vem a Lei Ordinária, de nº 8.080/90, e preceitua, no art. 6º, inciso I, alínea "d", que está incluída no campo de atuação do Sistema Único de Saúde (SUS) **a execução de ações de assistência terapêutica integral, inclusive farmacêutica.**

Ao lado do art. 6º, inciso I, alínea "d" da Lei nº 8.080/90, o art. 22 da Lei nº 8.078/90 determina que os órgãos públicos sejam obrigados a fornecer **serviços adequados, eficientes, seguros e, quando essenciais, contínuos.**

Dos dispositivos constitucionais e infraconstitucionais acima apresentados, conclui-se, de fato, que o ente público, em qualquer das suas esferas (União, Estado e Município), tem o dever de fornecer os medicamentos que forem necessários ao tratamento de saúde de qualquer cidadão que os necessite.

Por outras palavras, ***o fornecimento de medicamentos à população deve ser universal, contínuo e gratuito.***

Na pior das hipóteses, os dispositivos acima poderiam ser interpretados de forma a garantir apenas à população carente o acesso gratuito e imediato a qualquer tipo de medicamento e insumo terapêutico. Interpretar-se dessa forma, porém, é contrariar, quando não o texto expresso da Lei, o princípio da máxima efetividade das normas constitucionais e o princípio de que, na aplicação das leis, o juiz atenderá aos fins sociais a que ela se dirige e às exigências do bem comum (LINDB, art. 5º).

Pode-se concluir que a autora tem direito "constitucional" ao fornecimento imediato e gratuito dos medicamentos que necessita com escopo de atender tratamento médico e garantir a sua saúde e mesmo a sua sobrevivência.

Neste sentido, a jurisprudência:

> A saúde é um direito fundamental do ser humano, devendo o Estado prover as condições indispensáveis ao seu pleno exercício (art. 2º, Lei nº 8.080/90). (STJ, AgInt no AREsp 474.300/PE, Rel. Min. Napoleão Nunes Maia Filho, 1ª Turma, *DJe* 02/08/2017)

> O direito público subjetivo à saúde representa prerrogativa jurídica indisponível assegurada à generalidade das pessoas pela própria Constituição da República (art. 196). Traduz bem jurídico constitucionalmente tutelado, por cuja integridade deve velar, de maneira responsável, o Poder Público, a quem incumbe formular – e implementar – políticas sociais e econômicas idôneas que visem a garantir, aos cidadãos, inclusive àqueles portadores do vírus HIV, o acesso universal e igualitário à assistência farmacêutica e médico-hospitalar. O direito à saúde – além de qualificar-se como direito fundamental que assiste a todas as pessoas – representa consequência constitucional indissociável do direito à vida. O Poder Público, qualquer que seja a esfera institucional de sua atuação no plano da organização federativa brasileira, não pode mostrar-se indiferente ao problema da saúde da população, sob pena de incidir, ainda que por censurável omissão, em grave comportamento inconstitucional. A interpretação da norma programática não pode transformá-la em promessa constitucional inconsequente. O caráter programático da regra inscrita no art. 196 da Carta Política – que tem por destinatários todos os entes políticos que compõem, no plano institucional, a organização federativa do Estado brasileiro – não pode converter-se em promessa constitucional inconsequente, sob pena de o Poder Público, fraudando justas expectativas nele depositadas pela coletividade, substituir, de maneira ilegítima, o cumprimento de seu impostergável dever, por um gesto irresponsável de infidelidade governamental ao que determina a própria Lei Fundamental do Estado. (...). O reconhecimento judicial da validade jurídica de programas de distribuição gratuita de medicamentos a pessoas carentes, inclusive àquelas portadoras do vírus HIV/AIDS, dá efetividade a preceitos fundamentais da Constituição da República (arts. 5º, *caput*, e 196) e representa, na concreção do seu alcance, um gesto reverente e solidário de apreço à vida e à saúde das pessoas, especial-

mente daquelas que nada têm e nada possuem, a não ser a consciência de sua própria humanidade e de sua essencial dignidade. Precedentes do STF. (RE 271.286-AgR, Rel. Min. Celso de Mello, DJ 24/11/00)

"Da obrigação solidária dos entes públicos":

O nosso ordenamento jurídico abriga normas que obrigam o Estado, este entendido como a União, os Estados Federados e os Municípios, por meio de suas Secretarias e Diretorias Regionais de Saúde, integrados em um Sistema Único de Saúde, hierarquizado e descentralizado, conforme os arts. 198, I e II, da CF/88 e 4º da Lei nº 8.080/90, a fornecer medicamentos a seus cidadãos, principalmente aos que não têm condições financeiras de adquiri-los.

Definida a **competência material comum** das entidades federativas, determina ainda a Constituição Federal, no inciso II do art. 23, que é competência comum da União, dos Estados, do Distrito Federal e dos Municípios cuidarem da saúde e da assistência pública, da proteção e garantia das pessoas portadoras de deficiência.

Providências administrativas burocráticas, como realização de licitação e padronização dos medicamentos em programas especiais da Secretaria da Saúde, ou o pedido formal do medicamento aos órgãos competentes de saúde, não podem servir de motivo para negar ao cidadão o fornecimento do remédio de que necessita, direito esse constitucional e legalmente garantido. Nesse sentido, a jurisprudência:

> O STJ possui jurisprudência firme e consolidada de que a responsabilidade em matéria de saúde, aqui traduzida pela distribuição gratuita de medicamentos em favor de pessoas carentes, é dever do Estado, no qual são compreendidos aí todos os entes federativos: "o funcionamento do Sistema Único de Saúde (SUS) é de responsabilidade solidária da União, Estados-membros e Municípios, de modo que qualquer dessas entidades têm legitimidade *ad causam* para figurar no polo passivo de demanda que objetiva a garantia do acesso à medicação para pessoas desprovidas de recursos financeiros (REsp 771.537/RJ, Rel. Min. Eliana Calmon, Segunda Turma, DJ 3.10.2005)". (STJ, REsp 1.655.043/RJ, Rel. Min. Herman Benjamin, 2ª Turma, DJe 30/06/2017)

"Conclusão – direito a obtenção gratuita de medicamentos":

Estabelecido de forma clara e direta na Constituição e na legislação extravagante o direito do cidadão, qualquer cidadão, mas especialmente o desprovido de recursos, de obter gratuitamente os medicamentos necessários ao seu tratamento de saúde, conforme prescrição médica (médico responsável), assim como firmado o entendimento jurisprudencial no sentido que esta obrigação é solidária entre os entes públicos (União, Estado e Município), fica evidente o desacerto da decisão agravada, que, sem grandes justificativas, afastou o claro comando da lei, como se viu, assim como ignorou o antigo e pacífico entendimento jurisprudencial sobre o tema, razão pela qual a revisão da r. decisão de primeiro grau é medida que se impõe.

Do Pedido:

Ante o exposto, e pelo mais que dos autos consta, *requer-se o provimento deste recurso*, a fim de que, reformando-se totalmente a respeitável decisão de primeiro grau, fls. 00/00, se determine ao Município de Mogi das Cruzes-SP, na pessoa de seu Prefeito, que forneça imediatamente à agravante, pelo tempo que for necessário, o medicamento "xarelto (rivaroxabana), 20mg/dia", sob pena de multa diária no valor de R$ 500,00 (quinhentos reais).

Termos em que,
Pede deferimento.

Mogi das Cruzes/São Paulo, 00 de abril de 0000.

Gediel Claudino de Araujo Junior
OAB/SP 117.211

7.22 AGRAVO CONTRA DECISÃO QUE INDEFERIU PEDIDO DE TUTELA PROVISÓRIA EM AÇÃO REVISIONAL DE ALIMENTOS (DIMINUIÇÃO DO VALOR MENSAL DA PENSÃO)

Excelentíssimo Senhor Doutor Desembargador Presidente do Egrégio Tribunal de Justiça do Estado de São Paulo.

L. F. S. de O., brasileiro, divorciado, desempregado, portador do RG 00.000.000-SSP/SP e do CPF 000.000.000-00, titular do e-mail lfso@gsa.com.br, residente e domiciliado na Rua Joaquim de Mello Freire, nº 00, Conjunto Residencial Cocuera, na cidade e comarca de Mogi das Cruzes-SP, CEP 00000-000, por seu Advogado, que esta subscreve (mandato incluso), com escritório na Rua João Vicente Amaral, nº 00, Centro, Mogi das Cruzes-SP, CEP 00000-000, *onde recebe intimações* (e-mail: gediel@gsa.com.br), vem respeitosamente à presença de Vossa Excelência, não se conformando, *data venia*, com a respeitável decisão do Meritíssimo Juiz da Terceira Vara da Família e das Sucessões do Foro de Mogi das Cruzes-SP, expedida nos autos do processo de revisão de alimento que move em face de **N. A. de O.**, da mesma *agravar por instrumento*, *com pedido liminar*, observando-se o procedimento previsto nos arts. 1.015 a 1.020 do Código de Processo Civil, em conformidade com as inclusas razões.

Para tanto, junta cópia dos seguintes documentos: petição inicial; procuração; declaração de pobreza; petição inicial de ação de execução de alimentos; sentença onde foram fixados os alimentos; decisão agravada, certidão de intimação. Deixa de juntar cópia da procuração *ad judicia* da agravada, vez que essa ainda não foi regularmente citada nos autos.

O subscritor da presente petição DECLARA, sob as penas da lei, que todas as cópias que formam o presente instrumento CONFEREM com os originais (art. 425, IV, CPC).

Requer, portanto, seja o presente recurso recebido e regularmente processado.

Termos em que,
p. deferimento.

Mogi das Cruzes/São Paulo, 00 de novembro de 0000.

Gediel Claudino de Araujo Júnior
OAB/SP 000.000

RAZÕES DO RECURSO

Processo nº 0000000-00.0000.0.00.0000
Ação Revisional de Alimentos
Terceira Vara da Família e das Sucessões do Foro de Mogi das Cruzes-SP
Agravante: L. F. S. de O.
Agravado: Juízo

Egrégio Tribunal
Colenda Câmara

Dos Fatos:

Em 00 de outubro de 0000, o agravante ajuizou ação revisional de alimentos, asseverando, em apertada síntese, que não possui condições de arcar com o pagamento da pensão alimentícia mensal fixada, para o caso de desemprego, no valor de 1 (um) salário-mínimo. Informou, ainda, que foi citado em ação de execução de alimentos, estando sujeito a prisão civil, o que justificava a concessão de antecipação de tutela, diante da evidente impropriedade do valor da pensão alimentícia em face das suas possibilidades.

Recebida a exordial, o ilustre Magistrado *a quo* indeferiu o pedido de redução liminar do valor da pensão, designando audiência de conciliação, instrução e julgamento para o dia 00 de março de 0000. No mais, determinou a citação da alimentanda.

Em síntese, esses os fatos.

Da Liminar:

Ab initio, consoante permissivo do art. 1.019, inciso I, do Código de Processo Civil, requer-se seja deferido o efeito suspensivo ao presente recurso, determinando o douto Relator a redução imediata do valor mensal da pensão alimentícia para um 1/4 (um quarto) de 1 (um) salário-mínimo, conforme requerido na exordial, ou, ainda, determinando que o douto Juiz de primeiro grau o faça, de acordo com as provas carreadas aos autos.

O agravante informou, e provou, na exordial que se encontra desempregado e não possui nenhuma condição de pagar pensão alimentícia mensal no valor de 1 (um) salário-mínimo, já estando, inclusive, sendo processado em razão de sua mora na liquidação da pensão. Como não pode mudar o passado, o alimentante, nas suas justificativas, requereu o parcelamento das 3 (três) últimas pensões em 6 (seis) prestações mensais e consecutivas; contudo, por mais boa vontade que tenha, se não consegue, como provou, pagar 1 (um) salário-mínimo, como irá fazer para pagar 1 e 1/2 (um e meio) salário-mínimo por mês (pensão normal + parcelamento)?

Sem a redução do valor da pensão, "não irá conseguir efetuar o pagamento mensal da pensão", e considerando-se que a audiência de conciliação, instrução e julgamento foi marcada para o dia 00 de março de 0000, "o agravado terá certamente sua prisão civil decretada".

A única forma de evitar que o alimentante seja injustamente preso é a imediata redução do valor da pensão, adequando-a às suas reais possibilidades, viabilizando, desta forma, que ele consiga, até o julgamento do pedido revisional, cumprir com sua obrigação perante a menor. Registre-se que a prisão do agravante não representa apenas um prejuízo para ele próprio, mas também para sua filha, que deixará de receber os valores que o genitor, com grande sacrifício, tem pagado (recibos anexos).

Caracterizado o *periculum in mora*, pelo fato do agravante estar sujeito à decretação de prisão, e o *fumus boni juris*, há provas nos autos de que o mesmo está desempregado e possui outros filhos, fato que não foi considerado quando da fixação da pensão alimentícia para o caso de desemprego, *requer-se* seja concedida a liminar, com escopo de reduzir imediatamente o valor da pensão alimentícia para R$ 60,00 (sessenta reais), isto é, 1/4 (um quarto) de 1 (um) salário-mínimo, conforme requerido na exordial, ou, ainda, determine-se que o douto Juiz de primeiro grau o faça, de acordo com as provas carreadas aos autos.

Do Mérito:

A decisão do douto Magistrado *a quo*, que indeferiu a redução liminar de alimentos, sob o argumento de que não cabe redução liminar de alimentos anteriormente fixados, não deve prevalecer, vez que não representa o melhor direito para o caso.

Ab initio, merece citação expressa, em razão de sua clareza e abrangência, a lição de Demolombe, citado pelo insigne mestre Yussef Said Cahali, *in verbis*:

> A obrigação alimentar é, por sua natureza, variável e intermitente: variável, pois ela pode aumentar ou diminuir conforme as necessidades do credor ou os recursos do devedor; intermitente, pois ela pode, segundo as mesmas causas, extinguir-se e renascer posteriormente; sob tal aspecto, nada há de definitivo e imutável nessa matéria, seja quanto à apreciação das necessidades do credor, seja quanto às possibilidades do devedor; e mais, qualquer que tenha sido o modo como tenham sido fixados, por sentença ou mediante acordo; a qualquer tempo, as partes podem retornar a juízo demandando a mudança, modificação ou liberação do encargo, sem que se possa arguir a coisa julgada ou a convenção anterior; a sentença ou a convenção são, de pleno direito, subordinadas à condição de que a situação se mantenha no mesmo estado, *rebus sic stantibus* (Dos alimentos, *RT*, 3. ed., p. 933).

Conforme a inarredável lição, não há dúvida de que a obrigação alimentar pode e deve ser revista sempre que necessário para adequar o binômio "necessidade x possibilidade"; todavia, a pergunta que a decisão agravada faz surgir é: *pode o juiz reduzir, ou aumentar, a pensão liminarmente?*

Note-se que o douto Magistrado *a quo* não chegou a apreciar se seria realmente o caso de se reduzir, ou não, a pensão, por estarem ou não presentes os elementos que justificassem uma decisão num ou noutro sentido; ele se limita a afirmar que entende não ser legalmente possível tal pedido.

Data venia, o entendimento expressado pelo ilustre Magistrado não está correto.

Com escopo de se demonstrar estar errada a decisão de primeiro grau é necessário, a princípio, estabelecer-se qual é o procedimento que deve obedecer a ação revisional de alimentos. Sobre este assunto, há duas correntes. Primeiro aqueles que entendem ser aplicado à ação revisional de alimentos o rito especial da Lei nº 5.478/68-LA, conforme norma do art. 13, *in verbis*:

> Art. 13. O disposto nesta lei aplica-se igualmente, no que couber, às ações ordinárias de desquite, nulidade e anulação de casamento, à revisão de sentenças proferidas em pedidos de alimentos e respectivas execuções.

Para aqueles que assim entendem, não pode haver dúvida quanto ao dever do Juízo de apreciar pedido de alimentos provisórios, que, diante de uma cognição prévia, arrimada nos elementos de provas juntados aos autos, devem espelhar o binômio "necessidade x possibilidade". Neste sentido a norma do § 1º do já citado art. 13, da Lei nº 5.478/68-LA, *in verbis*:

> § 1º Os alimentos provisórios fixados na inicial poderão ser revistos a qualquer tempo, se houver modificação na situação financeira das partes, mas o pedido será sempre processado em apartado.

Novamente nos socorremos da lição de Yussef Said Cahali, na obra já citada, que declara expressamente ser cabível a fixação de alimentos provisórios na ação revisional de alimentos, *in verbis*:

> No caso de ação exoneratória ou de redução da pensão, parece-nos que desde que são admissíveis alimentos provisórios em ação revisional ajuizada pelo alimentando, similar razão de direito autoriza igualmente a sua redução ou exoneração liminar, na ação revisional ou exoneratória ajuizada pelo alimentante, verificados sumariamente os pressupostos que a autorizam, ainda que se exigindo redobrada cautela na concessão da liminar.
> Assim decidiu a 6ª CC do TJSP: O agravado moveu ação revisional, pedindo a redução da pensão alimentícia, fixada quando da separação do casal. Liminarmente, à vista da redução evidente das possibilidades do autor de manter o pagamento da pensão anteriormente estipulada, reduziu-a o magistrado. Não se conformaram os agravantes com tal decisão, sustentando o não cabimento de liminar em tal tipo de ação. Sem razão, todavia, pois há permissivo legal que autoriza a medida, consoante a li-

ção de Yussef Cahali: "Ora, se os próprios alimentos provisórios poderão ser revistos, a fim de mantê-los atualizados às necessidades do alimentando e aos recursos da pessoa obrigada, razão não há para negar-se essa atualização provisória no limiar da ação revisional, fundada na modificação da situação financeira das partes. Ademais, em prol da legalidade da concessão de alimentos provisórios nas ações de revisão, milita o art. 13, § 1º, da Lei de Alimentos; os alimentos provisórios fixados na inicial poderão ser revistos a qualquer tempo, se houver modificação da situação financeira das partes" (Dos Alimentos, 1984, p. 354-355). E, no caso, a redução foi ordenada, liminarmente, em razão da correção dos salários do agravado situar-se abaixo dos índices de correção monetária, que servia de base para o cálculo do reajuste da pensão devida. Tal situação que só a pensão consumia cerca de 70% dos ganhos do agravado, em vez dos 40% estipulados, sendo evidente a desproporção (Dos alimentos, *RT*, 3. ed., p. 967-968).

De outro lado, para aqueles que entendem ser aplicado à ação revisional de alimentos o rito comum previsto no Código de Processo Civil, também não pode haver dúvidas quanto à possibilidade da fixação dos "alimentos provisórios", visto a possibilidade da concessão da tutela provisória de urgência. Nesse sentido, a norma do art. 300 do CPC, *in verbis*:

> Art. 300. A tutela de urgência será concedida quando houver elementos que evidenciem a probabilidade do direito e o perigo de dano ou o risco ao resultado útil do processo.
> § 2º A tutela de urgência pode ser concedida liminarmente ou após justificação prévia.

Como se vê da letra expressa da lei, o argumento de que não se pode fixar alimentos provisórios em ação de rito comum não pode subsistir. Neste sentido a lição do Desembargador Sidnei Agostinho Beneti, em artigo publicado na *Revista dos Advogados*, nº 46, onde pontificou sobre o tema, *in verbis*:

> A norma admite pedido liminar em toda e qualquer ação.

De um jeito ou de outro, não há dúvida: o juiz deve apreciar o pedido "regularmente" feito pela parte. Tivesse feito, o ilustre Magistrado *a quo* teria se confrontado com documentos que provam não poder o alimentante arcar, no momento, com pensão alimentícia a favor da sua filha "N" no valor de 1 (um) salário-mínimo por mês. Note-se, não se trata de um capricho ou de falta de vontade, trata-se de total e completa impossibilidade de arcar com pensão neste valor, fato que se não for urgentemente apreciado por este Egrégio Tribunal levará o agravante injustamente a ser preso.

Estando em trâmite cumprimento de obrigação de prestar alimentos (execução de alimentos), onde o alimentante é demandado por uma dívida que não tem como pagar; dívida que ainda irá aumentar muito até a data da audiência de conciliação, instrução e julgamento designada pelo douto Magistrado de primeiro grau, não há, mantido o atual valor, como possa o obrigado impedir seja decretada a sua prisão civil, fato que trará prejuízos não só para ele, mas também para os seus filhos.

Dos Pedidos:

Ante todo o exposto e mais por aquelas razões que esse Egrégio Tribunal saberá lançar sobre o tema, *requer-se o provimento do presente recurso*, com escopo de fixar-se os alimentos provisórios nos limites requeridos na exordial ou determinar que assim proceda o douto juízo de primeiro grau, observando-se, qualquer que seja o caso, que o referido valor será devido a partir da citação.

Termos em que,
p. deferimento.

Mogi das Cruzes/São Paulo, 00 de novembro de 0000.

Gediel Claudino de Araujo Júnior
OAB/SP 000.000

7.23 AGRAVO CONTRA DECISÃO QUE INDEFERIU PEDIDO DE TUTELA PROVISÓRIA EM MEDIDA CAUTELAR DE SEPARAÇÃO DE CORPOS

7.23.1 Agravo de instrumento

Excelentíssimo Doutor Desembargador Presidente do Egrégio Tribunal de Justiça do Estado de São Paulo.

C. C. L., brasileira, solteira (convivente), auxiliar de escritório, portadora do RG 0.000.000-SSP/SP e do CPF 000.000.000-00, sem endereço eletrônico, residente e domiciliada na Avenida Bento do Sacramento, nº 00, Vila Lavínia, cidade de Mogi das Cruzes – SP, CEP 00000-000, por seu Advogado, que esta subscreve (mandato incluso), com escritório na Rua João Vicente Amaral, nº 00, Centro, Mogi das Cruzes-SP, CEP 00000-000, *onde recebe intimações* (e-mail: gediel@gsa.com.br), vem respeitosamente à presença de Vossa Excelência, não se conformando, *data venia*, com a r. decisão do Meritíssimo Juiz de Direito da Quarta Vara da Família e das Sucessões do Foro de Mogi das Cruzes-SP, expedida nos autos do processo que move em face de F. T. L., da mesma *agravar por instrumento, com pedido liminar*, observando-se o procedimento previsto nos arts. 1.015 a 1.020 do Código de Processo Civil, em conformidade com as inclusas razões.

Para tanto, junta cópia de TODO O PROCESSO de primeiro grau (petição inicial; procuração *ad judicia*; documentos pessoais; declaração de pobreza; decisão agravada; certidão de intimação). Deixa de juntar cópia da procuração *ad judicia* do réu, vez que este ainda não foi regularmente citado nos autos. Registre-se que o subscritor da presente declara, sob as penas da lei, que as cópias que formam este instrumento conferem com o original (art. 425, IV, CPC).

Requer a concessão dos benefícios da justiça gratuita, por ser pessoa pobre na acepção legal do termo, conforme declaração de necessidade já juntada aos autos principais e reproduzida neste instrumento.

Requer, por fim, seja o presente recurso recebido e regularmente processado.

Termos em que,
p. deferimento.

Mogi das Cruzes/São Paulo, 00 de fevereiro de 0000.

Gediel Claudino de Araujo Júnior
OAB/SP 000.000

RAZÕES DO RECURSO

Processo nº 0000000-00.0000.0.00.0000
Medida Cautelar de Separação de Corpos
Quarta Vara da Família e das Sucessões do Foro de Mogi das Cruzes-SP
Agravante: C. C. L.
Agravado: o Juízo

Egrégio Tribunal
Colenda Câmara

Dos Fatos:

Em 00 de fevereiro de 0000, a agravante ajuizou medida cautelar antecedente de separação de corpos asseverando, em apertada síntese, que ela e seus filhos vinham sendo agredidos e ameaçados pelo seu companheiro; diante destes fatos, requereu fosse, em liminar, determinada a saída do agressor do lar conjugal, informando que posteriormente ajuizaria ação de reconhecimento e dissolução de união estável.

Recebida a exordial, o douto Magistrado de primeiro grau determinou a emenda da exordial, com escopo de converter a medida cautelar em ação de reconhecimento e dissolução de união estável, com pedido liminar de antecipação de tutela (tutela provisória); apreciou, na mesma decisão, o pedido de liminar de separação de corpos apenas para INDEFERI-LO.

Em resumo, estes os fatos.

Da Liminar:

Ab initio, consoante permissivo do art. 1.019, inciso I, do Código de Processo Civil, **requer-se** seja deferido o efeito ativo ao presente recurso, com escopo de, reformando-se a decisão de primeiro grau, DETERMINAR a imediata saída do lar conjugal do companheiro da recorrente, Sr. F. T. L. Este pedido se justifica na medida em que a manutenção, mesmo que momentânea, da respeitável decisão guerreada poderá trazer graves e irreparáveis prejuízos para a recorrente e para seus filhos.

Inegável a presença do ***fumus boni iuris***, conforme já reconhecido em reiteradas decisões deste Egrégio Tribunal sobre o tema, sempre no sentido de que caracterizada a "insuportabilidade da vida em comum" (boletim de ocorrência, ameaças, agressões, ajuizamento de medida judicial de separação de corpos etc.), de rigor a concessão da medida de separação de corpos, com escopo de proteger os interesses das partes, mormente quando, como presente caso, há filhos menores, obrigados a presenciar as constantes agressões desrespeitosas do pai contra a mãe; já o ***periculum in mora*** se apresenta na simples percepção de que o ajuizamento da medida judicial irá provocar o acirramento do ânimo do agressor, colocando em risco a integridade física e emocional da agravante e de seus filhos.

Por ser oportuno, pede-se vênia para citarem-se as palavras do Ilustre Desembargador Milton Paulo de Carvalho Filho, que no julgamento de Agravo de Instrumento nº 0251535-04.2011.8.26.0000, da Comarca de São Paulo, afirmou: *"Daí que é muito natural presumir a insuportabilidade da vida em comum com o ajuizamento de tão drástica providência por um deles (fumus boni iuris). ... Não é crível imaginar ser saudável à boa convivência, em lar comum, de pessoas que sofrerão direta e reflexamente os efeitos de demanda judicial, especialmente carregada de subjetivismos. Nesse ponto se afigura o periculum in mora, pois o contexto, já conflituoso, pode tomar contornos mais drásticos, que é prudente evitar. ... Ademais – como sói ocorrer –, tal situação é majorada pela existência de criança. No caso, a filha comum do casal conta dois anos de idade e, integral e prioritariamente, seus interesses devem ser resguardados".*

Do Mérito:

"Da possibilidade jurídica do pedido":

Ao receber a petição inicial da medida cautelar de separação de corpos, o douto Juiz de primeiro grau determinou à requerente a emenda da petição, a fim de ALTERAR o seu pedido para "reconhecimento e dissolução de união estável".

Não obstante os respeitáveis argumentos do ilustre Magistrado, o pedido da requerente, como observado pelo próprio, encontra arrimo expresso no art. 1.562 do CC, *in verbis:* "*Antes de mover a ação de nulidade do casamento, a de anulação, a de separação judicial, a de divórcio direto ou a de dissolução de união estável, poderá requerer a parte, comprovando sua necessidade, a separação de corpos, que será concedida pelo juiz com a possível brevidade".*

O Juiz pode entender ser conveniente que o pedido de separação de corpos seja requerido por meio de tutela provisória de urgência no bojo de ação de reconhecimento e dissolução de união estável, como, inclusive, já acontece em alguns casos, mas não pode, como fez, indeferir o expresso pedido da recorrente feito na forma da lei.

No mais, muitas cautelares antecedentes possuem força satisfativa (art. 304, CPC), não havendo necessidade, ou mesmo possibilidade, do ajuizamento da ação principal.

O presente caso trata, na verdade, de uma situação de "premência" e "oportunidade"; o casal tem muitas questões para discutir na ação principal, envolvendo principalmente os bens amealhados durante 20 (vinte) anos; só que NESTE MOMENTO, a requerente está preocupada APENAS em lutar para preservar a sua vida e a de seus filhos.

Ela não se acha em condições de correr atrás de documentos e testemunhas para apresentar ao Juízo um quadro possível da partilha de bens; como dito, hoje, agora, a recorrente quer apenas garantir o seu bem-estar e o bem-estar de seus filhos.

Inegável a razoabilidade da sua pretensão.

Caracterizada a necessidade da medida, estando ela prevista em lei e apresentada em Juízo de acordo com as normas processuais vigentes, cabe ao Juiz, data venia, simplesmente apreciá-la, com escopo de deferi-la ou indeferi-la, conforme seu convencimento pessoal.

Há ainda que se registrar que o novo Código de Processo Civil dá arrimo à forma como a recorrente fez o seu pedido, *in verbis*:

> Art. 303. Nos casos em que a urgência for contemporânea à propositura da ação, a petição inicial pode limitar-se ao requerimento da tutela antecipada e à indicação do pedido de tutela final, com a exposição da lide, do direito que se busca realizar e do perigo de dano ou do risco ao resultado útil do processo.
> ...
> Art. 308. Efetivada a tutela cautelar, o pedido principal terá de ser formulado pelo autor no prazo de 30 (trinta) dias, caso em que será apresentado nos mesmos autos em que deduzido o pedido de tutela cautelar, não dependendo do adiantamento de novas custas processuais.

"Da necessidade da concessão da liminar para afastamento do lar do requerido":

Em que pese os argumentos apresentados pelo douto Magistrado de primeiro grau, a respeitável decisão que indeferiu o pedido de afastamento liminar do companheiro do lar conjugal não pode permanecer. Ao fundamentá-la, o Juiz argumentou: *"No caso, em que pese as alegações da autora, fato é que se mostra injusta a tomada de decisão tão drástica, quando nos autos não se vislumbra tenha a requerente representado para ver o réu processado criminalmente ou mesmo tomado iniciativa para que medidas protetivas sejam a ele impostos".*

Estranha-se o argumento do ilustre Magistrado de primeiro grau, visto que parece indicar que arrima a sua decisão não na existência, ou não, de provas quanto aos graves fatos informados pela recorrente, mas no fato de ela não ter demonstrado que procurou processar criminalmente o requerido.

Respeitado o entendimento do Magistrado, nos parece que as questões tratadas são TOTALMENTE DIFERENTES. Com efeito, com arrimo em disposição expressa do Código Civil, art. 1.562, a agravante buscou a tutela jurisdicional com escopo de defender os seus interesses e os interesses de seus filhos. Sob este diapasão, não há qualquer relevância se ela representou ou não o requerido, SEU AGRESSOR; ou se, a seu pedido, o Delegado requereu ou não as medidas protetivas previstas na Lei nº 11.340/06.

Embora não seja relevante, como se disse, nestes autos a atitude que tomou a mulher na Justiça Criminal, REGISTRE-SE que, ao contrário do que imagina o douto Magistrado *a quo*, a agravante REPRESENTOU o requerido na Justiça Criminal, a fim de que este seja processado criminalmente pelas agressões que perpetrou contra a mulher e os filhos, assim como REQUEREU, via Delegado de Polícia, a concessão das medidas protetivas (afastamento do réu do lar conjugal), estando a aguardar decisão do douto Juízo da Primeira Vara Criminal. (***tais fatos podem ser confirmados via eletrônica, visto que à mulher não foi entregue qualquer cópia***).

Depois dessas atitudes, a vítima ainda foi orientada a procurar ajuda jurídica, a fim de buscar garantir, também na área cível, os seus direitos.

Mas como já se afirmou, esses fatos não são relevantes no Juízo cível. A medida cautelar de separação de corpos não está condicionada à lavratura do boletim de ocorrência ou à representação criminal.

No mais, os fatos informados na exordial demonstram à evidência a "insuportabilidade da vida conjugal" entre a requerente e seu companheiro.

A situação vem se deteriorando rapidamente, sendo que não só a mulher tem sido vítima, mas também os filhos do casal; na verdade, o filho Danilo está em tratamento psicológico desde junho de 0000 em razão dos constantes desentendimentos do casal (veja-se documento anexo).

Sobre o tema, o eminente Desembargador Theodureto Camargo declarou, quando do julgamento do Agravo de Instrumento nº 0220205-86.2011.8.26.0000, que

> *Segundo a doutrina e a jurisprudência, a medida cautelar de separação de corpos existe justamente para afastar situações como essa, em que há fundados temores de risco à própria incolumidade pessoal dos cônjuges, e que a razão aconselha, pela inconveniência e até perigo de continuarem sob o mesmo teto os dois contendores no pleito judiciário, como adverte Clóvis (RT 547:97 e RJTJESP 57:172).*

Não se diga, ademais, que as provas dos fatos alegados pela agravante são poucas. O Desembargador Piva Rodrigues observou, quando do julgamento do Agravo de Instrumento nº 660.164-4/6, que "*na separação de corpos, a única prova a ser examinada é a da existência do casamento (no caso, a união estável) e a gravidade do fato que a legitima (RT 722/161). Não afasta seu cabimento a unilateralidade da prova, até porque muitas das agressões ocorrem no espaço íntimo de convivência familiar, não havendo testemunhas*".

Merece ainda citação literal a declaração da eminente Desembargadora Christine Santini Anafe, feitas quando do julgamento do Agravo de Instrumento nº 990.10.263357-8, no sentido de que "*a concessão da liminar era necessária, pois seria totalmente incoerente esperar a deterioração da relação conjugal a ponto de se exigir a comprovação da agressão física por parte de um dos cônjuges para que aí, então, pudesse ser deferida a separação de corpos*".

A jurisprudência deste Egrégio Tribunal é clara e firme sobre o tema:

> Agravo de instrumento – Separação de corpos – Tutela cautelar antecedente – Medida deferida – Elevado grau de litigiosidade entre as partes – Afastamento do varão do lar conjugal sob pena de multa -Indicação de comportamento desrespeitoso e agressivo do agravante – Medida, ante os elementos dos autos, que se mostra necessária, sobretudo considerando a tenra idade da filha dos envolvidos – Insuportabilidade da vida em comum pelas partes, sob o mesmo texto, bem caracterizada – Decisão mantida – Agravo não provido (TJSP, Agravo de Instrumento 2029227-

69.2021.8.26.0000, Relator Elcio Trujillo, 10ª Câmara de Direito Privado, Foro Central Cível – 7ª Vara da Família e Sucessões, *DJ* 31/05/2021).

Agravo de instrumento – Separação de corpos – Liminar negada – Dados que indicam a provável vida comum do casal e deterioração da relação havida – Elementos autorizadores da tutela de urgência – decisão modificada – Recurso provido (TJSP, Agravo de Instrumento 2246583-30.2020.8.26.0000, Relator Erickson Gavazza Marques, 5ª Câmara de Direito Privado, Foro de Caieiras – 1ª Vara, *DJ* 05/05/2021).

Voto do relator ementa – União estável – Tutela de urgência (visando a decretação da separação de corpos) – Indeferimento – Presença, no entanto, dos requisitos previstos no art. 300 do Novo CPC – Embora não demonstradas agressões físicas ou verbais em face da recorrente, o varão, citado para os termos da ação, admite a deterioração do relacionamento e insuportabilidade da vida em comum – Descabido que se aguarde a dissolução da união por sentença e a partilha do imóvel (aí sim, sob pena de haver risco à integridade física e psíquica da recorrente) – Razoável que se determine o afastamento imediato do varão – Precedentes – Decisão reformada – Recurso provido (TJSP, Agravo de Instrumento 2201900-05.2020.8.26.0000, Relator Salles Rossi, 8ª Câmara de Direito Privado, Foro de São José dos Campos – 1ª Vara da Família e das Sucessões, *DJ* 15/03/2021).

Agravo de instrumento. Separação de corpos. Inteligência do art. 1.562 do CC. Medida necessária para garantir a preservação da integridade física e psicológica da agravante, que demonstrou as ameaças e a violência praticadas pelo ex-marido. Insustentabilidade da vida em comum. Arrolamento de bens indispensável para garantir o resultado útil do processo, havendo possibilidade de retirada, ocultação e dilapidação patrimonial. Decisão reformada. Recurso provido (TJSP, Agravo de Instrumento 2193375-34.2020.8.26.0000, Relator Beretta da Silveira, 3ª Câmara de Direito Privado, Foro Regional II – Santo Amaro – 9ª Vara da Família e Sucessões, *DJ* 03.11.2020).

Do Pedido:

Ante todo o exposto, requer-se o provimento do presente recurso para o fim de reformar a r. decisão do douto Juízo de primeiro grau, recebendo-se a petição inicial nos termos formulados, determinando-se, em liminar, o IMEDIATO AFASTAMENTO do Sr. F. T. L., que deverá se retirar da residência levando apenas roupas e documentos pessoais, autorizando desde já o uso de força policial.

Termos em que,
p. deferimento.

Mogi das Cruzes/São Paulo, 00 de fevereiro de 0000.

Gediel Claudino de Araujo Júnior
OAB/SP 000.000

7.23.2 Decisão do tribunal

DESPACHO

Agravo de Instrumento
Processo nº 000000-00.0000.0.00.0000
Relator: M. B.
Órgão Julgador: 7ª Câmara de Direito Privado

Vieram informações complementares do Juízo Criminal ao qual foi dirigido pedido de medidas protetivas em favor da agravante (negadas na origem).

A medida de afastamento do varão do lar familiar não resolve o drama do relacionamento, na medida em que o casal trabalha junto. Aliás, a agressão de que se tem notícias e que resultou em lesões na virago, foi perpetrada no ambiente de trabalho, não na casa.

Autorizar a mulher a deixar, com os filhos, a casa porque o imóvel é do varão, é lançar um olhar patrimonialista sobre o problema.

Determinar a emenda da inicial, desprezando a hipótese de cautelar de separação de corpos em união estável, não me parece, *a priori*, adequado também. Não vislumbro, numa primeira plana, seja incabível a medida; não que se possa impor, preliminarmente, o caminho jurídico a ser trilhado pela parte.

CONCEDO liminar parcial para: I) afastar a determinação de emenda liminar da cautelar; (II) determinar ao juiz da origem que designe, para o menor prazo possível em sua agenda, audiência de justificativa (art. 804, CPC [de 1973]), com a citação do varão quanto à ação e intimação para o ato. O afastamento do varão do lar, além de considerar-se o trabalho conjunto do casal (num mesmo endereço), poderá ser melhor analisado nessa audiência em função do que for nela cuidado. A virago deverá manifestar-se sobre este ponto: como conciliará a situação?

Comunique-se, IMEDIATAMENTE, o Magistrado da causa, de quem requisito informações sobre a designação da audiência e seu resultado.

Intime-se.

M. B. (Relator)

7.24 AGRAVO CONTRA DECISÃO QUE INDEFERIU PEDIDO, EM AÇÃO DE INVENTÁRIO, DE EXPEDIÇÃO DE OFÍCIOS (OBTENÇÃO DE EXTRATO DE CONTAS BANCÁRIAS)

7.24.1 Agravo de instrumento

Excelentíssimo Senhor Doutor Desembargador Presidente do Egrégio Tribunal de Justiça do Estado de São Paulo.

M. M. S., brasileira, viúva, do lar, portadora do RG nº 0.000.000-SSP/AL e do CPF nº 000.000.000-00, residente e domiciliada na Rua Tarquínio Favali, nº 00, Vila Maria de Maggi, cidade de Suzano-AP, por seu Advogado, que esta subscreve (mandato incluso), com escritório na Rua João Vicente Amaral, nº 00, Centro, Mogi das Cruzes-SP, CEP 00000-000, *onde recebe intimações* (e-mail: gediel@gsa.com.br), vem respeitosamente à presença de Vossa Excelência, não se conformando, *data venia*, com a respeitável decisão do Meritíssimo Juiz de Direito da Primeira Vara da Família e das Sucessões do Foro de Suzano-SP, expedida nos autos da ação de inventário, da mesma *agravar por instrumento, com pedido liminar*, observando-se o procedimento previsto nos arts. 1.015 a 1.020 do Código de Processo Civil, em conformidade com as inclusas razões.

Para tanto, junta cópia de "todo o processo" de primeiro grau (petição inicial e documentos que a acompanham, inclusive procuração outorgada pela parte, decisão agravada e a certidão de intimação). Reitera, nesta instância, o pedido de justiça gratuita, vez que se declara pobre no sentido jurídico do termo, conforme declaração de pobreza juntada nos autos originais e reproduzida neste instrumento.

O subscritor da presente petição declara, sob as penas da lei, que todas as cópias que formam o presente instrumento CONFEREM com os originais (art. 425, IV, CPC).

Requer, portanto, seja o presente recurso recebido e regularmente processado.

Termos em que,
p. deferimento.

Suzano/São Paulo, 00 de janeiro de 0000.

Gediel Claudino de Araujo Júnior
OAB/SP 000.000

RAZÕES DO RECURSO

Processo nº 0000000-00.0000.0.00.0000
Ação de Inventário
Primeira Vara da Família e das Sucessões do Foro de Suzano-SP
Agravante: M. M. S.
Agravado: o Juízo

Egrégio Tribunal
Colenda Câmara

Dos Fatos:

Em maio de 0000, a agravante ajuizou ação de inventário a fim de apurar os bens deixados pelo seu falecido marido, Sr. N. T. J. S. Em seguida, apresentou, no prazo legal, as primeiras declarações, qualificando os herdeiros, indicando os bens e juntando documentos.

Ainda nas primeiras declarações, a inventariante requereu que fosse oficiado às instituições bancárias que indicou, determinando que enviassem ao juízo extrato atualizado das contas bancárias em que era titular o falecido. Requereu, ademais, que fosse oficiado ao 2º Cartório de Registro de Imóveis da Comarca de Caldas-MG, a fim de que o referido cartório fosse orientado a enviar ao juízo certidão de propriedade de dois bens imóveis deixados pelo inventariado.

Ignorando os pedidos da inventariante e invertendo a ordem natural do processo, o Juiz de primeiro grau determinou a intimação da Fazenda Estadual. Intimada, a Fazenda se limitou, por sua vez, a observar que a inventariante deveria cumprir os trâmites legais.

Diante da manifestação da Fazenda, a inventariante informou que cumpriria suas obrigações fiscais no tempo oportuno, "reiterando" os pedidos de expedição de ofício.

Ignorando as razões postas pela recorrente, o juízo EXPRESSAMENTE e INDIVIDUALMENTE indeferiu os pedidos.

Estes os fatos.

Da Liminar:

Ab initio, consoante permissivo do inciso I do art. 1.019 do Código de Processo Civil, requer-se seja deferido o efeito suspensivo ao presente recurso, determinando-se a IMEDIATA expedição dos ofícios requeridos nas primeiras declarações, fls. 16, itens "c" e "d".

Tal pedido se justifica: primeiro porque a demora na expedição dos referidos ofícios pode trazer prejuízos processuais irreparáveis para a agravante. Com efeito, sem as informações bancárias requeridas a inventariante fica impedida de dar continuidade ao feito que acabará arquivado. Afinal como dar andamento ao feito, apresentando o plano de partilha, sem saber-se qual o montante dos valores o falecido possui nos referidos bancos?

Em segundo lugar, a demora pode dilapidar os valores que estão parados nas instituições bancárias.

Não fossem bastantes estes argumentos para justificar a concessão da liminar, há que se observar a evidente presença do *fumus boni iuris* no caso; afinal, negar a expedição dos referidos ofícios equivale a negar à recorrente acesso à própria Justiça, sendo a parte beneficiária da justiça gratuita.

Do Mérito:

A decisão do Magistrado *a quo*, que, expressamente, indeferiu pedido da recorrente no sentido de que fosse expedido ofício às instituições bancárias que indicou, determinando que enviassem ao juízo extrato atualizado das contas bancárias do falecido, e ao 2º Cartório de Registro de Imóveis da Comarca de Caldas-MG, *não deve prevalecer*, vez que não representa o melhor direito para o caso.

Ab initio, há que se observar que SEM A EXPEDIÇÃO DE OFÍCIO ÀS INSTITUIÇÕES BANCÁRIAS, determinando que enviem ao juízo extrato atualizado das contas do falecido, não tem a inventariante como dar continuidade ao feito. Afinal, como poderá apresentar o plano de partilha, recolher o imposto *causa mortis*, se não sabe qual é o saldo das referidas contas bancárias?

Na verdade, o ideal seria, como já sugerido nos autos, que o juízo determinasse a transferência de todos os valores para conta judicial vinculada ao processo de inventário. Tal fato não só possibilitaria a apresentação do plano de partilha, como eventualmente também possibilitaria o cálculo e pagamento do imposto *causa mortis*.

Negar o juízo a expedição do ofício, ou mesmo a providenciar a transferência dos fundos para conta judicial, equivale a negar à recorrente acesso à justiça. Afinal, como poderá ela dar andamento ao feito sem tais informações, mormente sabendo-se que os bancos se recusaram a lhe fornecer até mesmo um extrato?

O irônico da situação é que a "determinação" do juízo agravado é para que a inventariante cumpra o requerido pela Fazenda Pública; ou seja, para que apresente "declaração eletrônica" quanto aos bens e seu montante, comprovando o recolhimento do imposto devido.

Igualmente inadequado o indeferimento de ofício para o Cartório de Registro de Imóveis de Caldas-MG.

Embora a princípio tal diligência realmente caiba à parte, o presente caso apresenta circunstâncias que permitem, e até mesmo exigem, a intervenção do juízo, a fim de realmente garantir acesso à Justiça. Inventariante e herdeiros são pessoas pobres e sem recursos, não têm condições, no momento, de se dirigirem até a referida Comarca, onde, há muitos anos o inventariado comprou dois terrenos.

O que para o juízo é pouco, um simples ofício, para a agravante e os herdeiros representa um esforço acima de suas forças.

Diante desta realidade, a recorrente requereu, e obteve, os benefícios da justiça gratuita, fls. 00/00, que, segundo o art. 98 do CPC, incluem, entre outras despesas os custos com selos postais (necessários ao envio dos ofícios).

Como se disse, negar o pedido de expedição de ofício às instituições financeiras mencionadas, assim como Cartório de Registro de Imóveis de Caldas-MG, é negar acesso à inventariante ao necessário para ver efetivado o seu direito e isso, como se sabe, afronta os seus direitos mais básicos. Em seu art. 5º, inciso LV, a Constituição assegura a todos os "*litigantes, em processo judicial ou administrativo, e aos acusados em geral são assegurados o contraditório e ampla defesa, com os meios e recursos a ela inerentes*".

Do Pedido:

Ante o exposto, requer-se o provimento do presente recurso, com escopo de determinar-se ao Juiz de primeiro grau que, por sua vez, determine a expedição dos ofícios requeridos pela inventariante.

Termos em que,
p. deferimento.

Suzano/São Paulo, 00 de janeiro de 0000.

Gediel Claudino de Araujo Júnior
OAB/SP 000.000

7.24.2 Decisão do tribunal

Agravo de Instrumento nº 494.429.4/1-00
Comarca de Suzano-SP
Agravante: M. M. S.
Agravado: Juízo
Data do Julgamento: 00.00.0000

EMENTA

Agravo de Instrumento. INVENTÁRIO. Solicitação de expedição de ofício aos bancos em que o *de cujus* possuía conta para apurar eventual saldo e ao cartório de registro de imóveis para verificar quais imóveis ele tinha. Ofícios aos bancos expedidos liminarmente, contudo, compete a parte providenciar as certidões perante o cartório de registro de imóveis. Recurso provido em parte.

ACÓRDÃO

Vistos, relatados e discutidos estes autos, os desembargadores desta turma julgadora da Quarta Câmara de Direito Privado do Tribunal de Justiça, de conformidade com o relatório e o voto do relator, que ficam fazendo parte integrante deste julgado, nesta data, deram provimento em parte ao recurso, por votação unânime.

Des. T. L. (Relator)

VOTO

Trata-se de agravo de instrumento tirado da r. decisão (fl. 75) que indeferiu o pedido da inventariante de expedição de ofício aos bancos, nos quais o *de cujus* possuía conta bancária, com o intuito de se apurar os valores deixados.

Os agravantes alegam que sem as informações bancárias solicitadas, não é possível dar continuidade ao processo de inventário, tendo em vista que é necessário se apurar os valores eventualmente deixados, não só para providenciar a partilha dos bens, como para pagar os devidos impostos. Argumentam que fora invertida a ordem processual dos feitos, pois não há ainda nenhum plano de partilha, portanto, não há como cumprir o determinado pela Fazenda Pública sem antes se ter apurado todos os bens do *de cujus*. Expõem que têm ciência de que a diligência aos cartórios lhes cabe, contudo, deve-se levar em conta a situação econômica dos agravantes, uma vez que não possuem recursos para realizar tal feito, esclarecendo que os possíveis imóveis deixados se localizam em Caldas, Minas Gerais. Relatam, por fim, que negar-lhes tais ofícios é impossibilitar o acesso a justiça, o que é inconstitucional.

Este é o relatório.

Em parte, assiste razão aos agravantes.

A expedição de ofício às instituições financeiras tem fundamento, tendo em vista que qualquer dado relativo às contas existentes é protegido pelo sigilo bancário, não podendo, portanto, ser fornecido a qualquer outra pessoa, a não ser o titular, ou a pessoa devidamente autorizada.

No caso em foco, o falecido possuía quatro contas bancárias e, para que se possa dar seguimento ao processo de inventário é necessário que se tenha conhecimento dos possíveis valores existentes nas contas para, posteriormente, dividi-los entre os herdeiros e, providenciar o devido encerramento das mesmas, justifica-se, com isso, a expedição de ofício aos bancos relacionados com o intuito de se obter tais informações, como já concedido liminarmente.

Contudo, no caso dos ofícios a serem expedidos para os cartórios de registro de imóveis, não tem fundamento o argumento dos agravantes, tendo em vista que as certidões devem ser providenciadas pelos próprios herdeiros, ou então pela inventariante, não sendo de responsabilidade do judiciário tomar tal providência. Ademais, se o *de cujus* deixou imóveis aos herdeiros, bem como possível dinheiro nas contas, pode a inventariante solicitar a venda de algum imóvel ou a retirada de dinheiro, com o intuito de providenciar a expedição de tais certidões.

Ante o exposto, dá-se provimento em parte ao recurso.

Participaram do julgamento os Desembargadores M. C. (Presidente, sem voto), F. Q. (Revisor) e N. Z. (3º Juiz).

T. L. (Des. Relator)

7.25 AGRAVO CONTRA DECISÃO QUE INDEFERIU PEDIDO, EM CUMPRIMENTO DE SENTENÇA, DE DESCONSIDERAÇÃO DE PESSOA JURÍDICA (RELAÇÃO DE CONSUMO)

Excelentíssimo Senhor Doutor Desembargador Presidente do Egrégio Tribunal de Justiça do Estado de São Paulo.

C. R. da S., brasileiro, solteiro, professor, portador do RG nº 0.000.000-SSP/SP e do CPF nº 000.000.000-00, sem endereço eletrônico, residente e domiciliado na Rua Joaquim de Mello, nº 00, Vila Moraes, cidade de Mogi das Cruzes-SP, CEP 00000-000, por seu Advogado, que esta subscreve (mandato incluso), com escritório na Rua João Vicente Amaral, nº 00, Centro, Mogi das Cruzes-SP, CEP 00000-000, *onde recebe intimações* (e-mail: gediel@gsa.com.br), vem respeitosamente à presença de Vossa Excelência, não se conformando, *data venia*, com a r. decisão do Meritíssimo Juiz de Direito da Terceira Vara Cível do Foro de Mogi das Cruzes-SP, expedida nos autos do processo de cumprimento de sentença que move em face de C. F. S. Ltda., da mesma ***agravar por instrumento***, *com pedido liminar*, observando-se o procedimento previsto nos arts. 1.015 a 1.020 do Código de Processo Civil, em conformidade com as inclusas razões.

Para tanto, junta, entre outras, cópia dos seguintes documentos: petição onde se requer o início da execução; cálculos atualizados do débito; procuração; decisão agravada; certidão de intimação. Registre-se, ainda, que a agravada foi regularmente intimada nos autos, contudo não constituiu advogado.

O subscritor da presente petição declara, sob as penas da lei, que todas as cópias que formam o presente instrumento conferem com os originais (art. 425, IV, CPC).

Requer, por fim, seja o presente recurso recebido e regularmente processado.

Termos em que,
p. deferimento.

Mogi das Cruzes/São Paulo, 00 de agosto de 0000.

Gediel Claudino de Araujo Júnior
OAB/SP 000.000

RAZÕES DO RECURSO

Processo nº 0000000-00.0000.0.00.0000
Cumprimento de Sentença (Ação de Rescisão de Contrato cc Indenização)
Terceira Vara Cível do Foro de Mogi das Cruzes-SP
Agravante: C R. da S.
Agravado: C. F. S. Ltda.

Egrégio Tribunal
Colenda Câmara

Dos Fatos:

Após trânsito em julgado de sentença que rescindiu o contrato firmado pelas partes e determinou fosse o autor indenizado por perdas e danos, o credor protocolou petição requerendo o início da fase executiva; apresentou os cálculos do débito, estimados em R$ 27.945,00 (vinte e sete mil, novecentos e quarenta e cinco reais), requerendo a intimação da executada para pagamento, sob pena de penhora de tantos bens quantos bastassem para a satisfação do devido. Regularmente intimada na pessoa de um de seus sócios, a devedora permaneceu inerte, ou seja, não pagou nem ofereceu embargos à execução.

Diante da inércia da devedora, o exequente requereu a penhora *on-line* e a expedição de ofício ao DETRAN e aos Cartórios de Registro de Imóveis da Comarca, contudo todas as diligências restaram negativas (não foram encontrados bens e/ou valores em nome da devedora).

Em novas diligências, constatou o agravante que a executada encontrava-se irregularmente encerrada.

Diante de tal fato, requereu, então, o credor a desconsideração da pessoa jurídica, visto ter notícias de que existem bens em nome dos sócios da referida empresa. Conclusos os autos, o douto Juiz de primeiro grau indeferiu o pedido, entendendo que não estavam presentes os requisitos necessários para tanto.

Em síntese, o necessário.

Do Mérito:

A respeitável decisão guerreada merece reparos. Com efeito, o douto Magistrado de primeiro grau argumentou, ao indeferir o pedido de desconsideração da pessoa jurídica, *"que a dificuldade em localizar bens da executada, por si só, não é suficiente, para determinar a desconsideração da personalidade jurídica"*.

Embora a princípio o afirmado pareça de fato verdade, há que se registrar a existência junto a este Egrégio Tribunal de inúmeros acórdãos em sentido contrário, onde se recomenda cuidadosa "análise casuística", com escopo de concretamente estabelecer os parâmetros práticos da "desconsideração da personalidade jurídica". Pede-se vênia para citarem-se os seguintes acórdãos:

> Execução por título extrajudicial – Desconsideração da personalidade jurídica – Dissolução irregular da empresa que não deixou valores para satisfação de seus débitos – Fortes indícios da intenção de prejudicar os credores – Decisão reformada – Recurso provido (TJSP, Agravo de Instrumento 2143840-78.2016.8.26.0000, Relator Maia da Rocha, 21ª Câmara de Direito Privado, Foro Central Cível – 19ª Vara Cível, *DJ* 17/11/2016)

> Execução – Desconsideração da personalidade jurídica – Indeferimento de plano pelo MM. Juiz da causa – Impossibilidade – Indícios de irregularidade da empresa quanto ao encerramento de suas atividades e intuito dissimulado de não satisfazer suas obrigações legais e fraudar seus credores – Necessidade de instauração do incidente específico, mediante contraditório, nos termos do disposto no artigo 135 do CPC/2015, antes de se analisar a possibilidade ou não da desconsideração da personalidade jurídica – Decisão anulada – Recurso parcialmente provido (TJSP, Agravo de Instrumento 2119169-88.2016.8.26.0000, Relator Paulo Pastore Filho, 17ª Câmara de Direito Privado, Foro Regional I – Santana, 1ª Vara Cível, *DJ* 27/10/2016).

> Execução – Título extrajudicial sociedade por cotas – Poder Judiciário Tribunal de Justiça do Estado de São Paulo de responsabilidade limitada – Desconsideração da personalidade jurídica – Cabimento, vez que a empresa encontrasse em situação irregular, não efetuou o pagamento de seus débitos e não possui bens em seu nome – Admissibilidade do alcance de bens pessoais dos administradores ou dos sócios (art. 50 do CC) – Agravo provido (TJSP, 7.356.817-7, Rel. Des. Salles Vieira, j. 28.05.2009);

> Monitoria – Ausentes embargos – Execução do mandado judicial na forma do art. 475-J do CPC – Empresa inadimplente – Não localização – Inexistência de bens à penhora – Em princípio responsabilidade solidária dos sócios, com seus bens particulares – Aplicação da teoria da desconsideração da personalidade jurídica da devedora – Admissibilidade – Ao magistrado cabe zelar pela rápida prestação jurisdicional – Recurso provido (TJSP, 7.333.863-1, Rel. Des. Jovino dos Sylos, j. 05 05.2009).

> Execução por título extrajudicial pessoa jurídica. Desconsideração da personalidade jurídica. Constrição de bens dos sócios. Possibilidade. Hipótese de existência de fortes indícios de encerramento irregular das atividades empresariais. Inexistência de bens em nome da sociedade para satisfazer a obrigação. Caracterização de abuso. Aplicabilidade dos arts. 50 do Código Civil de 2002, 350 do Código Comercial e 16 da Lei das

Sociedades Limitadas. Desconsideração decretada. Agravo regimental prejudicado Recurso improvido (TJSP AI nº 7.145.688-5 São Caetano do Sul 18ª Câmara de Tribunal de Justiça, Poder Judiciário São Paulo Agravo de Instrumento nº 2218794-95.2016.8.26.0000 Bariri, Voto nº 7.127 GC 5/6, Direito Privado, relator Rubens Cury j. 03.07.2007 v.u.).

Como se vê, o julgador não deve ater-se a formalidade abstrata do art. 50 do Código Civil, mas decidir tendo em vista as especialidades do caso em concreto, muito mais no presente caso cujo crédito tem origem em relação de consumo. Na verdade, a análise do caso deve ser realizada sob a égide do art. 28 da Lei nº 8.078/90, o Código de Defesa do Consumidor:

> Art. 28 – O juiz poderá desconsiderar a personalidade jurídica da sociedade quando, em detrimento do consumidor, houver abuso de direito, excesso de poder, infração da lei, fato ou ato ilícito ou violação dos estatutos ou contrato social. A desconsideração também será efetivada quando houver falência, estado de insolvência, encerramento ou inatividade da pessoa jurídica provocados por má administração.
>
> (...)
>
> § 5º Também poderá ser desconsiderada a pessoa jurídica sempre que sua personalidade for, de alguma forma, obstáculo ao ressarcimento de prejuízos causados aos consumidores.

Comentando a norma citada, a Professora Cláudia Lima Marques (*Comentários ao Código de Defesa do Consumidor* 3. ed. São Paulo: RT, 2010, p. 624), declara que "*a previsão ampla, englobando todas as hipóteses detectadas no direito comparado e na experiência jurisprudencial brasileira sobre o tema, deixa bem clara a opção legislativa pela proteção do consumidor através da desconsideração sempre que a 'personalidade' atribuída à sociedade for obstáculo ao ressarcimento dos danos sofridos pelo consumidor*".

É exatamente o que temos no presente caso, onde foi rescindida relação de consumo por culpa exclusiva da executada, que inopinadamente fechou as suas portas logo após ter firmado contrato de prestação de serviços com o credor; ou seja, embora não seja possível presumir fraude por parte dos sócios da executada os elementos constantes dos autos são suficientes para indicar que a pessoa jurídica, neste caso, tem servido de obstáculo ao ressarcimento reconhecido nos autos da ação principal (fase de conhecimento), visto que não se localizaram bens a responder pela obrigação, sendo esta, de fato, o único requisito exigido pelo CDC. Neste sentido a jurisprudência:

> Por fim, remanesce apreciar o argumento no sentido de que o art. 28, § 5º, do CDC pressupõe a comprovação de abuso da personalidade jurídica da sociedade empresária. Pois bem, ao contrário do que afirma o recorrente, nas relações de consumo, para que seja deferida a desconsideração da personalidade jurídica basta a prova da insolvência da pessoa jurídica para pagamento de suas obrigações. Efetivamente, a providência condita no § 5º do art. 28 prescinde da presença dos requisitos conti-

dos no *caput* do mesmo dispositivo (abuso de direito, excesso de poder, infração da lei, fato ou ato ilícito ou violação dos estatutos ou contrato social, falência, estado de insolvência, encerramento ou inatividade da pessoa jurídica provocados por má administração). Trata-se, portanto, da aplicação da teoria menor da desconsideração amparada pelo já mencionado art. 28, § 5º, do CDC. (STJ Ag. 1.277.176/RJ, Rel. Min. Massami Uyeda, *DJe* 06.10.2010).

Dos Pedidos:

Ante todo o exposto, requer-se o provimento do presente recurso para o fim de reformar a r. decisão do douto Juízo de primeiro grau, acatando-se o pedido de desconsideração da pessoa jurídica, determinando-se então a intimação pessoal dos sócios da executada para que efetuem, no prazo legal, o pagamento do débito apontado às fls. 00/00, sob pena de serem penhorados tantos bens quantos bastem para a sua quitação.

Termos em que,
r. deferimento.

Mogi das Cruzes/São Paulo, 00 de setembro de 0000.

Gediel Claudino de Araujo Júnior
OAB/SP 000.000

7.26 AGRAVO CONTRA DECISÃO QUE INDEFERIU PEDIDO, EM CUMPRIMENTO DE SENTENÇA, DE ELABORAÇÃO DE CÁLCULO ATUALIZADO DO DÉBITO PELO CONTADOR (AGRAVANTE BENEFICIÁRIO DA JUSTIÇA GRATUITA)

7.26.1 Agravo de instrumento

Excelentíssimo Senhor Doutor Desembargador Presidente do Egrégio Tribunal de Justiça do Estado de São Paulo.

R. A. S., representado por sua genitora R. A. G., brasileira, solteira, desempregada, portadora do RG nº 0.000.000-SSP/AL e do CPF nº 000.000.000-00, sem endereço eletrônico, residente e domiciliada na Estrada Mogi-Taiaçupeba, km 00, Vila Moraes, cidade de Mogi das Cruzes-SP, CEP 00000-000, por seu Advogado, que esta subscreve (mandato incluso), com escritório na Rua João Vicente Amaral, nº 00, Centro, Mogi das Cruzes-SP, CEP 00000-000, *onde recebe intimações* (e-mail: gediel@gsa.com.br), vem respeitosamente à presença de Vossa Excelência, não se conformando, *data venia*, com a r. decisão do Meritíssimo Juiz de Direito da Terceira Vara da Família e das Sucessões do Foro de Mogi das Cruzes-SP, expedida nos autos do processo de cumprimento de obrigação de prestar alimentos que move em face de C. F. S., da mesma *agravar por instrumento*, *com pedido liminar*, observando-se o procedimento previsto nos arts. 1.015 a 1.020 do Código de Processo Civil, em conformidade com as inclusas razões.

Para tanto, junta, entre outras, cópia dos seguintes documentos: petição inicial; procuração, declaração de pobreza, certidão de nascimento, decisão que decretou a prisão civil, decisão agravada e certidão de intimação. Registre-se, ainda, que o agravado foi regularmente citado nos autos, contudo não constituiu advogado.

O subscritor da presente petição declara, sob as penas da lei, que todas as cópias que formam o presente instrumento conferem com os originais (art. 425, IV, CPC).

Requer, ademais, a concessão dos benefícios da justiça gratuita, por ser pessoa pobre na acepção legal do termo, conforme declaração de pobreza já juntada aos autos e reproduzida neste instrumento.

Requer, por fim, seja o presente recurso recebido e regularmente processado.

Termos em que,
p. deferimento.

Mogi das Cruzes/São Paulo, 00 de setembro de 0000.

Gediel Claudino de Araujo Júnior
OAB/SP 000.000

RAZÕES DO RECURSO

Processo nº 0000000-00.0000.0.00.0000
Cumprimento de Obrigação de Prestar Alimentos (execução de alimentos)
Terceira Vara da Família e das Sucessões do Foro de Mogi das Cruzes-SP
Agravante: R. A. S.
Agravado: C. F. S.

Egrégio Tribunal
Colenda Câmara

Dos Fatos:

Em abril de 0000, a agravante protocolou cumprimento de obrigação de prestar alimentos em face do agravado, alegando, em apertada síntese, que esse estava em atraso com suas obrigações alimentícias. Citado, o executado permaneceu inerte, sendo então decretada sua prisão civil pelo prazo de trinta dias.

Passados dois anos, o exequente requereu a renovação do mandado de prisão, sendo que o juiz condicionou o atendimento do pedido à apresentação de novos cálculos quanto ao débito. Diante da exigência judicial, o credor pediu então fossem os autos enviados ao contador da serventia, sendo tal pedido negado pelo Juízo de primeiro grau.

Em síntese, o necessário.

Da Liminar:

Ab initio, consoante permissivo do art. 1.019, inciso I, do Código de Processo Civil, requer-se seja deferido o efeito suspensivo ao presente recurso, determinando-se ao douto Magistrado de primeiro grau que, por sua vez, determine a imediata remessa dos autos ao contador da serventia a fim de que essa proceda com os cálculos do valor do débito. Esse pedido se justifica na medida em que a mantença, mesmo que momentânea, da respeitável decisão guerreada, implicará em sérios prejuízos para a menor, ora recorrente.

Além do evidente prejuízo ao credor de alimentos, que nada vem recebendo, e assim continuará até que o processo tenha regular seguimento, que justifica e demanda a concessão do presente pedido liminar, há ainda que se considerar que a presente questão já foi muitas vezes decidida por este Egrégio Tribunal, estando assente que continua sendo possível a elaboração de cálculos pelo contador no caso de assistência judiciária.

Presente o *fumus boni iuris*, em razão, como se disse das reiteradas decisões deste Egrégio Tribunal sobre o tema, e o *periculum in mora*, em razão dos evidentes prejuízos que advêm ao recorrente pela "paralisação do feito", *requer-se* seja concedida a liminar, com escopo de determinar ao douto Juiz de primeiro grau que, por sua vez, determine a imediata remessa dos autos ao contador, a fim de que sejam elaborados os cálculos pedidos pela agravante e essenciais ao regular andamento do feito.

Do Mérito:

A respeitável decisão guerreada merece reparos. Com efeito, o douto Magistrado de primeiro grau acabou, ao indeferir o pedido de remessa ao contador judicial para apuração da dívida alimentar, por violar a norma prevista no § 1º, inciso VII, do art. 98 do Código de Processo Civil, que prescreve *in verbis*:

> Art. 98. A pessoa natural ou jurídica, brasileira ou estrangeira, com insuficiência de recursos para pagar as custas, as despesas processuais e os honorários advocatícios tem direito à gratuidade da justiça, na forma da lei.
>
> § 1º A gratuidade da justiça compreende:
>
> VII – o custo com a elaboração de memória de cálculo, quando exigida para instauração da execução;

Considerando que foi o próprio juiz que deferiu ao agravante os benefícios de justiça gratuita (documento anexo), não há como entender a razão pela qual indeferiu o pedido de elaboração dos cálculos pelo contador da serventia, visto que tal medida está expressamente prevista na lei, como se apontou acima.

Inegável que o objetivo da norma legal é garantir à camada mais carente da população acesso efetivo à justiça (art. 5º, LXXIV, CF/88). Neste sentido, a jurisprudência dominante, *in verbis*:

> Agravo de instrumento. Assistência judiciária gratuita. Liquidação de sentença nos termos do art. 475-B do Código de Processo Civil (art. 98, § 1º, VII, NCPC – grifo nosso). Nas hipóteses em que o credor é beneficiário da assistência judiciária gratuita e a determinação do valor da condenação depender apenas de cálculo aritmético, pode o juiz valer-se do contador do juízo para elaboração do cálculo para cumprimento da sentença. Inteligência do art. 475-B, § 3º, do Código de Processo Civil" (Agravo de Instrumento nº 70015308356, 3ª CC, TJRGS, 24.8.2006, Rel. Des. Matilde Chabar Maia).

Dos Pedidos:

Ante todo o exposto, requer-se o provimento do presente recurso para o fim de reformar a r. decisão do douto Juízo de primeiro grau, determinando-se a remessa dos autos ao contador da serventia, a fim de que sejam elaborados cálculos atualizados do débito, tal qual requerido pelo recorrente.

       Termos em que,
       r. deferimento.

       Mogi das Cruzes/São Paulo, 00 de setembro de 0000.

       Gediel Claudino de Araujo Júnior
       OAB/SP 000.000

7.26.2 Decisão do juiz (reconsideração)

TERCEIRA VARA CÍVEL DE MOGI DAS CRUZES-SP

Processo nº 0000000-00.0000.0.00.0000
Cumprimento de Obrigação de Prestar Alimentos
Agravante: R. A. S.
Agravado: C. F. S.

Vistos,

        Com efeito, sendo o credor beneficiário da justiça gratuita, representado por Defensor Público, aplicável o disposto no art. 98, VII, do Código de Processo Civil. Diante disso, RECONSIDERO o despacho de fls. 00, remetendo-se os autos à contadoria judicial para cálculo do valor devido pelo executado.

        Sem prejuízo da providência acima, oficie-se à superior instância para fins de instruir o Agravo de Instrumento. Int. M. Cruzes, data supra.

        B. H. de S. (Juiz Substituto)

7.27 AGRAVO CONTRA DECISÃO QUE INDEFERIU PEDIDO, EM CUMPRIMENTO DE SENTENÇA, DE EXPEDIÇÃO DE CARTA DE SENTENÇA

7.27.1 Agravo de instrumento

Excelentíssimo Senhor Doutor Desembargador Presidente do Egrégio Tribunal de Justiça do Estado de São Paulo.

R. A. C., brasileiro, menor impúbere, representado por sua genitora R.A.G., brasileira, solteira, balconista, portadora do RG 00.000.000-SSP/SP e do CPF 000.000.000-00, sem endereço eletrônico, residente e domiciliada na Rua Bernardino Rodrigues Cardoso, nº 00, Jardim Oliveira, cidade de Mogi das Cruzes-SP, CEP 00000-000, por seu Advogado, que esta subscreve (mandato incluso), com escritório na Rua João Vicente Amaral, nº 00, Centro, Mogi das Cruzes-SP, CEP 00000-000, *onde recebe intimações* (e-mail: gediel@gsa.com.br), vem respeitosamente à presença de Vossa Excelência, não se conformando, *data venia*, com a respeitável decisão do Meritíssimo Juiz da Segunda Vara da Família e das Sucessões do Foro de Mogi das Cruzes-SP, expedida nos autos do processo de homologação de acordo que moveu conjuntamente com **J. J. A. C.** da mesma ***agravar por instrumento***, *com pedido liminar*, observando-se o procedimento previstos nos arts. 1.015 a 1.020 do Código de Processo Civil, em conformidade com as inclusas razões.

Para tanto, junta cópia dos seguintes documentos: petição inicial; declaração de pobreza; procuração *ad judicia*; sentença homologatória; petição requerendo expedição de carta de sentença; decisão agravada; certidão de intimação da decisão agravada. Registre-se que o subscritor da presente declara, sob sua responsabilidade pessoal, que todas as cópias que formam o presente instrumento CONFEREM com os originais (art. 425, IV, CPC).

Requer, ademais, a concessão dos benefícios da justiça gratuita, vez que se declara pobre no sentido jurídico do termo, conforme declaração juntada nos autos principais e reproduzida neste instrumento.

Requer, por fim, seja o presente recurso recebido e regularmente processado.

Termos em que,
p. deferimento.

Mogi das Cruzes/São Paulo, 00 de julho de 0000.

Gediel Claudino de Araujo Júnior
OAB/SP 000.000

RAZÕES DO RECURSO

Processo nº 00000-00.0000.0.00.0000
Ação de Homologação de Acordo
Segunda Vara da Família e das Sucessões do Foro de Mogi das Cruzes-SP
Agravante: R. A. C.
Agravado: o Juízo

Egrégio Tribunal
Colenda Câmara

Dos Fatos:

Em 00 de junho de 2000, o agravante, juntamente com seu genitor, após acordarem sobre o valor da pensão alimentícia, ajuizaram ação requerendo fosse o acordo judicialmente homologado.

Após manifestação do Ministério Público, o douto Juízo de primeiro grau procedeu com a homologação.

Passados alguns meses, pretendendo a genitora do menor mudar-se para outra comarca, protocolou pedido de expedição de carta de sentença, com escopo de assegurar o seu direito de cobrar a pensão acordada na cidade para onde estava se mudando.

Após expressa concordância do ilustre representante do Ministério Público, o Juiz *a quo* indeferiu o pedido.

Este o relatório.

Da Liminar:

Ab initio, consoante permissivo do inciso I do art. 1.019 do Código de Processo Civil, requer-se seja deferido o efeito suspensivo ao presente recurso, determinando-se a imediata expedição da carta de sentença conforme requerida.

Tal pedido se justifica: primeiro porque constitui direito líquido e certo do agravante a expedição da carta de sentença do processo onde foi parte; segundo porque a demora na expedição do referido documento pode causar prejuízos irrecuperáveis para o menor, que necessita dos alimentos para sua mantença; terceiro porque a jurisprudência já pacificou a questão, no sentido da possibilidade de o alimentante executar a obrigação alimentícia no lugar de seu domicílio.

Do Mérito:

A decisão do Magistrado *a quo*, que indeferiu a expedição da carta de sentença sob o argumento de que o cumprimento da obrigação de prestar alimentos, deve ser feita nos autos do processo onde foi proferida a sentença, não deve prevalecer, vez que não representa o melhor direito para o caso.

Ab initio, há que se observar que a melhor doutrina sobre o tema contraria a conclusão do Juiz de primeiro grau. Neste sentido a lição do insigne mestre Nelson Nery Junior, expedida ao comentar a norma do art. 53, II, do CPC, na obra *Código de Processo Civil comentado*, 3. ed., *in verbis*:

> A norma abrange as ações que têm como fundamento ou pedido os alimentos: ação especial de alimentos, regida pela LA; ação cautelar de alimentos provisionais; ação de alimentos em rito ordinário; ação revisional de alimentos; ação em que se oferecem os alimentos (LA 24); ação de execução de alimentos. (p. 1065, t. II)

Também Araken de Assis, na sua obra *Manual do processo de execução*, 2. ed., Editora Revista dos Tribunais, conclui pela prevalência da norma do art. 53, II, do CPC, *in verbis*:

> Conseguintemente, ocorrendo modificação no domicílio do alimentário, a execução poderá ser ajuizada neste último. No sentido da preponderância do art. 53, II, do CPC, haja vista a 'fragilidade econômica que o alimentando arrosta', conforme sustenta o voto do Min. Athos Carneiro, no CC 214-SC. (p. 881)

Não somente a doutrina demonstra o desacerto da decisão monocrática, também a jurisprudência já se pacificou sobre o tema, conforme demonstram os seguintes acórdãos:

> Processual Civil – Conflito de competência – Ação de execução de alimentos – Competência do foro do domicílio do alimentando – Art. 100, II, do CPC [de 1973]. I – Hipótese em que não se configura infringência ao princípio da *perpetuatio jurisdictionis*, eis que não está em curso a Ação de Alimentos, mas, sim, a execução da sentença naquela proferida. Tem-se como a melhor orientação doutrinária aquela que admite que o processo executivo não constitui fase da ação de conhecimento. II – se a parte, calcada em título judicial, pleiteia alimentos, a competência para processar a execução é do foro do domicílio do alimentando. Incidência do disposto no art. 100, II, do CPC. III – conflito conhecido para declarar-se competente o Juízo de Direito da Vara de Família do Rio de Janeiro, suscitado. (STJ, Conflito de Competência nº 2.933-7-DF, Rel. Min. Waldemar Zveiter, j. em 28-10-92)

Agravo de instrumento. Execução de alimentos. Competência. É competente para o processo de execução de alimentos o foro da residência ou domicílio do alimentando. Aplicação do CPC, 100, II [de 1973]. Agravo desprovido. Decisão unânime (AgI 595105925, 7ª Câmara Cível, TJRS, Rel. Des. Luiz Felipe Azevedo Gomes, j. em 9.6.1995)

Sobre o tema, o novo Código de Processo Civil, na linha da já citada jurisprudência, foi expresso sobre o tema, *in verbis*:

Art. 528.

§ 9º Além das opções previstas no art. 516, parágrafo único, o exequente pode promover o cumprimento da sentença ou decisão que condena ao pagamento de prestação alimentícia no juízo de seu domicílio.

Como se vê, a decisão do juiz de primeiro grau não encontra respaldo na lei, na melhor doutrina, nem na jurisprudência mais abalizada sobre o tema. De qualquer forma, o desacerto da decisão não se limita ao aspecto da competência apontado com razão de decidir pelo Magistrado, há que se notar que a extração de carta de sentença é um direito líquido e certo de qualquer uma das partes, independentemente de sua motivação, conforme previsto na Constituição Federal, art. 5º, inciso XXXIV, letra "b", *in verbis*:

São a todos assegurados, independentemente do pagamento de taxas: a obtenção de certidões em repartições públicas, para defesa de direitos e esclarecimento de situações de interesse pessoal.

Dos Pedidos:

Ante o exposto, e mais por aquelas razões que este Egrégio Tribunal saberá lançar sobre o tema, requer-se o provimento do presente recurso, determinando-se ao douto juízo de primeiro grau que acate o pedido do agravante, determinando a imediata expedição da carta de sentença do Processo nº 00000-00.0000.0.00.0000 da Segunda Vara Cível da Comarca de Mogi das Cruzes-SP, incluindo-se no referido documento as peças indicadas oportunamente.

Termos em que,
p. deferimento.

Mogi das Cruzes/São Paulo, 00 de julho de 0000.

Gediel Claudino de Araujo Júnior
OAB/SP 000.000

7.27.2 Decisão do tribunal

Agravo de Instrumento nº 216.512-4/1-00
Comarca de Mogi das Cruzes – SP
Agravante: R.A.C.
Agravado: Juízo da 2ª Vara Cível Mogi das Cruzes-SP

EMENTA

Processual civil – Ação de alimentos encerrada – Pedido de extração de carta de sentença negado – Alimentando que alega mudança de comarca e necessidade do documento para propiciar execução – Indeferimento fundado no art. 589 do CPC – Excesso de formalismo – Agravo provido.

ACÓRDÃO

Vistos, relatados e discutidos estes autos de AGRAVO DE INSTRUMENTO nº 216.512-4/1-00, da Comarca de MOGI DAS CRUZES, em que é agravante R.A.C, menor representado por sua mãe, sendo agravado o juízo.

ACORDAM, em Oitava Câmara de Direito Privado do Tribunal de Justiça do Estado de São Paulo, por votação unânime, dar provimento ao recurso, de conformidade com o relatório e voto do Relator, que ficam fazendo parte do acórdão.

Participaram do julgamento os Desembargadores R. dos S. (Presidente, sem voto), A. N. e Z. M. A. A.

S. M. (Relator)

VOTO

Trata-se de agravo de instrumento contra decisão de fls. 19 que indeferiu pedido de expedição de carta de sentença relativa ao processo que fixou os alimentos devidos pelo agravado. Alega o recorrente que sua mãe está de mudança para outra comarca e necessita da carta para lá propor a execução dos alimentos. De qualquer forma, é direito seu obter esse documento.

É o relatório.

Fundamentos.

Não importa se o documento se chama certidão completa, certidão de objeto e pé, ou carta de sentença. Estando a parte em comarca diversa daquela onde o processo teve curso, eventual execução não ocorrerá nela. Por essa razão, necessitará de um desses documentos para instrução do processo no novo juízo. Se o autor não tem os autos principais à disposição, necessitará de algum documento que comprove seu direito. Logo, pode valer-se do disposto no art. 589. A negativa, embora aparentemente escorada na letra da lei, representa uma interpretação fria e formalista. A respeito, já se decidiu: "a concepção moderna do processo, como instrumento de realização da justiça, repudia o excesso de formalismo, que culmina por inviabilizá-la".

Exposto isto, pelo meu voto, dá-se provimento ao recurso.

S. M. N. (Relator)

7.28 AGRAVO CONTRA DECISÃO QUE INDEFERIU PEDIDO, EM CUMPRIMENTO DE SENTENÇA, DE EXPEDIÇÃO DE OFÍCIO AO NOVO EMPREGADOR DO ALIMENTANTE

7.28.1 Agravo de instrumento

Excelentíssimo Senhor Doutor Desembargador Presidente do Egrégio Tribunal de Justiça do Estado de São Paulo.

Z. M. de Q., brasileira, solteira, do lar, portadora do RG 00.000.000-SSP/SP e do CPF 000.000.000-00, sem endereço eletrônico, residente e domiciliada na Rua Corinto Bardazzi, nº 00, Conjunto São Geraldo, cidade de Mogi das Cruzes-SP, CEP 00000-000, por seu Advogado, que esta subscreve (mandato incluso), com escritório na Rua João Vicente Amaral, nº 00, Centro, Mogi das Cruzes-SP, CEP 00000-000, *onde recebe intimações* (e-mail: gediel@gsa.com.br), vem respeitosamente à presença de Vossa Excelência, não se conformando, *data venia*, com a r. decisão do Meritíssimo Juiz da Terceira Vara da Família e das Sucessões do Foro de Mogi das Cruzes-SP, expedida nos autos do processo de reconhecimento de união estável, que moveu em face de **A. J. da S.**, da mesma *agravar por instrumento*, observando-se o procedimento previsto nos arts. 1.015 a 1.020 do Código de Processo Civil, em conformidade com as inclusas razões.

Para tanto, junta cópia dos seguintes documentos: petição inicial; petição de acordo entre as partes; procuração *ad judicia* do agravado; sentença homologatória; declaração de pobreza; certidão de nascimento; petição requerendo providências; decisão agravada; certidão de intimação; procuração *ad judicia*. Registre-se que o subscritor da presente declara, sob sua responsabilidade pessoal, que todas as cópias que formam o presente instrumento CONFEREM com os originais (art. 425, IV, CPC).

Requer, ademais, a concessão dos benefícios da justiça gratuita, vez que se declara pobre no sentido jurídico do termo, conforme declaração juntada nos autos principais e reproduzida neste instrumento.

Requer, por fim, seja o presente recurso recebido e regularmente processado.

Termos em que,
p. deferimento.

Mogi das Cruzes/São Paulo, 00 de outubro de 0000.

Gediel Claudino de Araujo Júnior
OAB/SP 000.000

RAZÕES DO RECURSO

Processo nº 00000-00.0000.0.00.0000
Ação de Reconhecimento de União Estável
Terceira Vara da Família e das Sucessões do Foro de Mogi das Cruzes-SP
Agravante: Z. M. de Q.
Agravado: A. J. da S.

Egrégio Tribunal
Colenda Câmara

Dos Fatos:

Em 00 de junho de 0000, a agravante e o agravado firmaram acordo, autos do processo nº 00000-00.0000.0.00.0000, homologado pelo douto Juízo da Terceira Vara Cível da Comarca de Mogi das Cruzes, quanto ao reconhecimento de união estável existente entre eles. Entre outras coisas, acordaram que o agravado pagaria à filha "J" pensão alimentícia no valor de 30% (trinta por cento) dos seus rendimentos líquidos, descontados em folha de pagamento.

Homologado o acordo, determinou-se a expedição de ofício ao empregador, com escopo de que procedesse com o desconto da pensão.

Pouco tempo depois, a agravante percebeu que o desconto não estava se dando conforme os termos do acordo, mais precisamente com aquilo que lhe havia sido prometido; isto é, o empregador não estaria calculando o valor da pensão sobre todos os rendimentos líquidos do alimentante, em especial o décimo-terceiro salário e férias.

Destarte, peticionou ao ilustre Magistrado *a quo*, requerendo fosse expedido novo ofício ao empregador do alimentante, orientando-o a fazer o desconto da pensão sobre o total dos vencimentos líquidos dele.

Tal requerimento foi indeferido, sem que o Magistrado *a quo* apresentasse as razões de sua decisão.

Em síntese, estes os fatos.

Do Mérito:

A decisão do ilustre Magistrado *a quo*, que indeferiu, em procedimento de cumprimento de sentença judicial, a expedição de ofício ao empregador do alimentante, com escopo de corretamente orientá-lo sobre o desconto da pensão alimentícia, mormente quanto ao décimo-terceiro salário e férias, embora respeitável, não deve permanecer.

Embora a decisão guerreada não tenha sido regularmente fundamentada, conforme determina a lei, pode-se concluir que, segundo certidão da serventia aposta na mesma página, o indeferimento se deu em razão de o acordo que fixou a pensão não indicar expressamente sua incidência sobre as verbas pleiteadas pela agravante.

Em outras palavras, o douto Magistrado *a quo* adotou, em óbvio detrimento da alimentanda, clara posição restritiva; isto é, não estando indicadas no acordo as verbas sobre as quais incidiria o desconto da pensão, esta deve ser limitada ao salário-base, conforme já vem procedendo o empregador do alimentante.

Em que pese ao respeito e admiração de que é merecedor o ilustre Magistrado prolator da decisão agravada, tal posicionamento não merece encômios, seja porque desfavorece a parte mais frágil da relação alimentícia, seja porque em confronto com a jurisprudência dominante deste Egrégio Tribunal.

Ab initio, há que se observar que o douto Magistrado não deveria ter restringido o que as partes, expressamente, não restringiram. Tendo o acordo estabelecido, genericamente, que a pensão incidiria sobre os "vencimentos líquidos" do alimentante, a exegese mais correta seria entender estarem englobadas todas as verbas de natureza salarial.

Sabendo-se que o décimo-terceiro salário e as férias têm natureza salarial (STF, AGRRE-218734/SP, Min. Néri da Silveira, *DJ* 20.8.99), e tendo a pensão sido acordada para incidir sobre a base salarial do alimentante (vencimentos líquidos), não há razão para que as referidas verbas não integrem a base de cálculo. Assim já decidiu este Tribunal, *in verbis*:

> Acordada pensão alimentícia em percentual sobre a remuneração do devedor, na sua base de cálculo compreende-se o décimo terceiro salário (Agravo de Instrumento nº 179.122-1, Relator Des. Cezar Peluso, *LEX-JTJ* 140/148).

> Se o acordo falasse apenas em vencimentos líquidos, as férias poderiam ser deferidas, ... (Agravo de Instrumento nº 201.507-1, Relator Des. Rebouças de Carvalho, *LEX-JTJ* 156/184).

Doutrina e jurisprudência até discutem sobre a incidência da pensão sobre horas extras e outras verbas extraordinárias, mas ninguém discute que a pensão deve incidir sobre 13º (décimo terceiro) salário e a indenização de férias. Quanto a estas verbas não há, como se disse, discussão, razão pela qual se faz necessário a correta orientação do empregador com escopo de evitar graves prejuízos aos alimentandos.

Do Pedido:

Ante o exposto, e mais pelas razões que este Egrégio Tribunal saberá lançar sobre o assunto, <u>requer-se o provimento do presente recurso</u>, com escopo de determinar-se ao Magistrado *a quo* que expeça ofício ao empregador do alimentante, informando que a pensão acordada deve, também, incidir sobre o décimo terceiro salário, férias e outras verbas que tenham natureza salarial, conforme permite o acordo firmado entre as partes.

Termos em que,
p. deferimento.

Mogi das Cruzes/São Paulo, 00 de outubro de 0000.

Gediel Claudino de Araujo Júnior
OAB/SP 000.000

7.28.2 Decisão do juiz (reconsideração)

Vistos.

Por vencimentos líquidos devemos entender o valor correspondente ao salário bruto descontados a Previdência (INSS), o Imposto de Renda (IR) e a Contribuição Sindical, de modo que a pensão alimentícia deverá incidir sobre os rendimentos mensais, inclusive 13º salário.

Na verdade, somente as verbas de natureza indenizatórias, como, por exemplo, férias indenizadas ou FGTS, deveriam constar expressamente do acordo para efeito de desconto da pensão alimentícia, de modo que sobre o 13º salário, que não possui tal natureza, deve ser descontado o valor correspondente aos alimentos.

Isto posto, reconsidero a decisão de fls. 00 e determino a imediata expedição de ofício ao empregador para que se procedam os descontos da pensão alimentícia inclusive sobre o 13º salário.

Int. e Cumpra-se.
Após, arquivem-se os autos.
Mogi das Cruzes, 00 de outubro de 0000.
V. de A. R. (Juiz de Direito)

7.29 AGRAVO CONTRA DECISÃO QUE INDEFERIU PEDIDO, EM CUMPRIMENTO DE SENTENÇA, DE PENHORA DE SALDO DAS CONTAS DO FGTS E PIS DO EXECUTADO (DÍVIDA DE ALIMENTOS)

7.29.1 Agravo de instrumento

Excelentíssimo Doutor Desembargador Presidente do Egrégio Tribunal de Justiça do Estado de São Paulo.

F. G. dos S., brasileiro, menor impúbere, representado por sua genitora M. T. G., brasileira, solteira, autônoma, portadora do RG 00.000.000-SSP/SP e do CPF 000.000.000-00, titular do e-mail mtg@gsa.com.br, residente e domiciliado na Rua Neide, nº 00, casa 00, Jardim Margarida, cidade de Mogi das Cruzes – SP, CEP 00000-000, por seu Advogado, que esta subscreve (mandato incluso), com escritório na Rua João Vicente Amaral, nº 00, Centro, Mogi das Cruzes-SP, CEP 00000-000, *onde recebe intimações* (e-mail: gediel@gsa.com.br), vem respeitosamente à presença Vossa Excelência, não se conformando, *data venia*, com a r. decisão do Meritíssimo Juiz de Direito da 3ª Vara da Família e das Sucessões do Foro de Mogi das Cruzes-SP, expedida nos autos do processo que move em face de F. R. B. dos S., da mesma *agravar por instrumento, com pedido liminar*, observando-se o procedimento previsto nos arts. 1.015 a 1.020 do Código de Processo Civil, em conformidade com as inclusas razões.

Para tanto, junta cópia das seguintes peças do processo, entre outras: petição inicial; procuração *ad judicia*, declaração de necessidade; documento de identidade; certidão de nascimento; cálculo do débito; ofício da Caixa Econômica Federal; pedido de penhora; decisão agravada; certidão de intimação quanto a decisão agravada. Deixa, no entanto, de juntar cópia da procuração *ad judicia* do réu, vez que este regularmente citado nos autos não constituiu procurador.

O subscritor da presente declara, sob as penas da lei, que as cópias que formam o presente instrumento conferem com o original (art. 425, IV, CPC).

Requer, outrossim, a concessão dos benefícios da justiça gratuita, por ser pessoa pobre na acepção legal do termo, conforme declaração de pobreza já juntada aos autos principais e reproduzida neste instrumento.

Requer, por fim, seja o presente recurso recebido e regularmente processado.

Termos em que,
p. deferimento.

Mogi das Cruzes/São Paulo, 00 de agosto de 0000.

Gediel Claudino de Araujo Júnior
OAB/SP 000.000

RAZÕES DO RECURSO

Processo nº 0000000-00.0000.0.00.0000
Cumprimento de Obrigação de Prestar de Alimentos (execução de Alimentos)
Terceira Vara da Família e das Sucessões do Foro de Mogi das Cruzes-SP
Agravante: F. G. dos S.
Agravado: F. R. B. dos S.

Egrégio Tribunal
Colenda Câmara

Dos Fatos:

Em janeiro de 0000, o agravante protocolou pedido de cumprimento de obrigação de prestar alimentos, execução de alimentos (título judicial), em face do agravado, asseverando, em apertada síntese, que o alimentante estaria em atraso com suas obrigações alimentícias em face dele a partir do mês de outubro de 0000. Pediu a intimação do executado para que efetuasse o pagamento do valor total do débito, mais as vincendas, no prazo de 03 (três) dias sob pena de prisão civil. Regularmente intimado, o executado não pagou nem justificou, sendo então decretada sua prisão civil pelo prazo de 30 (trinta) dias.

Preso, o executado nada pagou, sendo solto após o decurso do prazo de trinta dias.

O credor requereu então a conversão de rito (art. 530, CPC). Requereu, igualmente, a expedição de ofícios diversos com escopo de localizarem-se bens do devedor. Em resposta ao ofício expedido pelo Juízo de primeiro grau, a Caixa Econômica Federal informou a existência de pequeno saldo nas contas do FGTS/PIS do devedor. Diante deste fato, o credor requereu a penhora de tais valores e a sua transferência para conta judicial junto ao Juízo.

Conclusos os autos, o douto Magistrado de primeiro grau INDEFERIU o pedido de penhora sob o argumento de que não haveria possibilidade legal de levantamento do FGTS/PIS para pagamento de débito decorrente de execução de alimentos.

Em resumo, estes os fatos.

Da Liminar:

Ab initio, consoante permissivo do art. 1.019, inciso I, do Código de Processo Civil, ***requer-se*** seja deferido o efeito ativo ao presente recurso, com escopo de conceder a antecipação da tutela, no sentido de CONCEDER a penhora dos valores constantes nas contas de FGTS/PIS do devedor (até o limite do débito), determinando-se ao douto Juiz de primeiro grau que expeça o necessário, inclusive determinação no sentido de que a CEF providencie a transferência dos valores para conta judicial aos cuidados do Juízo de primeiro grau. Este pedido se justifica na medida em que a mantença, mesmo que momentânea, da respeitável decisão guerreada, implicará sérios prejuízos para o recorrente.

Inegável a presença do *fumus boni juris*, em razão das reiteradas decisões deste Egrégio Tribunal sobre o tema, sempre no sentido de reconhecer a possibilidade da penhora do saldo das contas do FGTS para pagamento de débito alimentar; já o *periculum in mora* se apresenta na simples percepção de que o menor, filho do devedor, encontra-se desamparado materialmente pelo seu genitor, tendo a dívida cobrada natureza alimentar, sendo o valor necessário para a subsistência da criança.

Do Mérito:

A respeitável decisão guerreada não pode permanecer. Ao fundamentá--la, o douto Magistrado de primeiro grau argumentou que a hipótese dos autos não encontra arrimo na lista taxativa prevista no art. 20 da Lei 8.036/90.

Embora esta assertiva já tenha sido tomada como verdadeira, há que se observar que a jurisprudência há longa data rompeu com esta premissa, concluindo que a lista prevista no art. 20 da Lei 8.036/90 não é de fato taxativa, mas apenas exemplificativa. Neste sentido, vejam-se as seguintes ementas:

Ementa – Administrativo. Levantamento de FGTS para reconstrução de moradia abalada por vendaval. Possibilidade. Recurso especial improvido. 1. A enumeração do art. 20 da Lei 8.036/90 não é taxativa. Por isso, é possível, em casos excepcionais, a liberação dos saldos do FGTS em situação nele não elencada. Precedentes. 2. O direito à moradia e o princípio da dignidade da pessoa humana autorizam o saque na hipótese em comento, em que a casa em que reside o fundista foi atingida por vendaval, tendo sido constatado risco de desabamento. 3. Recurso especial improvido (Recurso Especial nº **779.063** – PR. (2005/0146755-6) – Relator: Min. Teori Albino Zavascki)

Ementa – Administrativo. PIS. Levantamento do saldo. Tratamento de moléstia grave, não elencada no art. 20 da Lei nº 8.036/90. Possibilidade. 1. Admite-se, em hipóteses excepcionais, análogas às previstas no art. 20 da Lei 8.036/90, mormente para atendimento de despesas com tratamento de moléstia grave, a liberação de depósito no PIS. Precedentes: REsp 249.026/PR, 1ª T., Min. José Delgado, *DJ* de 26.06.00; REsp 481.019/PE, 1ª T., Min. Luiz Fux, *DJ* de 02.12.03; REsp 560.777/PR, 2ª T., Min. Eliana Calmon, *DJ* de 08.03.04; REsp 486.473/RS, 1ª T., Min. José Delgado, *DJ* de 01.12.03; REsp 534.250/RS, 1ª T., Min. Francisco Falcão, *DJ* de 12.11.03; REsp 571.133/CE, 2ª T., Min. João Otávio de Noronha, *DJ* de 04.11.03 e REsp 387.846/RS, 1ª T., Min. Humberto Gomes de Barros, *DJ* de 12.08.2002. 2. Recurso especial a que se nega provimento. (Recurso Especial nº **796.574** – RS (2005/0188301-1) Relator: Min. Teori Albino Zavascki)

Superada a ideia da taxatividade da lista prevista no art. 20 da Lei 8.036/90, o juiz fica liberado para apreciar outros pedidos de liberação do FGTS.

Nesse sentido, importante considerar que a obrigação alimentar é qualificada; sendo que a importância que o legislador lhe atribui é tamanha que afasta a regra da impenhorabilidade do bem de família, possibilitando a constrição da própria residência do alimentante inadimplente, além de autorizar a coerção pessoal deste (prisão civil).

Diante desse quadro, impedir no caso de execução de dívida alimentícia a penhora de créditos do FGTS se revela no mínimo um contrassenso, pois os bens que futuramente forem adquiridos com a verba fundiária poderão ser penhorados para garantir a dívida alimentar. Além disso, protege-se o patrimônio do devedor em detrimento do direito à vida digna de seus dependentes menores.

Sobre o tema, vejam-se as seguintes ementas:

Processo civil e administrativo – Mandado de segurança contra ato judicial – FGTS e PIS: Penhora – Execução de alimentos – Competência da Justiça Estadual – Súmula 202/STJ – Interesse da CEF – Impenhorabilidade – Mitigação frente a bens de prestígio constitucional. 1. A competência para a execução de sentença condenatória de alimentos é da Justiça Estadual, sendo irrelevante para transferi-la para a Justiça Federal a intervenção da CEF. 2. Na execução de alimentos travada entre o trabalhador e seus dependentes, a CEF é terceira interessada. 3. A impenhorabilidade das contas vinculadas do FGTS e do PIS frente à execução de alimentos deve ser mitigada pela colisão de princípios, resolvendo-se o conflito para prestigiar os alimentos, bem de *status* constitucional, que autoriza, inclusive, a prisão civil do devedor. 4. O princípio da proporcionalidade autoriza recaia a penhora sobre os créditos do FGTS e PIS. 5. Recurso ordinário não provido (RMS 26.540/SP, Recurso Ordinário em Mandado de Segurança 2008/0053849-0, Ministra Eliana Calmon (1114) T2 – Segunda Turma, 12.08.2008)

Execução de Alimentos. Penhora do saldo da conta vinculada do FGTS – Admissibilidade. Agravo de instrumento provido. É certo que o art. 20 da Lei 8.036/90, a qual dispõe sobre o Fundo de Garantia por Tempo de Serviço e dá outras providências, não elenca, explicitamente a hipótese de liberação da quantia ali depositada para o pagamento de pensão alimentícia. Todavia, seria um contrassenso permitir-se o levantamento pelo titular da conta nas hipóteses legais e negá-lo para o alimentando em hipótese semelhante. Há caráter de excepcionalidade manifesta albergada pela lei de regência. Como bem asseverou o Douto Procurador de Justiça "entre a preservação do patrimônio do devedor (injustificadamente inadimplente) de prestação alimentar e a proteção do direito à subsistência do alimentando, há, sem dúvida, de prevalecer este último" (fl. 118). Ademais, precedente deste Colegiado (Agravo de Instrumento nº 535.555-4/3-00, Relator Walter Piva Rodrigues), bem como do Superior Tribunal de Justiça (Recurso Ordinário em Mandado de Segurança nº 15.888-SP. Relator Ministro Peçanha Martins), já recepcionaram a tese da penhorabilidade do valor depositado a título de Fundo de Garantia por Tempo de Serviço em nome do devedor de alimentos. Portanto, dá-se provimento ao agravo de instrumento para que seja reformada respeitável decisão atacada, autorizando-se, dessa forma, a penhora e o levantamento com destinação única e comprovada de quitação de débito alimentar. (Agravo de Instrumento nº 548.600-4/0-00)

Afastada de forma clara a premissa da r. decisão impugnada (taxatividade da lista do art. 20 da Lei 8.036/90), forçoso a sua reforma, com escopo de garantir ao filho do devedor acesso imediato aos valores que podem garantir a sua sobrevivência hoje.

Do Pedido:

Ante todo o exposto, requer-se o provimento do presente recurso para o fim de reformar a r. decisão do douto Juízo de primeiro grau, determinado que se proceda a penhora do saldo das contas de FGTS e PIS do executado (até o limite do débito), observando-se que os valores devem ser transferidos para conta judicial para posterior liberação ao menor (credor).

Termos em que,
p. deferimento.

Mogi das Cruzes/São Paulo, 00 de agosto de 0000.

Gediel Claudino de Araujo Júnior
OAB/SP 000.000

7.29.2 Decisão do tribunal (houve retratação do juiz)

DECISÃO MONOCRÁTICA

Agravo de Instrumento
Processo nº 2136502-24.2014.8.26.0000
Relator: P. N.
Órgão Julgador: 6ª Câmara de Direito Privado
Comarca: Mogi das Cruzes
Agravante: F. G. DOS S. (menor repres. por sua genitora)
Agravado: F. R. B. DOS S.

Vistos, F. G. dos S., menor impúbere representado por sua genitora, interpõe o presente Agravo de Instrumento, com pedido liminar, contra a r. decisão trazida às fls. 33, tirada dos autos da "Ação de Execução de Alimentos", encetada contra F. R. B. dos S., no ponto que, embora tenha autorizado o bloqueio dos valores referentes aos saldos de FGTS e PIS pertencentes ao executado, indeferiu o levantamento dessas quantias sob a fundamentação de ausência de previsão legal.

Inconformado, recorre o Agravante sustentando que mesmo não havendo expressa previsão legal, a hipótese de levantamento para adimplemento de obrigação alimentar tem sido admitida pela jurisprudência moderna, o que faz concluir que o rol previsto no art. 20 da Lei 8.036/90 é exemplificativo e não taxativo. Afirma também que os bens adquiridos com a verba fundiária poderão sofrer constrição visando garantir a dívida alimentar o que autorizaria a penhora dos aludidos valores pois não se protege o patrimônio do devedor em detrimento do direito à dignidade dos alimentandos.

O réu, citado, não constituiu procurador.

Por vislumbrar que, embora tenha grande relevância o teor do recurso, esgotaria o objeto recursal naquele momento processual, foi indeferida a antecipação da tutela recursal (fls. 36).

Dispensadas as informações da origem, foi determinada a intimação do agravado para, querendo, apresentar resposta.

É o relatório.

Nos moldes em que preceitua o art. 932, inciso III, do Código de Processo Civil, decido monocraticamente e nego seguimento ao recurso prejudicado.

Conforme noticiado pela magistrada singular, em suas informações (fls. 40), exerceu seu juízo de retratação e reconsiderou a decisão atacada, autorizando o levantamento do saldo de FGTS do executado para o pagamento de débito alimentar do filho menor.

Alcançada a pretensão recursal, tem-se, pois, a hipótese de perda superveniente do objeto.

Prejudicado o presente agravo de instrumento, remetam-se os autos à origem.

São Paulo, 00 de setembro de 0000.

P. N. – Relator

7.30 AGRAVO INTERNO CONTRA DECISÃO DO RELATOR QUE DEFERIU LIMINARMENTE, EM AGRAVO DE INSTRUMENTO, O AUMENTO DO HORÁRIO DE VISITAS DO GENITOR AO SEU FILHO EM IDADE DE AMAMENTAÇÃO

Excelentíssimo Senhor Doutor Desembargador Relator do Egrégio Tribunal de Justiça do Estado de São Paulo.

Agravo de Instrumento nº 0000000-00.0000.0.00.0000
Assunto: Regulamentação de Visitas
Número de Origem: 0000000-00.0000.0.00.0000
Vara de Origem: Primeira Vara da Família e das Sucessões do Foro de Mogi das Cruzes – SP
Agravantes: R. L. E. da U. e/outro
Agravado: B. V. B.

R. L. E. da U. e/outro, já qualificados, por seu Advogado, que esta subscreve (mandato incluso), com escritório na Rua João Vicente Amaral, nº 00, Centro, Mogi das Cruzes-SP, CEP 00000-000, *onde recebe intimações* (e-mail: gediel@gsa.com.br), nos autos do processo em epígrafe, vem à presença de Vossa Excelência, não se conformando, data vênia, com a respeitável decisão de fls. 00/00, que liminarmente alterou a regulamentação do direito e visitas do genitor ao seu filho menor, contra ela interpor *agravo interno*, nos termos do art. 1.021 do Código de Processo Civil, consoante razões que apresenta anexo.

Requer, portanto, seja o presente recurso recebido e regularmente processado.

Termos em que,
Pede deferimento.

Mogi das Cruzes, 00 de dezembro de 0000.

Gediel Claudino de Araujo Júnior
OAB/SP 000.000

RAZÕES DE AGRAVO INTERNO

Agravo de Instrumento nº 0000000-00.0000.0.00.0000
Assunto: Regulamentação de Visitas
Número de Origem: 0000000-00.0000.0.00.0000
Vara de Origem: Primeira Vara da Família e das Sucessões do Foro de Mogi das Cruzes – SP
Agravantes: R. L. E. da U. e/outro
Agravado: B. V. B.

Egrégio Tribunal
Colenda Câmara

Dos Fatos:

  O agravado ajuizou agravo de instrumento pedindo a revisão, alteração, da respeitável decisão de primeiro grau que fixou o direito de visitas dele ao seu filho em domingos alternados, no horário das 14h00 às 15h30 (fls. 186/194 dos autos principais).

  Ao receber o referido recurso, o ilustre Relator, Dr. Costa Netto, concedeu liminar *"para alterar o regime de visitas do pai, com retirada do infante do lar materno, em finais de semana alternados, aos sábados, às 12h00, e devolução na residência da genitora às 18h00, do mesmo dia".*

  Inconformada, recorre a guardiã.

  Em síntese, os fatos.

Do Mérito:

  Não obstante o respeito e admiração de que é sabidamente merecedor o ilustre Relator, sua decisão deve ser revista, ao menos parcialmente.

  Ao fundamentar a concessão da liminar, o Relator declarou que "Atualmente, decorrido vários meses desde o ajuizamento da demanda, estando a criança com quase um ano de idade, não há motivos para que as visitas do genitor sejam realizadas de forma tão restrita. Ressalta-se, ainda, que, na manifestação sobre a contestação, a genitora justificou a impossibilidade de retirada do menor do lar materno em decorrência de a criança ainda estar na fase de amamentação (fls.110/111), não sendo possível ficar sem a mãe pelo extenso período de 10 horas, ou seja, não há nos autos qualquer elemento que indique que a retirada da criança do lar materno, pelo genitor, represente risco à sua integridade física".

  Veja-se, a Sra. "R" tem ciência da importância do contato entre pai e filho; ou seja, ela não deseja afastar o genitor do filho, muito ao contrário. Desde o início do processo de regulamentação de guarda, visitas e alimentos, a guardiã se mostrou receptiva ao assunto, procurando facilitar o contato entre pai e filho.

Não pode, no entanto, concordar neste momento com a revisão da regulamentação do horário de visitas nos moldes postos pelo ilustre Relator (seis horas, 12h00 até 18h00), visto que isso contraria ORDENS MÉDICAS, como se vê do laudo que se junta a esta petição emitido pela Dra. M. P., CRM/SP 00.000.

Observa a referida Doutora que "*não existe horário prefixado para a amamentação*", razão pela qual não é recomendável afastar a mãe do filho, ou seja, neste momento o genitor deve visitar o seu filho na casa da mãe, como, aliás, recomendou a ilustre Magistrada de primeiro grau. Mais adiante a Doutora reforça a suas recomendações observando a "*importância de que o menor não interrompa o aleitamento*", que deve ocorrer no máximo a cada 3 (três) horas.

Como se vê, a resistência da guardiã tem fundamento em ORDENS MÉDICAS, no sentido de que, nesta idade, a criança fique sempre próxima à mãe, visto que a amamentação deve ocorrer a cada 3 (três) horas.

Dos Pedidos:

Ante o exposto, requer-se seja provido o presente recurso, com escopo de manter-se, ao menos por ora, o direito de visitas do genitor nos moldes estabelecidos pela douta Magistrada de primeiro grau, ou, mesmo que se aumente o horário de visitas, que se respeite a recomendação médica no sentido de que a criança precisa amamentar a cada 3 (três) horas, ou seja, que o horário destinado às visitas do genitor se limite a este período máximo e que as visitas continuem ocorrendo na casa da mãe.

Termos em que,
Pede deferimento.

Mogi das Cruzes, 00 de dezembro de 0000.

Gediel Claudino de Araujo Júnior
OAB/SP 000.000

7.31 AGRAVO INTERNO CONTRA DECISÃO DO RELATOR QUE INDEFERIU LIMINARMENTE AGRAVO DE INSTRUMENTO (FALTA DE LEGITIMIDADE)

Excelentíssimo Senhor Doutor Desembargador Relator do Egrégio Tribunal de Justiça do Estado de São Paulo.

Agravo de Instrumento nº 00000-00.0000.0.00.0000
Ação de Divórcio Litigioso
Processo nº 0000000-00.0000.0.00.0000
Segunda Vara da Família e das Sucessões do Foro de Suzano-SP
Agravante: G. A. V.
Agravado: J. R. V.

   G. A. V., já qualificada nos autos, por seu Advogado, que esta subscreve (mandato incluso), com escritório na Rua João Vicente Amaral, nº 00, Centro, Mogi das Cruzes-SP, CEP 00000-000, *onde recebe intimações* (e-mail: gediel@gsa.com.br), nos autos do agravo de instrumento em epígrafe, vem respeitosamente à presença de Vossa Excelência, não se conformando, *data venia*, com a r. decisão que de plano indeferiu o seguimento do recurso, contra ela interpor **agravo interno**, nos termos do art. 1.021 do Código de Processo Civil, em conformidade com as inclusas razões.

   Requer, portanto, seja o presente recebido e regularmente processado.

   Termos em que,
   p. deferimento

   Suzano/São Paulo, 00 de março de 0000.

   Gediel Claudino de Araujo Júnior
   OAB/SP 000.000

RAZÕES DO RECURSO

Agravo de Instrumento nº 00000-00.0000.0.00.0000
Ação de Divórcio Litigioso
Processo nº 0000000-00.0000.0.00.0000
Segunda Vara da Família e das Sucessões do Foro de Suzano-SP
Agravante: G. A. V.
Agravado: J. R. V.

Egrégio Tribunal
Colenda Câmara

Dos Fatos:

Em 00 de fevereiro de 0000, a agravante ajuizou recurso de agravo de instrumento contra decisão do Magistrado de primeiro grau que, que em tutela provisória de urgência, indeferiu o pedido de alimentos provisórios.

O prosseguimento do referido recurso foi negado, de plano, pelo eminente Desembargador Relator sob a alegação, em síntese, que a agravante seria parte ilegítima para pleitear alimentos para os filhos no processo de divórcio litigioso.

Em síntese, o necessário.

Do Mérito:

A decisão do douto Relator, embora respeitável, não deve permanecer, visto que não representa o melhor direito para o caso.

Como demonstrado no próprio recurso indeferido, a agravante possui inegável legitimidade extraordinária para, no feito de divórcio litigioso, requerer a fixação de pensão alimentícia para os filhos do casal.

Legitimidade esta concedida, implicitamente, pela própria Lei do Divórcio e pelo Código de Processo Civil, quando estes demandam das partes a fixação, regulamentação, dos alimentos devidos aos filhos do casal.

Esta obrigação legal que permite ao cônjuge detentor da guarda do filho menor do casal pedir a fixação dos alimentos devidos é a mesma que fundamenta o pedido de antecipação da tutela (tutela provisória).

Em outras palavras, se a agravante tem legitimidade para pedir que o Juízo fixe os alimentos devidos pelo pai aos filhos menores na sentença concessiva do divórcio, e tal pedido não pode ser negado, não pode haver impedimento para que, com arrimo no art. 300 do CPC, esta mesma parte requeira a antecipação da tutela, ou seja, do pedido.

Há, ademais, que se observar a existência de vários precedentes neste Egrégio Tribunal, que não só reconheceram a legitimidade da mulher para, na ação de separação ou divórcio, requerer os alimentos provisórios, como determinaram fixasse o Magistrado de primeiro grau os referidos alimentos.

No agravo de instrumento nº 5.839-4/0, de 28-3-1996, em que foi relator o ilustre Desembargador Aguiar Cortez, com votação unânime, onde participaram, ainda, os Desembargadores Cunha Cintra (presidente) e Fonseca Tavares, deu-se provimento à pretensão idêntica, *in verbis*:

> Ante o exposto, dá-se provimento ao agravo de instrumento para que sejam fixados alimentos provisórios na ação principal.

Objetivo e irrepreensível foi o Desembargador Mattos de Faria, relator do agravo de instrumento nº 5.452.4/3, de 7.5.1996, também com votação unânime, em que participaram os Desembargadores Alfredo Migliore (presidente) e Ney Almada, expressando-se com hialina clareza sobre o assunto, *in verbis*:

> Assim, embora o filho não seja parte, plenamente possível a cumulação da separação judicial com os alimentos, como decidiu o Ministro Barros Monteiro em acórdão do STJ (...)

Do Pedido:

Ante as razões expostas, e mais por aquelas que esta Colenda Câmara saberá lançar sobre a matéria, requer-se o provimento do presente recurso, determinando-se o prosseguimento do agravo de instrumento *ad finem*, quando, certamente, será provido, determinando-se ao Magistrado *a quo* que fixe os alimentos provisórios, que serão devidos a partir da citação, consoante pedido formulado na inicial.

Termos em que,
p. deferimento

Gediel Claudino de Araujo Júnior
OAB/SP 000.000

7.32 AGRAVO INTERNO CONTRA DECISÃO DO RELATOR QUE INDEFERIU LIMINARMENTE AGRAVO DE INSTRUMENTO (FALTA DE PREPARO)

Egrégio Tribunal de Justiça do Estado de São Paulo – Excelentíssimo Senhor Doutor Desembargador Relator.

Agravo de Instrumento nº 0000000-00.0000.0.00.0000
Sala 000/1ª Câmara de Direito Privado
Ação de Despejo por Falta de Pagamento
Terceira Vara Cível do Foro de Mogi das Cruzes – SP
Processo nº 0000000-00.0000.0.00.0000
Agravante: V. M. R.
Agravado: B. L. R.

V. M. R., já qualificada, por seu Advogado que esta subscreve, com escritório na Rua Francisco Martins, nº 00, Centro, cidade de Mogi das Cruzes-SP, CEP 00000-000, *onde recebe intimações* (e-mail: gediel@gsa.com.br), vem à presença de Vossa Excelência, não se conformando, *data venia*, com a respeitável decisão que decretou a deserção em recurso de agravo de instrumento, contra ela interpor "***agravo interno***", nos termos do art. 1.021 do Código de Processo Civil, em conformidade com as inclusas razões.

Requer, portanto, seja o presente recebido e regularmente processado.

Termos em que,
p. deferimento.

Mogi das Cruzes/São Paulo, 00 de março de 0000.

Gediel Claudino de Araujo Júnior
OAB/SP 000.000

RAZÕES DO RECURSO

Agravo de Instrumento nº 0000000-00.0000.0.00.0000
Sala 000/1ª Câmara de Direito Privado
Ação de Despejo por Falta de Pagamento
Terceira Vara Cível do Foro de Mogi das Cruzes – SP
Processo nº 0000000-00.0000.0.00.0000
Agravante: V. M. R.
Agravado: B. L. R.

Egrégio Tribunal
Colenda Câmara

Dos Fatos:

Em 00 de fevereiro de 0000, a agravante interpôs recurso de agravo de instrumento contra decisão do douto Juiz da Terceira Vara Cível da Comarca de Mogi das Cruzes que, em ação de despejo por falta de pagamento cumulada com cobrança, concedeu a tutela provisória, no sentido de determinar a imediata desocupação do imóvel locado (locação sem garantia). Recebido o agravo de instrumento, o ilustre Relator lhe negou seguimento liminarmente, sob o argumento de que teria havido falha na formação do recurso, mais precisamente na omissão quanto ao preenchimento correto da guia relativa ao preparo recursal.

Em síntese, esses os fatos.

Do Mérito:

Data venia, do entendimento do nobre e culto Relator, que negou seguimento ao agravo de instrumento, sua decisão merece ser revista, visto que não representa o melhor direito para o caso.

Em sua decisão, informa que a agravante deixou de atender ao que determina o art. 1º, item 8.1, do Provimento CG 33/13, com a seguinte redação: "*é obrigatório o preenchimento do campo 'observações' constante da DARE-SP, com os seguintes dados: o número do processo judicial, quando conhecido; natureza da ação, nomes das partes autora e ré e a Comarca na qual foi distribuída ou tramita a ação*".

A recorrente efetuou o preparo e atendeu, em quase a sua totalidade, a citada norma, tendo havido apenas pequeno equívoco quanto aos dados necessários, visto que se enganou quanto ao nome do agravado e o número do processo (erros de digitação).

Embora efetivamente tenham havidos erros no preenchimento da guia de recolhimento das custas, é possível verificar de pronto que a agravante atendeu a norma legal no sentido de efetuar o preparo (boa-fé), visto que juntou ao seu recurso não só cópia da guia DARE-SP, assim como comprovante do respectivo pagamento.

Ao simplesmente negar seguimento ao recurso, o Relator se mostrou extremamente formalista, deixando de atentar para os graves fatos sociais informados no recurso. Na verdade, a recorrente está na iminência de sofrer dano irreparável, visto que o juiz de primeiro grau determinou o seu imediato despejo, mesmo não estando presentes os requisitos para a concessão de liminar na ação de despejo que lhe move o agravado (art. 59, § 1º, IX, Lei nº 8.245/91).

Sobre a exacerbação do formalismo processual, pede-se vênia para citarem-se as palavras do mestre *Humberto Theodoro Júnior*, proferidas na sua obra Curso de Direito Processual Civil, volume I, Editora Forense, 56. ed., p. 25: "*o processo deve viabilizar, tanto quanto possível, a resolução de mérito, e não se perder em questiúnculas que o desviem de sua missão institucional, frustrando as esperanças daqueles que clamam pelo acesso à justiça assegurado pela Constituição*".

No presente caso, a situação fica ainda pior visto que o Relator ignorou os ditames do § 7º do art. 1.007, com a seguinte redação: "*o equívoco no preenchimento da guia de custas não implicará a aplicação da pena de deserção, cabendo ao relator, na hipótese de dúvida quanto ao recolhimento, intimar o recorrente para sanar o vício no prazo de 5 (cinco) dias*".

Sobre o tema, o mestre Nelson Nery Junior, na sua obra *Comentários ao Código de Processo Civil*, Novo CPC – Lei 13.105/15, 2015, Editora Revista dos Tribunais, p. 2.042, comenta: "*o simples erro no preenchimento da guia de custas não acarreta a deserção; isto porque ocorreu o ato do pagamento (ainda que incorreto); mas a guia incorretamente preenchida deve ter sido apresentada juntamente com o recurso; havendo certeza acerca do código correto, o pagamento deverá ser novamente efetuado, intimada a parte para tanto; do contrário, o relator deverá contatar o órgão administrativo competente para que preste as informações cabíveis no sentido de esclarecer qual a referência ou código correto para o pagamento*".

Não agiu o nobre Relator como determina a letra da lei, assim como ensina a doutrina; ou seja, ao ter constatado qualquer irregularidade no preenchimento na guia de custas deveria ter intimado a agravante para regularizar a situação ou, na pior das hipóteses, para proceder com novo recolhimento; assim não agiu, razão pela qual a sua decisão, que negou seguimento ao recurso de agravo de instrumento, deve ser revista.

Do Pedido:

Ante o exposto, e pelo mais que dos autos consta, *requer-se o provimento deste recurso*, a fim de que, reformando-se totalmente a r. decisão do ilustre Relator, seja dado seguimento ao recurso de agravo de instrumento que a agravante interpôs contra decisão do juiz de primeiro grau, inclusive o pedido de concessão de efeito suspensivo.

Termos em que,
p. deferimento.

Mogi das Cruzes/São Paulo, 00 de março de 0000.

Gediel Claudino de Araujo Júnior
OAB/SP 000.000

7.33 CONTRARRAZÕES DE AGRAVO DE INSTRUMENTO CONTRA DECISÃO QUE DECRETOU A PRISÃO CIVIL DO EXECUTADO EM CUMPRIMENTO DE OBRIGAÇÃO DE PRESTAR ALIMENTOS

Excelentíssimo Senhor Doutor Desembargador Relator do Egrégio Tribunal de Justiça do Estado de São Paulo.

Agravo de Instrumento nº 0000000-00.0000.0.00.0000
7ª Câmara de Direito Privado
Cumprimento de Obrigação de Prestar Alimentos (execução de Alimentos)
Quarta Vara da Família e das Sucessões do Foro de Mogi das Cruzes-SP
Agravantes: C. A. M.
Agravado: T. A. M.

   T. A. M., representada por seu avô A. P. da S., já qualificado *apud acta*, por seu Advogado que esta subscreve (mandato incluso), com escritório na Rua Francisco Martins, nº 00, Centro, Mogi das Cruzes-SP, *onde recebe intimações* (e-mail: gediel@gsa.com.br), nos autos do agravo de instrumento em epígrafe, vem respeitosamente à presença de Vossa Excelência apresentar suas **contrarrazões** ao recurso de agravo de instrumento, conforme razões anexas.

   Termos em que,
   p. deferimento.

   Mogi das Cruzes/São Paulo, 00 de dezembro de 0000.

   Gediel Claudino de Araujo Júnior
   OAB/SP 000.000

CONTRARRAZÕES DO RECURSO

Agravo de Instrumento nº 0000000-00.0000.0.00.0000
7ª Câmara de Direito Privado
Cumprimento de Obrigação de Prestar Alimentos (execução de Alimentos)
Quarta Vara da Família e das Sucessões do Foro de Mogi das Cruzes-SP
Agravantes: C. A. M.
Agravado: T. A. M.

Egrégio Tribunal
Colenda Câmara

Dos Fatos:

Em setembro de 0000, a agravada protocolou pedido de cumprimento de obrigação de prestar alimentos (título judicial), pedindo fosse o alimentante intimado para pagar valor referente à pensão alimentícia em atraso, sob pena de prisão civil, conforme permissivo do art. 528, § 3º, do CPC.

Procurado, o recorrente não foi encontrado, fls. 22, determinando então o Juízo *a quo* a expedição dos ofícios de praxe, fls. 26. Não obstante as muitas diligências e o decurso do prazo de quase 02 (dois) anos, o alimentante não foi encontrado, razão pela qual se pediu a sua citação por edital, que, deferida, ocorreu em abril de 0000, fls. 54.

Em atenção ao que determina a lei processual, nomeou-se ao citado fictamente Curador Especial, fls. 56, que apresentou "contestação por negativa geral de todos os fatos narrados na inicial", fls. 62.

Após a manifestação do ilustre Curador Especial, que não pediu qualquer nova diligência, o douto Juízo de primeiro grau decretou a prisão civil do executado pelo prazo de 30 (trinta) dias, fls. 65.

Inconformado com a decisão que decretou a prisão civil do devedor de alimentos, o Curador Especial interpôs o presente recurso de agravo.

Em síntese, os fatos.

Do Mérito:

O inconformismo do agravante não se justifica, devendo a respeitável decisão guerreada ser mantida na sua totalidade.

Inicialmente há que se registrar certa estranheza com o presente recurso do douto Curador Especial, vez que em sua primeira manifestação, fls. 61/62, ele não arguiu qualquer nulidade no processo, nem requereu qualquer diligência no sentido de tentar-se a citação pessoal do executado, como seria do seu direito e obrigação.

De qualquer forma, as razões do recurso são claramente infundadas e devem ser afastadas.

Sob a direção do ilustre Juízo de primeiro grau, tentou-se durante mais de 02 (dois) anos localizar-se pessoalmente o recorrente; muitas diligências foram feitas e os endereços conhecidos do executado foram procurados, conforme, aliás, certificado pela zelosa serventia às fls. 51.

O Curador Especial menciona expressamente em seu recurso o art. 252 do CPC tentando, ao que parece, convencer este Egrégio Tribunal que ele se aplica ao caso dos autos. *Data venia*, a pretensão é claramente descabida. O referido artigo trata da citação por hora certa, sendo que o executado foi citado por edital. Nas diligências ordinárias o Oficial de Justiça está obrigado a comparecer apenas uma única vez no local da diligência, salvo se presente outras circunstâncias que justifiquem o seu retorno.

Segundo a criativa interpretação que o Curador Especial empresta ao referido dispositivo legal, o Oficial de Justiça estaria obrigado a sempre procurar pelo citando pelo menos 03 (três) vezes; obviamente que tal exegese é absurda.

Esgotados todos os meios para se localizar o alimentante, não sobrou à credora outra opção do que requerer a sua citação por edital, que acabou por ocorrer no tempo próprio e de forma absolutamente regular.

De outro lado, o não pagamento da obrigação alimentar sujeita o devedor, na forma da lei, à prisão civil.

Do Pedido:

Ante o exposto, requer-se o desprovimento do recurso interposto pelo agravante, confirmando-se, em sua totalidade, a respeitável decisão de primeiro grau.

Termos em que,
p. deferimento.

Mogi das Cruzes/São Paulo, 00 de dezembro de 0000.

Gediel Claudino de Araujo Júnior
OAB/SP 000.000

7.34 CONTRARRAZÕES DE AGRAVO DE INSTRUMENTO CONTRA DECISÃO QUE, EM TUTELA PROVISÓRIA, DETERMINOU O IMEDIATO FORNECIMENTO DE INSUMO TERAPÊUTICO (FRALDAS GERIÁTRICAS)

Excelentíssimo Senhor Doutor Desembargador Relator do Egrégio Tribunal de Justiça do Estado de São Paulo.

Agravo de Instrumento nº 0000000-00.0000.0.00.0000
Ação de Obrigação de Fazer (Medicamentos)
Número de Origem: 0000000-00.0000.0.00.0000
Vara de Origem: Vara da Fazenda Pública do Foro de Mogi das Cruzes-SP
Agravante: P. M. de M. das C.
Agravada: M. das N. da H.

M. das N. da H., já qualificada, por seu Advogado, que esta subscreve (mandato incluso), com escritório na Rua João Vicente Amaral, nº 00, Centro, Mogi das Cruzes-SP, CEP 00000-000, *onde recebe intimações* (e-mail: gediel@gsa.com.br), nos autos do processo em epígrafe, vem à presença de Vossa Excelência apresentar ***contrarrazões ao agravo de instrumento*** interposto pelo **M. de M. das C.**, consoantes razões que apresenta anexo.

Termos em que,
p. deferimento.

Mogi das Cruzes/São Paulo, 00 de dezembro de 0000.

Gediel Claudino de Araujo Júnior
OAB/SP 000.000

CONTRARRAZÕES DE AGRAVO DE INSTRUMENTO

Agravo de Instrumento nº 0000000-00.0000.0.00.0000
Ação de Obrigação de Fazer (Medicamentos)
Número de Origem: 0000000-00.0000.0.00.0000
Vara de Origem: Vara da Fazenda Pública do Foro de Mogi das Cruzes-SP
Agravante: P. M. de M. das C.
Agravada: M. das N. da H.

Egrégio Tribunal
Colenda Câmara

Dos Fatos:

A agravada ajuizou ação de obrigação de fazer em face do Município de Mogi das Cruzes, com escopo de que este fosse compelido a fornecer, pelo tempo que for necessário, fraldas geriátricas.

Recebida a inicial, o douto Juízo de primeiro grau concedeu o pedido de tutela antecipada, determinando o fornecimento do medicamento requerido.

Inconformado, o Município de Mogi das Cruzes apresentou o presente recurso.

Em síntese, os fatos.

Do Mérito:

O inconformismo da agravante não se justifica, devendo a decisão guerreada ser mantida na sua totalidade.

Não obstante os respeitáveis argumentos trazidos pelo Ilustre Procurador do Município de Mogi das Cruzes, a verdade inexorável é que cabe ao Município fornecer medicamentos e insumos terapêuticos às pessoas que dele necessitam.

Primeiro, há que se observar que a concessão da liminar não afrontou o art. 1º, § 3º da Lei nº 8.437/92, visto que claramente a referida norma não se aplica ao presente caso. Neste sentido o *caput* do referido art. 1º: "Não será cabível medida liminar contra atos do Poder Público, no procedimento cautelar ou em quaisquer outras ações de natureza cautelar ou preventiva, toda vez que providência semelhante não puder ser concedida em ações de mandado de segurança, em virtude de vedação legal".

O processo de origem é por natureza de conhecimento e a liminar concedida, se isso não bastasse, poderia e pode ser concedida em mandado de segurança, como se de larga jurisprudência deste Egrégio Tribunal.

Registre-se, no mais, que a agravada demonstrou nos autos por meio de laudo médico não só a existência de sua doença, mas também a urgência e a necessidade do referido insumo (fraldas geriátricas). A demora da tutela jurisdicional poderia custar a vida da paciente. O douto Magistrado de primeiro grau analisou os documentos e se convenceu da urgência da medida como forma de garantir os direitos básicos do cidadão, concedendo a medida liminar, a fim de determinar à agravante o fornecimento imediato.

No mais, a interpretação correta dos arts. 196 e 198 da Constituição Federal impõe obrigação concorrente na prestação e execução de serviços de saúde. A descentralização do sistema único de saúde não afasta a responsabilidade concorrente das três pessoas públicas de nossa Federação, muito menos impõe uma obrigação exclusiva na prestação de serviços de saúde a um dos entes, como quer o Município de Mogi das Cruzes, carreando obrigação sua ao Estado de São Paulo ou à União.

A descentralização do Sistema Único de Saúde refere-se apenas ao modo de execução dos serviços de saúde, a fim de melhor atender aos interesses da população. Por outras palavras, a descentralização do SUS visa facilitar o acesso da população aos serviços de saúde e não restringi-lo.

A se encampar o raciocínio da agravante, teríamos não uma rede descentralizada de saúde, mas uma estrutura estanque e estática, em que, levando o argumento ao extremo, somente à União caberia a prestação de serviços de saúde, nestes incluídos o fornecimento de medicamentos e insumos terapêuticos. Isso, obviamente, vai de encontro à tendência de municipalização dos serviços de saúde, inclusive com repasse de verbas de outros entes federados ao Município, em atenção à realidade de que a pessoa vive no Município, e é nele e por ele que ela deve ver atendidas suas necessidades sociais e vitais, dentre elas a saúde.

Recorde-se que a Constituição Federal coloca como **competência matéria comum** de todos os entes federados cuidar da saúde e da assistência pública (art. 23, II), o que, por si só, derruba o argumento do apelante, e impõe ao Município de Mogi das Cruzes a obrigação de fornecer os insumos terapêuticos de que necessita a apelada.

Nesse sentido, a jurisprudência:

Recurso especial. Processual civil. Ofensa ao art. 535, II, do CPC. Inexistência. Fornecimento de **medicamentos** para pessoa carente. Legitimidade da União, do Estado e do Município para figurarem no polo passivo da demanda. 1. Inexiste ofensa ao art. 535, II, do CPC, quando as questões levadas ao conhecimento do Órgão Julgador foram por ele apreciadas. 2. Recurso no qual se discute a legitimidade passiva da União para figurar em feito cuja pretensão é o fornecimento de **medicamentos** imprescindíveis à manutenção de pessoa carente, portadora de atrofia cerebral gravíssima (ausência de atividade cerebral, coordenação motora e fala). 3. A Carta Magna de 1988 erige a saúde como um direito de todos e dever do Estado (art. 196). Daí a seguinte conclusão: é **obrigação** do Estado, no sentido genérico (União, Estados, Distrito Federal e Municípios), assegurar às pessoas desprovidas de recursos financeiros o acesso à medicação necessária para a cura de suas mazelas, em especial, as mais graves. 4. Sendo o SUS composto pela União, Estados e Municípios, impõe-se a solidariedade dos três entes federativos no polo passivo da demanda. 5. Recurso especial desprovido. (STJ – REsp 507.205/PR – 1ª T. – rel. Min. José Delgado; *DJ* 17.11.2003 p. 213)

Trata-se, pois, de obrigação solidária de todos entes componente da Federação, de garantir a saúde, inclusive no aspecto farmacêutico, a todos os cidadãos, podendo tal obrigação ser carreada a todos os entes ou a cada um deles, separadamente.

Registre-se, outrossim, que do ordenamento jurídico brasileiro, exsurge o dever do Município de fornecer medicamentos e insumos terapêuticos à população, principalmente às pessoas carentes.

De fato, nosso ordenamento jurídico abriga normas que obrigam o Estado – este entendido como a União, os Estados Federados e os Municípios, por meio de suas Secretarias de Saúde, integrados em um Sistema Único de Saúde, hierarquizado e descentralizado, conforme os arts. 198, I e II, da CF/88 e 4º da Lei 8.080/90 – a fornecer medicamentos gratuitos a seus cidadãos, principalmente aos que não têm condições financeiras de adquiri-los.

Nessa linha, há primeiramente o direito à vida, assegurado como direito fundamental da pessoa humana no art. 5º da Constituição Federal.

A mesma Constituição Federal, desdobrando do direito à vida em seus vários aspectos, garante, no art. 196, que: "*A Saúde é direito de todos e dever do Estado, garantido mediante políticas sociais e econômicas que visem à redução do risco de doença e de outros agravos e ao acesso* **universal e igualitário às ações e serviços para sua promoção, proteção e recuperação**" (grifo nosso).

Não bastasse o art. 196 da Constituição Federal, norma de eficácia plena e aplicação imediata, que por si só garantiria ao impetrante o acesso ao medicamento de que necessita, vem a Lei Ordinária, de nº 8.080/90, e preceitua, no art. 6º, inciso I, alínea *d*), que estão incluídas no campo de atuação do Sistema Único de Saúde (SUS) a execução de **ações de assistência terapêutica integral, inclusive farmacêutica.**

Ao lado do art. 6º, inciso I, alínea *d*) da Lei 8.080/90, o art. 22 da Lei 8.078/90 determina que os órgãos públicos são obrigados a fornecer **serviços adequados, eficientes, seguros e, quando essenciais, contínuos.**

Dos dispositivos constitucionais e infraconstitucionais acima apresentados, conclui-se, de fato, que o Município tem o dever de fornecer o medicamento que for necessário a qualquer cidadão que o peça.

Por outras palavras, o fornecimento de medicamentos e insumos terapêuticos à população deve ser universal, contínuo e gratuito.

Na pior das hipóteses, os dispositivos acima poderiam ser interpretados de forma a garantir apenas à população carente o acesso gratuito e imediato a qualquer tipo de medicamento. Interpretar-se dessa forma, porém, é contrariar, quando não o texto expresso da Lei, o princípio da máxima efetividade das normas constitucionais e o princípio de que, na aplicação das leis, o juiz atenderá aos fins sociais a que ela se dirige e às exigências do bem comum (LINDB, art. 5º).

Nesse sentido, a jurisprudência:

Mandado de Segurança – Ação Cautelar Preparatória julgada improcedente com a consequente revogação da liminar – Mandado de Segurança impetrado concomitantemente com a interposição do recurso de Apelação, com o propósito de assegurar a continuidade do tratamento ao impetrante – Liminar concedida pelo Eminente Quarto Vice-Presidente do Tribunal de Justiça – Manutenção – Impetrante portador de tumor cerebral (câncer), que necessita de medicamento específico para sua sobrevivência – A interrupção no fornecimento da medicação seria o mesmo que condena-lo à morte – Obrigatoriedade de o Estado fornecer o medicamento – arts. 5º, *caput*, 196 e 203, inciso IV, todos da Constituição Federal de 1988 – Incumbe ao Estado (gênero) proporcionar meios visando a alcançar a saúde – O Sistema Único de Saúde (SUS) torna a responsabilidade linear alcançando a União, os Estados, o Distrito Federal e os Municípios – Entendimento pacífico no Supremo Tribunal Federal e Superior Tribunal de Justiça – Mandado de segurança provido. (Mandado de Segurança nº 298.623-5/1 – São Paulo – 9ª Câmara de Direito Público – Relator: Antonio Rulli – 12.02.03 – v.u.)

Saúde – Mandado de Segurança – Obtenção de medicamentos – Paciente que não tem condições financeiras de adquiri-los – Obrigação do Estado – A vida é direito subjetivo indisponível e tem fundamento no Direito Natural – O direito à vida está constitucionalmente assegurado ao cidadão – Recursos não providos. (Apelação Cível nº 108.455-5 – Araçatuba – 8ª Câmara de Direito Público – Relator: Toledo Silva – 29.03.2000 – v.u.)

Mandamus – Direito líquido e certo ao recebimento gratuito de medicamento inibidor da rejeição – Transplantado renal – Proteção à inviolabilidade do direito à vida – Segurança outorgada. (Mandado de Segurança nº 127.279-5 – São Paulo – 2ª Câmara de Direito Público – Relator: Alves Bevilacqua – 17.11.99 – v.u.)

Destarte não há como acolher a argumentação do agravante de não haver dever do Estado, neste caso o Município, de fornecer medicamentos e insumos terapêuticos, de forma gratuita, à população, principalmente para os que não dispõem de recursos financeiros para custear os gastos com a saúde.

Não há que se falar, assim, em Poder discricionário do Poder Executivo, a fundamentar uma recusa no fornecimento de medicamentos ao agravado. Ao invés, existe o dever do Município nesse fornecimento, que mais se aproxima do Poder Vinculado, utilizando-se da dicotomia que exsurge da argumentação utilizada pelo apelante. Aliás, essa dicotomia – Poder Vinculado/Poder Discricionário – utilizada para afastar o controle jurisdicional em relação aos atos administrativos, já está sendo revista, tanto pela doutrina, como pela jurisprudência, em face dos princípios da Moralidade Administrativas, da Eficiência e da Proporcionalidade, e quando está em jogo o bem maior protegido por nosso ordenamento jurídico: o direito à vida, no aspecto saúde.

Não cabem, neste momento, maiores explanações sobre a mencionada dicotomia; apenas se faz referência ao ensinamento da Professora Maria Sylvia Zanella di Pietro, para afastar o argumento da agravante da impossibilidade do controle jurisdicional no caso ora discutido:

> O Poder Judiciário pode examinar os atos da Administração Pública, de qualquer natureza, sejam gerais ou individuais, unilaterais ou bilaterais, vinculados ou discricionários, mas sempre sob o aspecto da legalidade e, agora, pela Constituição, também sob o aspecto da moralidade (arts. 5º, inciso LXXIII, e 37)" (Conferir in *Direito Administrativo*, Atlas, 4. ed., 1994, p. 493 – com destaque do próprio texto).

Desse modo, adequada e necessária a tutela jurisdicional para o fornecimento de medicamentos ao agravado, **não havendo ofensa ao Princípio da Separação de Poderes, apenas exercício da função jurisdicional, reconhecendo e dando efetividade a um direito da apelada e impondo o respeito desse direito por parte do apelante.**

Cabe salientar, ademais, que não devem ser levadas em conta considerações orçamentárias para restringir o direito da agravada, em razão de uma suposta afronta ao princípio da igualdade: beneficia-se a recorrida, retirando recursos que seriam para a preservação da saúde de outros cidadãos.

Primeiro porque é dever do Estado preservar e **proteger a vida de todas as pessoas**, cuidando da saúde delas e fornecendo medicamentos, como se sustentou acima. Não pode o Município garantir a saúde de alguns cidadãos, fornecendo medicamentos que estariam padronizados em lista, e não garantir a saúde de outros cidadãos, que necessitem de medicamentos que não estão arrolados em lista. Aí, sim, haveria afronta ao princípio da igualdade, pois se estaria tratando de forma desigual (não fornecendo medicamentos) pessoas que estão em situação idêntica (pessoas que necessitam de medicamentos, e eventualmente não tem condições de comprá-los). *Segundo*, porque não bastassem os dois argumentos acima, não apresentou o agravante nenhuma comprovação do impacto que o fornecimento dos medicamentos e insumos à agravada exerceria nas finanças do Município de Mogi das Cruzes.

Novamente, a jurisprudência:

> Medicamentos – AIDS – Dever do Estado em fornecer o medicamento apropriado, para o tratamento da moléstia – Descabido o chamamento da União, para integrar o polo passivo da ação (art. 77, inciso III do Código de Processo Civil) [de 1973] – Descumprido, nasce para o pre-

judicado o interesse de agir, que não se demonstrou inexistir – Regra de ordem constitucional de eficácia imediata – Inocorrência de afronta ao princípio da separação dos poderes, ou, ainda, a necessidade de previsão orçamentária e sujeição a procedimento licitatório – Preliminares afastadas – Recurso da Fazenda e remessa necessária não providos. (Apelação Cível nº 52.031-5 – São Paulo – 7ª Câmara de Direito Público – Relator: Sérgio Pitombo – 17.04.00 – v.u.)

De outro lado, o impacto que o não fornecimento do medicamento e insumos terapêuticos pelo Município teria na vida da agravada seria enorme. No mais, a paciente demonstrou ser pessoa carente, sem condições de adquirir os insumos terapêuticos, no caso fraldas geriátricas, necessários ao seu tratamento de saúde.

Do Pedido:

Ante o exposto, requer-se não seja provido o recurso de agravo de instrumento interposto pelo Município, mantendo-se, na íntegra, a decisão recorrida.

Termos em que,
p. deferimento.

Mogi das Cruzes – São Paulo, 00 de dezembro de 0000.

Gediel Claudino de Araujo Júnior
OAB/SP 000.000

7.35 CONTRARRAZÕES DE AGRAVO DE INSTRUMENTO CONTRA DECISÃO QUE, EM TUTELA PROVISÓRIA, DETERMINOU O IMEDIATO FORNECIMENTO DE MEDICAMENTO PELO ENTE PÚBLICO

Excelentíssimo Senhor Doutor Desembargador Relator do Egrégio Tribunal de Justiça do Estado de São Paulo.

Agravo de Instrumento nº 0000000-00.0000.0.00.0000
Ação de Obrigação de Fazer (Medicamentos)
Processo na Origem: 0000000-00.0000.0.00.0000
Vara de Origem: Vara da Fazenda Pública do Foro de Mogi das Cruzes-SP
Agravante: P. M. de M. das C.
Agravado: M. de S. N.

M. de S. N., já qualificado, por seu Advogado, que esta subscreve (mandato incluso), com escritório na Rua João Vicente Amaral, nº 00, Centro, Mogi das Cruzes-SP, CEP 00000-000, *onde recebe intimações* (e-mail: gediel@gsa.com.br), nos autos do processo em epígrafe, vem à presença de Vossa Excelência apresentar *contrarrazões ao agravo de instrumento* interposto pelo **M. de M. das C.**, consoante as razões que se apresentam anexas.

Termos em que,
p. deferimento.

Mogi das Cruzes/São Paulo, 00 de maio de 0000.

Gediel Claudino de Araujo Júnior
OAB/SP 000.000

CONTRARRAZÕES DE AGRAVO DE INSTRUMENTO

Agravo de Instrumento nº 0000000-00.0000.0.00.0000
Ação de Obrigação de Fazer (Medicamentos)
Processo na Origem: 0000000-00.0000.0.00.0000
Vara de Origem: Vara da Fazenda Pública do Foro de Mogi das Cruzes-SP
Agravante: P. M. de M. das C.
Agravado: M. de S. N.

Egrégio Tribunal
Colenda Câmara

Dos Fatos:

O agravado ajuizou ação de obrigação de fazer em face do Município de Mogi das Cruzes com escopo de que este fosse compelido a fornecer, pelo tempo que for necessário, os medicamentos "finasterida", comprimido de 5mg, e "tansulosina", comprimido de 0,4mg.

Recebida a inicial, o douto Juízo de primeiro grau concedeu o pedido de tutela antecipada, determinando o imediato fornecimento dos medicamentos requeridos.

Inconformado, o Município de Mogi das Cruzes apresentou o presente recurso.

Em síntese, os fatos.

Do Mérito:

O inconformismo do agravante não se justifica, devendo a respeitável decisão guerreada ser mantida na sua totalidade.

Não obstante os argumentos trazidos pelo Ilustre Procurador do Município de Mogi das Cruzes, a verdade inexorável é que cabe ao Município fornecer medicamentos às pessoas que dele necessitem.

De início, registre-se que o agravado demonstrou nos autos por meio de laudo médico não só a existência de sua doença, mas também a urgência e a necessidade dos referidos medicamentos. A demora da tutela jurisdicional poderia custar a vida do paciente. O douto Magistrado de primeiro grau analisou os documentos e se convenceu da urgência da medida como forma de garantir os direitos básicos do cidadão, concedendo a medida liminar, a fim de determinar à agravante o fornecimento dos medicamentos apontados pelo médico.

No mais, a interpretação correta dos arts. 196 e 198 da Constituição Federal impõe obrigação concorrente na prestação e execução de serviços de saúde. A descentralização do Sistema Único de Saúde não afasta a responsabilidade concorrente das três pessoas públicas de nossa Federação, muito menos impõe uma obrigação exclusiva na prestação de serviços de saúde a um dos entes, como quer o Município de Mogi das Cruzes, carreando obrigação sua ao Estado de São Paulo ou à União.

A descentralização do Sistema Único de Saúde refere-se apenas ao modo de execução dos serviços de saúde, a fim de melhor atender aos interesses da população. Por outras palavras, a descentralização do SUS visa facilitar o acesso da população aos serviços de saúde e não restringi-lo.

A se encampar o raciocínio do agravante teríamos não uma rede descentralizada de saúde, mas uma estrutura estanque e estática, em que, levando o argumento ao extremo, somente à União caberia a prestação de serviços de saúde, nestes incluídos o fornecimento de medicamentos e insumos terapêuticos. Isso, obviamente, vai de encontro à tendência de municipalização dos serviços de saúde, inclusive com repasse de verbas de outros entes federados ao Município, em atenção à realidade de que a pessoa vive no Município, e é nele e por ele que ela deve ver atendidas suas necessidades sociais e vitais, dentre elas a saúde.

Recorde-se que a Constituição Federal coloca como **competência material comum** de todos os entes federados cuidarem da saúde e da assistência pública (art. 23, II), o que, por si só, derruba o argumento do agravante. Nesse sentido, a jurisprudência:

> Recurso Especial. Processual civil. Ofensa ao art. 535, II, do CPC. Inexistência. Fornecimento de medicamentos para pessoa carente. Legitimidade da União, do Estado e do Município para figurarem no polo passivo da demanda. 1. Inexiste ofensa ao art. 535, II, do CPC, quando as questões levadas ao conhecimento do Órgão Julgador foram por ele apreciadas. 2. Recurso no qual se discute a legitimidade passiva da União para figurar em feito cuja pretensão é o fornecimento de medicamentos imprescindíveis à manutenção de pessoa carente, portadora de atrofia cerebral gravíssima (ausência de atividade cerebral, coordenação motora e fala). 3. A Carta Magna de 1988 erige a saúde como um direito de todos e dever do Estado (art. 196). Daí a seguinte conclusão: é obrigação do Estado, no sentido genérico (União, Estados, Distrito Federal e Municípios), assegurar às pessoas desprovidas de recursos financeiros o acesso à medicação necessária para a cura de suas mazelas, em especial, as mais graves. 4. Sendo o SUS composto pela União, Estados e Municípios, impõe-se a solidariedade dos três entes federativos no polo passivo da demanda. 5. Recurso Especial desprovido. (STJ – REsp 507.205/PR – 1ª T., rel. Min. José Delgado, *DJ* 17.11.2003, p. 213)

Trata-se, pois, de obrigação solidária de todos os entes componentes da Federação garantir a saúde, inclusive no aspecto farmacêutico, a todos os cidadãos, podendo tal obrigação ser carreada a todos os entes ou a cada um deles separadamente.

De fato, nosso ordenamento jurídico abriga normas que obrigam o Estado – este entendido como a União, os Estados Federados e os Municípios, por meio de suas

Secretarias de Saúde, integrados em um Sistema Único de Saúde, hierarquizado e descentralizado, conforme os arts. 198, I e II, da CF/88 e 4º da Lei 8.080/90 – a fornecer medicamentos gratuitos a seus cidadãos, principalmente aos que não têm condições financeiras de adquiri-los.

Nessa linha, há primeiramente o direito à vida, assegurado como direito fundamental da pessoa humana no art. 5º da Constituição Federal.

A mesma Constituição Federal, desdobrando do direito à vida em seus vários aspectos, garante, no art. 196, que: "*A saúde é direito de todos e dever do Estado, garantido mediante políticas sociais e econômicas que visem à redução do risco de doença e de outros agravos e ao acesso* **universal e igualitário às ações e serviços para sua promoção, proteção e recuperação**" (grifo nosso).

Não bastasse a clareza do art. 196 da Constituição Federal, norma de eficácia plena e aplicação imediata, que por si só garantiria ao agravado acesso ao medicamento de que necessita, vem a Lei Ordinária, de nº 8.080/90, e preceitua, no art. 6º, inciso I, alínea *d*, que estão incluídas no campo de atuação do Sistema Único de Saúde (SUS) a execução de ações de assistência terapêutica integral, inclusive farmacêutica.

Ao lado do art. 6º, inciso I, alínea *d*, da Lei 8.080/90, o art. 22 da Lei 8.078/90 determina que os órgãos públicos são obrigados a fornecer **serviços adequados, eficientes, seguros e, quando essenciais, contínuos**.

Dos dispositivos constitucionais e infraconstitucionais acima apresentados, conclui-se, de fato, que o Município tem o dever de fornecer o medicamento que for necessário a qualquer cidadão que o peça.

Por outras palavras, o fornecimento de medicamentos à população deve ser universal, contínuo e gratuito.

Na pior das hipóteses, os dispositivos acima poderiam ser interpretados de forma a garantir apenas à população carente o acesso gratuito e imediato a qualquer tipo de medicamento. Interpretar-se dessa forma, porém, é contrariar, quando não o texto expresso da Lei, o princípio da máxima efetividade das normas constitucionais e o princípio de que, na aplicação das leis, o juiz atenderá aos fins sociais a que ela se dirige e às exigências do bem comum (LINDB, art. 5º).

Nesse sentido, a jurisprudência:

> Mandado de Segurança – Ação Cautelar Preparatória julgada improcedente com a consequente revogação da liminar – Mandado de Segurança impetrado concomitantemente com a interposição do recurso de Apelação, com o propósito de assegurar a continuidade do tratamento ao impetrante – Liminar concedida pelo Eminente Quarto Vice-Presidente do Tribunal de Justiça – Manutenção – Impetrante portador de tumor cerebral (câncer), que necessita de medicamento específico para sua sobrevivência – A interrupção no fornecimento da medicação seria o mesmo que condená-lo à morte – Obrigatoriedade de o Estado fornecer o medicamento – art. 5º, *caput*, 196 e 203, inciso IV, todos da Constituição

Federal de 1988 – Incumbe ao Estado (gênero) proporcionar meios visando a alcançar a saúde – O Sistema Único de Saúde (SUS) torna a responsabilidade linear alcançando a União, os Estados, o Distrito Federal e os Municípios – Entendimento pacífico no Supremo Tribunal Federal e Superior Tribunal de Justiça – Mandado de Segurança provido. (Mandado de Segurança nº 298.623-5/1 – São Paulo – 9ª Câmara de Direito Público – Relator: Antonio Rulli – 12.02.03 – v.u.)

Saúde – Mandado de Segurança – Obtenção de medicamentos – Paciente que não tem condições financeiras de adquiri-los – Obrigação do Estado – A vida é direito subjetivo indisponível e tem fundamento no Direito Natural – O direito à vida está constitucionalmente assegurado ao cidadão – Recursos não providos. (Apelação Cível nº 108.455-5 – Araçatuba – 8ª Câmara de Direito Público – Relator: Toledo Silva – 29.03.2000 – v.u.)

Mandamus – Direito líquido e certo ao recebimento gratuito de medicamento inibidor da rejeição – Transplantado renal – Proteção à inviolabilidade do direito à vida – Segurança outorgada. (Mandado de Segurança nº 127.279-5 – São Paulo – 2ª Câmara de Direito Público – Relator: Alves Bevilacqua – 17.11.99 – v. u.)

Destarte, não há como acolher a argumentação do agravante de não haver dever do Estado, neste caso o Município, de fornecer medicamentos, de forma gratuita, à população, principalmente para os que não dispõem de recursos financeiros para custear os gastos com a saúde.

Cabe salientar, ademais, que não devem ser levadas em conta considerações orçamentárias para restringir o direito do agravado, em razão de uma suposta afronta ao princípio da igualdade: ou seja, beneficia-se o agravado em detrimento de outros cidadãos.

Primeiro porque é dever do Estado preservar e **proteger a vida de todas as pessoas**, cuidando da saúde delas e fornecendo medicamentos, como se sustentou acima. Não pode o Município garantir a saúde de alguns cidadãos, fornecendo medicamentos que estariam padronizados em lista, e não garantir a saúde de outros cidadãos que necessitem de medicamentos que não estão arrolados em lista. Aí, sim, haveria afronta ao princípio da igualdade, pois se estaria tratando de forma desigual (não fornecendo medicamentos) pessoas que estão em situação idêntica (pessoas que necessitam de medicamentos, e eventualmente não tem condições de comprá-los). *Segundo*, porque não bastasse argumentos já apresentados, não apresentou o agravante nenhuma comprovação do impacto que o fornecimento do medicamento ao agravado exerceria nas finanças do Município de Mogi das Cruzes.

Novamente, a jurisprudência:

Medicamentos – AIDS – Dever do Estado em fornecer o medicamento apropriado, para o tratamento da moléstia – Descabido o chamamento da União, para integrar o polo passivo da ação (art. 77, inciso III do Código de Processo Civil [de 1973]) – Descumprido, nasce para o prejudicado o interesse de agir, que não se demonstrou inexistir – Regra de ordem constitucional de eficácia imediata – Inocorrência de afronta ao princípio da separação dos poderes, ou, ainda, a necessidade de previsão orçamentária e sujeição a procedimentos licitatório – Preliminares afastadas – Recurso da Fazenda e remessa necessária não providos. (Apelação Cível nº 52.031-5 – São Paulo – 7ª Câmara de Direito Público – Relator: Sérgio Pitombo – 17.04.00 – v. u.)

De outro lado, o impacto que o não fornecimento do medicamento pelo Município teria na vida do agravado seria enorme. No mais, o paciente demonstrou ser pessoa carente, sem condições de adquirir os medicamentos necessários ao seu tratamento de saúde.

Do Pedido:

Ante o exposto, requer-se não seja provido o recurso de agravo de instrumento interposto pelo Município, mantendo-se, na íntegra, a decisão recorrida.

Termos em que,
p. deferimento.

Mogi das Cruzes – São Paulo, 00 de maio de 0000.

Gediel Claudino de Araujo Júnior
OAB/SP 000.000

7.36 CONTRARRAZÕES DE AGRAVO DE INSTRUMENTO CONTRA DECISÃO QUE, EM TUTELA PROVISÓRIA, REGULAMENTOU O DIREITO DE VISITAS DO GENITOR AO SEU FILHO

Excelentíssimo Senhor Doutor Desembargador Relator do Egrégio Tribunal de Justiça do Estado de São Paulo.

Agravo de Instrumento nº 0000000-00.0000.0.00.0000
Assunto: Regulamentação de Visitas
Número de Origem: 0000000-00.0000.0.00.0000
Vara de Origem: Primeira Vara da Família e das Sucessões do Foro de Mogi das Cruzes – SP
Agravante: F. A. B.
Agravada: W. G. da S. e/outro

W. G. da S. e/outro, já qualificados, por seu Advogado, que esta subscreve (mandato incluso), com escritório na Rua João Vicente Amaral, nº 00, Centro, Mogi das Cruzes-SP, CEP 00000-000, *onde recebe intimações* (e-mail: gediel@gsa.com.br), nos autos do processo em epígrafe, vem à presença de Vossa Excelência apresentar *contrarrazões ao agravo de instrumento* interposto pelo réu F. A. B., consoante razões que apresenta anexo.

Termos em que,
p. deferimento.

Mogi das Cruzes – São Paulo, 00 de dezembro de 0000.

Gediel Claudino de Araujo Júnior
OAB/SP 000.000

CONTRARRAZÕES DE AGRAVO DE INSTRUMENTO

Agravo de Instrumento nº 0000000-00.0000.0.00.0000
Assunto: Regulamentação de Visitas
Número de Origem: 0000000-00.0000.0.00.0000
Vara de Origem: Primeira Vara da Família e das Sucessões do Foro de Mogi das Cruzes – SP
Agravante: F. A. B.
Agravada: W. G. da S. e/outro

Egrégio Tribunal
Colenda Câmara

Dos Fatos:

  O agravante ajuizou o presente recurso pedindo a revisão, alteração, da respeitável decisão de primeiro grau que fixou o direito de visitas dele ao seu filho em domingos alternados, no horário das 14h00 às 15h30 (fls. 186/194 dos autos principais).

  Em síntese, os fatos.

Do Mérito:

  O inconformismo do agravante não se justifica, devendo a respeitável decisão guerreada ser mantida na sua totalidade.

  Veja-se, a Sra. "W" tem ciência da importância do contato entre pai e filho; ou seja, ela não deseja afastar o genitor do filho, muito ao contrário. Desde o início do processo de regulamentação de guarda, visitas e alimentos, a guardiã se mostrou receptiva ao assunto, procurando facilitar o contato entre pai e filho.

  Não pode, no entanto, concordar neste momento com a revisão da regulamentação do horário de visitas, visto que isso colocaria em risco o bem-estar do filho do casal, que, como se sabe, conta com apenas 01 (um) ano de idade.

  Não é só a tenra idade da criança que recomenda a manutenção da regulamentação feita pela ilustre Magistrada de primeiro grau, mas também o fato de a criança ainda estar em processo de amamentação; neste momento, permitir que a criança fique longe da mãe por um período de 6 (seis) horas (12h00 até 18h00) contraria ORDENS MÉDICAS, como se vê do laudo que se junta a esta petição emitido pela Dra. M. P., CRM/SP 00.000.

  Observa a referida Doutora que "*não existe horário prefixado para a amamentação*", razão pela qual não é recomendável afastar a mãe do filho, ou seja, neste momento o genitor deve visitar o seu filho na casa da mãe, como aliás recomendou a ilustre

Magistrada de primeiro grau. Mais adiante a Doutora reforça suas recomendações observando a "*importância que o menor não interrompa o aleitamento*", que deve ocorrer no máximo a cada 3 (três) horas.

    Como se vê, a resistência da guardiã tem fundamento e busca apenas resguardar os interesses do filho do casal; ela compreende o amor e carinho do genitor, mas espera, pede, que ele compreenda que precisa ter um pouco de paciência, com escopo de garantir que o filho do casal passe por este momento tão frágil da melhor forma possível; isso pode garantir um futuro melhor, livre de doenças.

Dos Pedidos:

    Ante o exposto, requer-se não <u>seja provido o recurso de agravo de instrumento</u> interposto pelo genitor, mantendo-se, por ora, o direito de visitas do genitor nos moldes estabelecidos pela douta Magistrada de primeiro grau, ou, mesmo que se aumente o horário de visitas, que se respeite a recomendação médica no sentido de que a criança precisa amamentar a cada 3 (três) horas, ou seja, que o horário destinado às visitas do genitor se limite a este período máximo e que as visitas continuem ocorrendo na casa da mãe.

    Termos em que,
    p. deferimento.

    Mogi das Cruzes – São Paulo, 00 de dezembro de 0000.

    Gediel Claudino de Araujo Júnior
    OAB/SP 000.00

7.37 CONTRATO DE PRESTAÇÃO DE SERVIÇOS ADVOCATÍCIOS

CONTRATO DE PRESTAÇÃO DE SERVIÇOS ADVOCATÍCIOS

Contratante: **B. L. A.**, brasileira, casada, farmacêutica, portadora do RG 00.000.000-SSP/SP e do CPF 000.000.000-00, titular do e-mail bla@gsa.com.br, residente e domiciliada na Rua José Urbano, nº 00, Jardim Brasil, cidade de Mogi das Cruzes-SP, CEP 00000-000.

Contratado: **DR. GEDIEL CLAUDINO DE ARAUJO JÚNIOR**, brasileiro, casado, Advogado, inscrito na OAB-SP sob o nº 000.000, portador do RG 00.000.000-SSP/SP e do CPF 000.000.000-00, titular do e-mail gediel@gsa.com.br, com escritório na Rua Adelino Torquato, nº 00, Parque Monte Líbano, cidade de Mogi das Cruzes-SP, CEP 00000-000.

Pelo presente instrumento particular, as partes supraqualificadas convencionam entre si o seguinte:

1º O CONTRATADO obriga-se a ajuizar "ação de divórcio litigioso" em face do cônjuge da CONTRATANTE, conforme termos do mandato que lhe é outorgado em apartado.

2º A medida judicial referida no item anterior deverá ser ajuizada no prazo de 30 (trinta) dias, contados da entrega efetiva de todos os documentos solicitados pelo CONTRATADO, conforme recibo anexo.

3º Pelos serviços, a CONTRATANTE pagará ao CONTRATADO o valor total de R$ 9.000,00 (nove mil reais), sendo R$ 3.000,00 (três mil reais) a vista, neste ato, servindo o presente de recibo de quitação, e R$ 6.000,00 (seis mil reais) em 4 (quatro) parcelas mensais e consecutivas de R$ 1.500,00 (um mil, quinhentos reais), vencendo a primeira em 00.00.0000;

4º Os honorários serão devidos, qualquer que seja o resultado da ação;

5º Distribuída a medida judicial, o total dos honorários será devido mesmo que haja composição amigável quanto ao pedido de divórcio, venha a CONTRATANTE a desistir do pedido ou, ainda, se for cassada a procuração sem culpa do CONTRATADO;

Parágrafo único. Na hipótese de desistência antes do ajuizamento da ação, serão devidos 50% (cinquenta por cento) do valor contratado;

6º A CONTRATANTE responderá, ainda, por todas as despesas do processo, sendo que o pagamento deverá ser feito de imediato tão logo a conta lhe seja apresentada, não respondendo o CONTRATADO por qualquer prejuízo que advenha da demora ou do não pagamento de qualquer despesa;

7º Na eventualidade de ser necessária a interposição de qualquer recurso (razões ou contrarrazões), serão ainda devidos ao CONTRATADO honorários extras de R$ 3.000,00 (três mil reais), valor este que deverá ser quitado antes do protocolo do recurso, sob pena de o Advogado ficar dispensado do serviço;

8º Qualquer medida judicial ou extrajudicial que tenha como objeto o conteúdo deste contrato deverá ser ajuizada no Foro da Comarca de Mogi das Cruzes-SP.

Por estarem, assim, justos e contratados, firmam o presente instrumento, que é elaborado em duas vias, de igual teor, sendo uma para cada parte.

Mogi das Cruzes, 00 de setembro de 0000.

Gediel Claudino de Araujo Júnior

B. L. A.

7.38 MANDADO DE SEGURANÇA CONTRA ATO JUDICIAL
(JUIZ DECLINOU DA SUA COMPETÊNCIA EM AÇÃO DE GUARDA)

Excelentíssimo Doutor Desembargador Presidente do Egrégio Tribunal de Justiça do Estado de São Paulo.

E. L. A., brasileira, separada, desempregada, portadora do RG 0.000.000-SSP/SP e do CPF 000.000.000-00, titular do e-mail ela@gsa.com.br, por si e representando os interesses de seus filhos M. R. de S. e L. K. de S., residentes e domiciliados na Avenida Gilberto Rodrigues de Souza, nº 00, casa 00, Jardim Camila, cidade de Mogi das Cruzes-SP, CEP 00000-000, por seu Advogado que esta subscreve (mandato incluso), com escritório na Rua Francisco Martins, nº 00, Centro, Mogi das Cruzes-SP, CEP 00000-000, *onde recebe intimações* (e-mail: gediel@gsa.com.br), vem à presença de Vossa Excelência, com fulcro no art. 5º, LXIX, da Constituição Federal e na Lei nº 12.016, de 07.08.2009, impetrar *mandado de segurança, com pedido liminar*, contra ato do doutor G. M., juiz titular da Terceira Vara da Família e das Sucessões do Foro de Mogi das Cruzes-SP, sediado na Rua Doutor Deodato Wertheimer, nº 00, Centro, nesta Cidade e Comarca, CEP 00000-000, pelos motivos de fato e de direito que a seguir expõe:

Dos Fatos:

Em julho de 0000, os impetrantes ajuizaram ação de regulamentação de guarda, visitas e alimentos em face do Sr. P. S. O., asseverando, em apertada síntese, que com o fim do relacionamento entre as partes havia a necessidade de se regulamentar formalmente a guarda, o direito de visitas e o valor da contribuição alimentícia dos filhos do casal.

O processo foi distribuído para a Terceira Vara Cível do Foro de Mogi das Cruzes-SP, que tem como titular a ilustre autoridade impetrada, recebendo o número 000000-00.0000.0.00.0000.

Citado, o réu apresentou contestação com preliminar de incompetência relativa, requerendo fossem os autos encaminhados para o Juízo da Vara da Família e Sucessões do Foro Regional VII – Itaquera, Comarca da Capital, São Paulo.

Intimados a responder, os impetrantes apresentaram réplica. Depois da manifestação do ilustre representante do Ministério Público, os autos foram conclusos para decisão, quando então o douto Magistrado acolheu a preliminar de incompetência, determinando a remessa dos autos par a 3ª Vara da Família e Sucessões do Foro Regional de Itaquera na Comarca de São Paulo.

Inconformados com a referida decisão que afronta direito líquido e certo dos impetrantes, estes buscam a tutela jurisdicional por meio do presente.

Em síntese, o necessário.

Do Cabimento do *Writ*:

O ato do impetrado, que determinou a remessa dos autos do processo para a 3ª Vara da Família e Sucessões do Foro Regional de Itaquera na Comarca de São Paulo, afronta os direitos básicos dos impetrantes, mormente aquele previsto no art. 53, inciso II, do Código de Processo Civil, que declara ser competente o foro do domicílio ou residência do alimentando para a ação e que se pedem alimentos, como ocorre no feito movido pelos impetrantes.

Com a vigência do novo CPC, Lei nº 13.105/15, não há mais recurso contra a referida decisão; ou seja, não é mais possível agravar de instrumento contra a decisão do Magistrado impetrado que, ignorando a lei e os fatos, afrontou os direitos dos impetrantes.

Não sendo a decisão judicial impugnável por qualquer outro recurso, não resta alternativa aos impetrantes senão socorrer-se do presente *mandamus*, conforme lhe faculta a Constituição Federal no seu art. 5º, inciso LXIX, *in verbis*:

> conceder-se-á mandado de segurança para proteger direito líquido e certo, não amparado por *habeas corpus* ou *habeas data*, quando o responsável pela ilegalidade ou abuso de poder for autoridade pública ou agente de pessoa jurídica no exercício de atribuições do Poder Público.

Do Direito:

A respeitável decisão impugnada merece ser revista. Com efeito, a douta autoridade Impetrada argumentou, ao declinar da sua competência, que o foro competente para conhecer e julgar ação de regulamentação de guarda, visitas e alimentos entre pais é daquele interessado que eventualmente detenha a guarda fática dos menores.

Ora, os impetrantes não poderiam concordar mais com a referida afirmação, visto que era a mulher quem detinha a guarda fática dos seus filhos menores quando da propositura da ação principal.

O genitor contestou tal afirmação, argumentando que era ele quem detinha a guarda fática, razão pela qual a ação deveria ser processada no seu domicílio.

Tem-se, então, que as partes fizeram afirmações antagônicas quanto ao fato de quem detinha a guarda fática dos filhos do casal.

Diante deste fato, observou com muita propriedade o ilustre representante do Ministério Público, **Dr. F. O.**, que "*a questão da competência é analisada in statu assertionis, vale dizer, na medida das afirmações da parte, de forma meramente abstrata, sem necessidade de profunda cognição probatória. Sendo assim, se a autora alega que estava com a guarda de fato das crianças, é essa afirmação que basta para a fixação da competência. Mesmo que fique provado, posteriormente, que nenhuma das alegações mereça crédito, ainda assim não se dá a incompetência, pelo fenômeno da perpetuação da competência*".

No mais, como narrado na exordial da ação e confirmado por estudo social juntado nos autos principais, fls. 25/31, o genitor, diante de dificuldades entre os filhos e a sua nova companheira, entregou os filhos para a mãe, conforme acordo prévio firmado entre as partes, no sentido de que quando ela estivesse estabelecida ele lhe entregaria a guarda fática dos filhos.

Por razões que a mãe desconhece, o genitor logo mudou de ideia; só que ele não usou da Justiça para recuperar os seus filhos, como seria de rigor, ele, que tinha conhecimento que a impetrante já tinha ajuizado ação de regulamentação de guarda, visitas e alimentos, compareceu na casa da guardiã e sob "falso pretexto" retirou os filhos para não mais devolvê-los (as crianças deveriam ficar com ele apenas o final de semana). Note-se que ele só ajuizou ação de guarda em São Paulo após este fato, o que demonstra a veracidade das declarações da mãe.

O ato impugnado não só afronta os direitos dos impetrantes, mas ainda premia a falta de caráter e esperteza do genitor das crianças, razão deve ser revisto imediatamente.

Da Liminar:

Com escopo de garantir os direitos da impetrante e evitar que sofra graves e irreparáveis prejuízos, é necessário que se conceda liminar determinando à autoridade impetrada que se abstenha de remeter os autos do processo n° 0000000-00.0000.0.00.0000 para a 3ª Vara da Família e Sucessões do Foro Regional de Itaquera na Comarca de São Paulo, mantendo-se, ao menos por ora, a competência do Foro e Comarca de Mogi das Cruzes-SP para conhecer e julgar o feito de regulamentação de guarda, visitas e alimentos proposto pelos impetrantes.

Dos Pedidos:

Ante o exposto, requer-se seja o presente *writ* recebido e regularmente processado, determinando-se, em liminar, à autoridade impetrada que se abstenha de remeter os autos do processo n° 0000000-00.0000.0.00.0000 para a 3ª Vara da Família e Sucessões do Foro Regional de Itaquera na Comarca de São Paulo, mantendo-se, ao menos por ora, a competência do Foro e Comarca de Mogi das Cruzes-SP para conhecer e julgar o feito de regulamentação de guarda, visitas e alimentos proposto pelos impetrantes. Medida esta que deverá ser, após a oitiva do ilustre representante do Ministério Público e da prestação de informações pela autoridade impetrada, tornada definitiva.

Requer-se, outrossim, seja determinada, com escopo de atender-se a norma do inciso II, do art. 7°, da LMS, a intimação da Procuradoria Geral do Estado, na pessoa de seu representante legal, a fim de que tome ciência do feito.

Por fim, requer lhe sejam deferidos os benefícios da justiça gratuita, uma vez que se declara pobre no sentido jurídico do termo, conforme declaração anexa.

Dá-se ao pleito o valor de R$ 5.000,00 (cinco mil reais).

Termos em que
p. deferimento.

Mogi das Cruzes – São Paulo, 00 de maio de 0000.

Gediel Claudino de Araujo Júnior
OAB/SP 000.000

7.39 PETIÇÃO RENUNCIANDO, A PEDIDO, A PROCURAÇÃO JUDICIAL

Excelentíssimo Senhor Doutor Juiz de Direito da 3ª Vara da Família e das Sucessões do Foro de Mogi das Cruzes, SP.

Processo nº 0000000-00.0000.0.00.0000
Ação negatória de paternidade
Autor: G. S.
Réu: W. A. S.

    GEDIEL CLAUDINO DE ARAUJO JÚNIOR, brasileiro, casado, Advogado, titular do e-mail gediel@gsa.com.br, com escritório na Rua Adelino Torquato, nº 00, bairro Parque Monte Líbano, cidade de Mogi das Cruzes-SP, CEP 00000-000, nos autos do processo em epígrafe, vem à presença de Vossa Excelência "renunciar", a pedido, o mandato concedido pelo réu, vez que este pretende constituir outro Advogado. Requer-se, portanto, seja o nome do subscritor riscado da contracapa dos autos.

    Termos em que
    p. deferimento.

    Mogi das Cruzes – São Paulo, 00 de outubro de 0000.

    Gediel Claudino de Araujo Júnior
    OAB/SP 000.000

7.40 PETIÇÃO REQUERENDO A JUNTADA DE CÓPIA DE AGRAVO DE INSTRUMENTO INTERPOSTO JUNTO AO TRIBUNAL

Excelentíssimo Senhor Doutor Juiz de Direito da 3ª Vara da Família e das Sucessões do Foro de Mogi das Cruzes, São Paulo.

Processo nº 0000000-00.0000.0.00.0000
Ação de Divórcio Litigioso

D. R. de S., já qualificada, por seu Advogado, que esta subscreve (mandato incluso), com escritório na Rua João Vicente Amaral, nº 00, Centro, Mogi das Cruzes-SP, CEP 00000-000, *onde recebe intimações* (e-mail: gediel@gsa.com.br), nos autos do processo que move em face de **P. S. O.**, vem à presença de Vossa Excelência requerer a juntada de cópia protocolada do "recurso de agravo de instrumento" interposto junto ao Egrégio Tribunal de Justiça do Estado de São Paulo, contra a r. decisão de fls. 00/00, conforme permite o art. 1.018 do Código de Processo Civil.

Termos em que,
p. deferimento.

Mogi das Cruzes – São Paulo, 00 de dezembro de 0000.

Gediel Claudino de Araujo Júnior
OAB/SP 000.00

7.41 PROCURAÇÃO JUDICIAL (PESSOA FÍSICA)

PROCURAÇÃO *AD JUDICIA*

S. A. de A., brasileira, casada, professora, portadora do RG 000.000-0-SSP/SP e do CPF 000.000.000-00, titular do e-mail saa@gsa.com.br, residente e domiciliada na Rua José Urbano Sanches, nº 00, Vila Oliveira, cidade de Mogi das Cruzes-SP, CEP 00000-000, pelo presente instrumento de procuração, nomeia e constitui seu bastante procurador o **DR. GEDIEL CLAUDINO DE ARAUJO JÚNIOR**, brasileiro, casado, Advogado inscrito na OAB/SP sob o nº 000.000, titular do e-mail gediel@gsa.com.br, com escritório na Rua Adelino Torquato, nº 00, Parque Monte Líbano, cidade de Mogi das Cruzes-SP, CEP 00000-000, a quem confere amplos poderes para o foro em geral, com a cláusula *ad judicia*, em qualquer Juízo, Instância ou Tribunal, podendo propor contra quem de direito (*vide cláusula restritiva abaixo*) as ações competentes e defender nas contrárias, seguindo umas e outras, até decisão final, usando os recursos legais que se fizerem necessários e ou oportunos. Conferindo-lhe, ainda, poderes especiais para confessar, desistir, transigir, firmar compromissos ou acordos, receber e dar quitação, agindo em conjunto ou separadamente, podendo ainda substabelecer esta em outrem, com ou sem reservas de iguais poderes, dando tudo por bom, firme e valioso.

Especialmente para: propor ação de indenização por perdas e danos em face do Senhor J. M. A. dos S.

Mogi das Cruzes – São Paulo, 00 de maio de 0000.

_____

7.42 PROCURAÇÃO JUDICIAL (PESSOA JURÍDICA)

PROCURAÇÃO *AD JUDICIA*

SOCIEDADE CIVIL DE EDUCAÇÃO T. O., inscrita no CNPJ sob o nº 00.000.000/0000-00, situada na Rua Capitão Manoel Caetano, nº 00, Centro, cidade de Mogi das Cruzes-SP, CEP 00000-000, neste ato representada por seu Presidente, Prof. S. A. S., portador do RG 0.000.000-SSP/SP e do CPF 000.000.000-00, pelo presente instrumento de procuração, nomeia e constitui seu bastante procurador o **DR. GEDIEL CLAUDINO DE ARAUJO JÚNIOR**, brasileiro, casado, Advogado inscrito na OAB/SP sob o nº 000.000, titular do e-mail gediel@gsa.com.br, com escritório na Rua Adelino Torquato, nº 00, Parque Monte Líbano, cidade de Mogi das Cruzes-SP, CEP 00000-000, a quem confere amplos poderes para o foro em geral, com a cláusula *ad judicia*, em qualquer Juízo, Instância ou Tribunal, podendo propor contra quem de direito (*vide cláusula restritiva abaixo*) as ações competentes e defender nas contrárias, seguindo umas e outras, até decisão final, usando os recursos legais que se fizerem necessários e/ou oportunos. Conferindo-lhe, ainda, poderes especiais para confessar, desistir, transigir, firmar compromissos ou acordos, receber e dar quitação, agindo em conjunto ou separadamente, podendo ainda substabelecer esta em outrem, com ou sem reservas de iguais poderes, dando tudo por bom, firme e valioso.

Especialmente para: propor ação de despejo por denúncia vazia contra S. D. B.

Mogi das Cruzes, 00 de maio de 0000.

_____

7.43 SUBSTABELECIMENTO DE PROCURAÇÃO JUDICIAL ("SEM RESERVAS")

SUBSTABELECIMENTO

Eu, **Gediel Claudino de Araujo Júnior**, brasileiro, casado, Advogado, inscrito na OAB/SP 000.000, titular do e-mail gediel@gsa.com.br, com escritório na Rua Adelino Torquato, nº 38, bairro Parque Monte Líbano, cidade de Mogi das Cruzes-SP, CEP 00000-000, pelo presente instrumento "substabeleço", sem reservas, ao **Dr. M. L. C. de A.**, brasileiro, casado, Advogado inscrito na OAB/SP 000.000, titular do e-mail mlca@gsa.com.br, com escritório na Avenida Brasil, nº 00, Centro, cidade de Mogi das Cruzes-SP, CEP 00000-000, os poderes que me foram outorgados pela **Sra. S. A. de A.**, a fim de que o substabelecido possa também representar os interesses da outorgante junto ao processo nº 0000000-00.0000.0.00.0000, que tramita junto à 3ª Vara Cível da Comarca de Mogi das Cruzes.

Mogi das Cruzes – São Paulo, 00 de fevereiro de 0000.

Bibliografia

ARAUJO JR., Gediel Claudino de. *Código de Processo Civil anotado*. 2. ed. São Paulo: Atlas, 2021.

ARAUJO JR., Gediel Claudino de. *Prática de contestação no processo civil*. 6. ed. São Paulo: Atlas, 2021.

ARAUJO JR., Gediel Claudino de. *Prática de locação*. 10. ed. São Paulo: Atlas, 2021.

ARAUJO JR., Gediel Claudino de. *Prática de recursos no processo civil*. 6. ed. São Paulo: Atlas, 2021.

ARAUJO JR., Gediel Claudino de. *Prática no direito de família*. 14. ed. São Paulo: Atlas, 2021.

ARAUJO JR., Gediel Claudino de. *Prática no direito do consumidor*. 3. ed. São Paulo: Atlas, 2021.

ARAUJO JR., Gediel Claudino de. *Prática no Estatuto da Criança e do Adolescente*. 3. ed. São Paulo: Atlas, 2019.

ARAUJO JR., Gediel Claudino de. *Prática no processo civil*. 25. ed. São Paulo: Atlas, 2022.

BUENO, Cassio Scarpinella. *Manual de direito processual civil*. 7. ed. São Paulo: Saraiva, 2021.

CAHALI, Yussef Said. *Divórcio e separação*. 6. ed. São Paulo: RT, 1991.

CÂMARA, Alexandre Freitas. *O novo processo civil brasileiro*. 7. ed. São Paulo: Atlas, 2021.

DINAMARCO, Cândido Rangel. *A reforma do Código de Processo Civil*. 3. ed. São Paulo: Malheiros, 1996.

DONIZETTI, Elpídio. *Curso de direito processual civil*. 24. ed. São Paulo: Atlas, 2021.

DONIZETTI, Elpídio. *Curso didático de direito processual civil*. São Paulo: Atlas, 2016.

MARQUES, José Frederico. *Manual de direito processual civil*. São Paulo: Bookseller, 1997. 2 v.

MIRABETE, Julio Fabbrini. *Processo penal*. 4. ed. São Paulo: Atlas, 1995.

MONTENEGRO FILHO, Misael. *Direito processual civil*. 14. ed. São Paulo: Atlas, 2019.

MOREIRA, José Carlos Barbosa. *Comentários ao Código de Processo Civil*. Rio de Janeiro: Forense, 1974. 5 v.

NEGRÃO, Theotonio; BONDIOLI, Luis Guilherme Aidar; GOUVÊA, José Roberto Ferreira; FONSECA, João Francisco Naves da. *Código de Processo Civil e legislação processual em vigor*. 52. ed. São Paulo: Saraiva, 2021.

NERY JUNIOR, Nelson. *Teoria geral dos recursos*. 4. ed. São Paulo: RT, 1997.

NERY JUNIOR, Nelson; NERY, Rosa Maria de Andrade. *Comentários ao Código de Processo Civil* – Novo CPC – Lei 13.105/2015. São Paulo: RT, 2015.

NEVES, Daniel Amorim Assumpção. *Código de Processo Civil comentado*. 6. ed. São Paulo: JusPodivm, 2021.

NEVES, Daniel Amorim Assumpção. *Manual de direito processual civil*. 13. ed. São Paulo: JusPodivm, 2021.

PONTES DE MIRANDA, Francisco Cavalcanti. *Comentários ao Código de Processo Civil*. 3. ed. Rio de Janeiro: Forense, 1996.

SANTOS, Moacyr Amaral. *Primeiras linhas de direito processual civil*. 10. ed. São Paulo: Saraiva, 1989. 3 v.

THEODORO JÚNIOR, Humberto. *Código de Processo Civil anotado*. 24. ed. Rio de Janeiro: Forense, 2021.

THEODORO JÚNIOR, Humberto. *Curso de direito processual civil*. 63. ed. Rio de Janeiro: Forense, 2022. v. III.

WAMBIER, Teresa Arruda Alvim; CONCEIÇÃO, Maria Lúcia Lins; RIBEIRO, Leonardo Ferres da Silva; MELLO, Rogério Licastro Torres. *Primeiros comentários ao novo Código de Processo Civil* – artigo por artigo. São Paulo: RT, 2016.